アラン・コルバン

娼婦 新版〈上〉

Alain Corbin, LES FILLES DE NOCE: Misère sexuelle et prostitution (19e et 20e siècles)

杉村和子◎監訳　内村瑠美子・国領苑子・門田眞知子・岩本篤子訳

藤原書店

Alain Corbin

LES FILLES DE NOCE

Misère sexuelle et prostitution (19e et 20e siècles)

This book is published in Japan by arrangement
with les Éditions Aubier, Paris,
through le Bureau Copyrights Français, Tokyo.

▲体つき，性病の有無などを吟味して，娼婦の値踏みをする女将
（画／フェリシアン・ロップ，〔1833－1898〕）

▶高級娼婦（画／フェリシアン・ロップ）

▲ピエルーズ．工事現場などをうろつく下級娼婦．（画／フェリシアン・ロップ）

▲19世紀末の高級娼婦のイメージ．
下町の公認娼家の，裸を露出する低俗な娼婦とは全く異なり，花や宝石をあしらって美しく装い，贅沢なブルジョワ家庭のインテリアを想わせる心地よさそうな室内で「非のうちどころのない」態度で客を迎える．（*L'histoire.* n°63.より）

▲娼家でのご婦人《ダーム》たちの紹介．1905年の絵はがき．（*L'âge d'or des maisons closes.*より）

▲ムーラン街のサロン・中央の女性像はロートレックのお気に入りの娼婦，ミレイユがモデルとされている。
（画／トゥールーズ・ロートレック）

▲地方の娼家の女将は，律儀な商人のように見える場合が多かった．（*L'âge d'or des maisons closes.* より）

▲19世紀後半以来，斡旋業者は伝統的な悪漢タイプではなくなり，よい斡旋業者になるには，話し上手であると同時にエレガントでなければならなかった．（*L'âge d'or des maisons closes.* より）

◀Léo Taxil, *La Prostitution contemporaine* の挿画.「しかつめらしい顔で立っている常連の旦那の前で，娼婦たちはみな熱っぽい眼つきで扇情的態度をとっている」と，説明が付されている.（*L'âge d'or des maisons closes.* より）

▶男子共同便所に貼られた，性病治療のノウハウを宣伝するビラ. 1830年.（*L'histoire.* n°63. より）

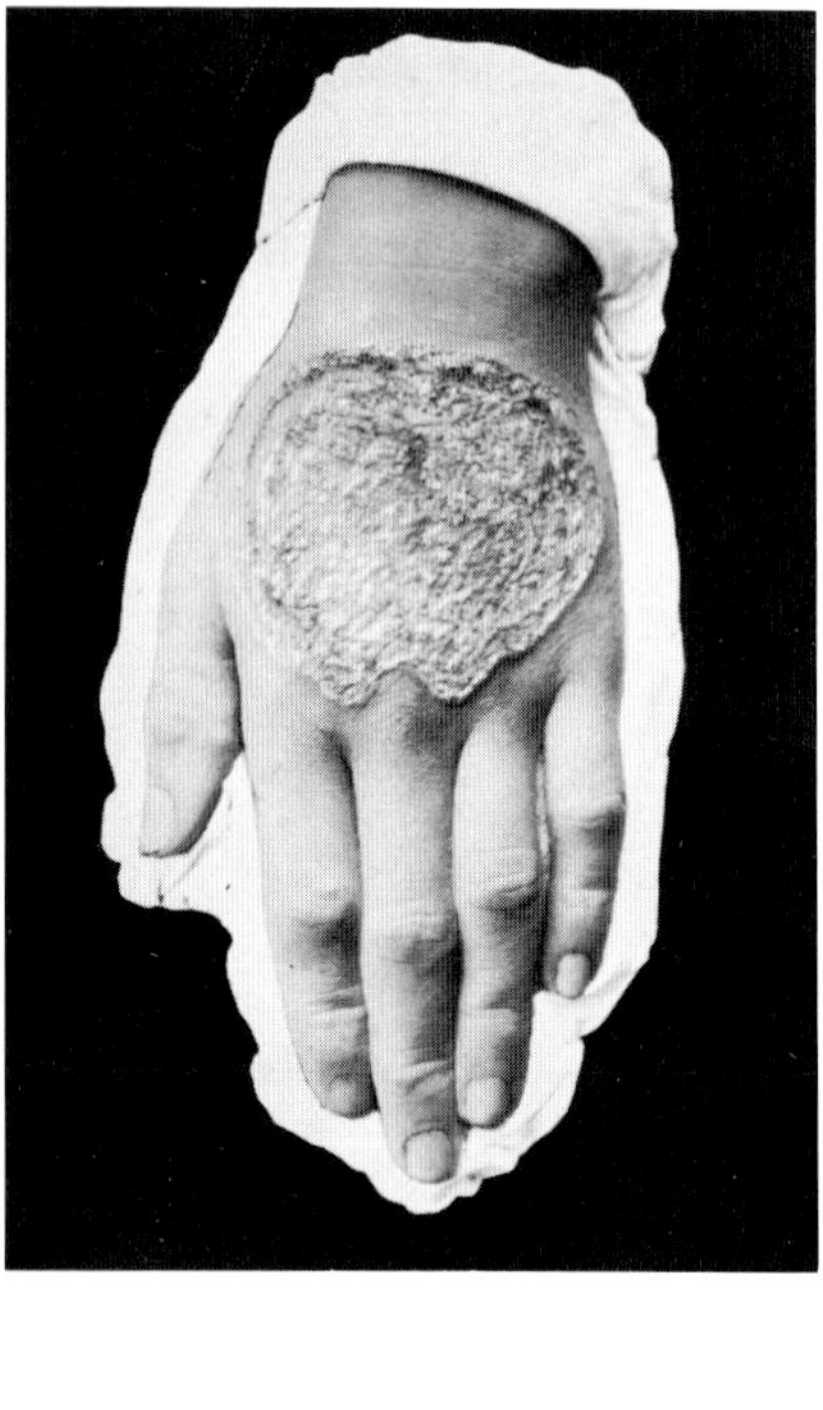

▲梅毒は皮膚が溶け，怪物のようになると恐れられた.（画／フェリシアン・ロップ）

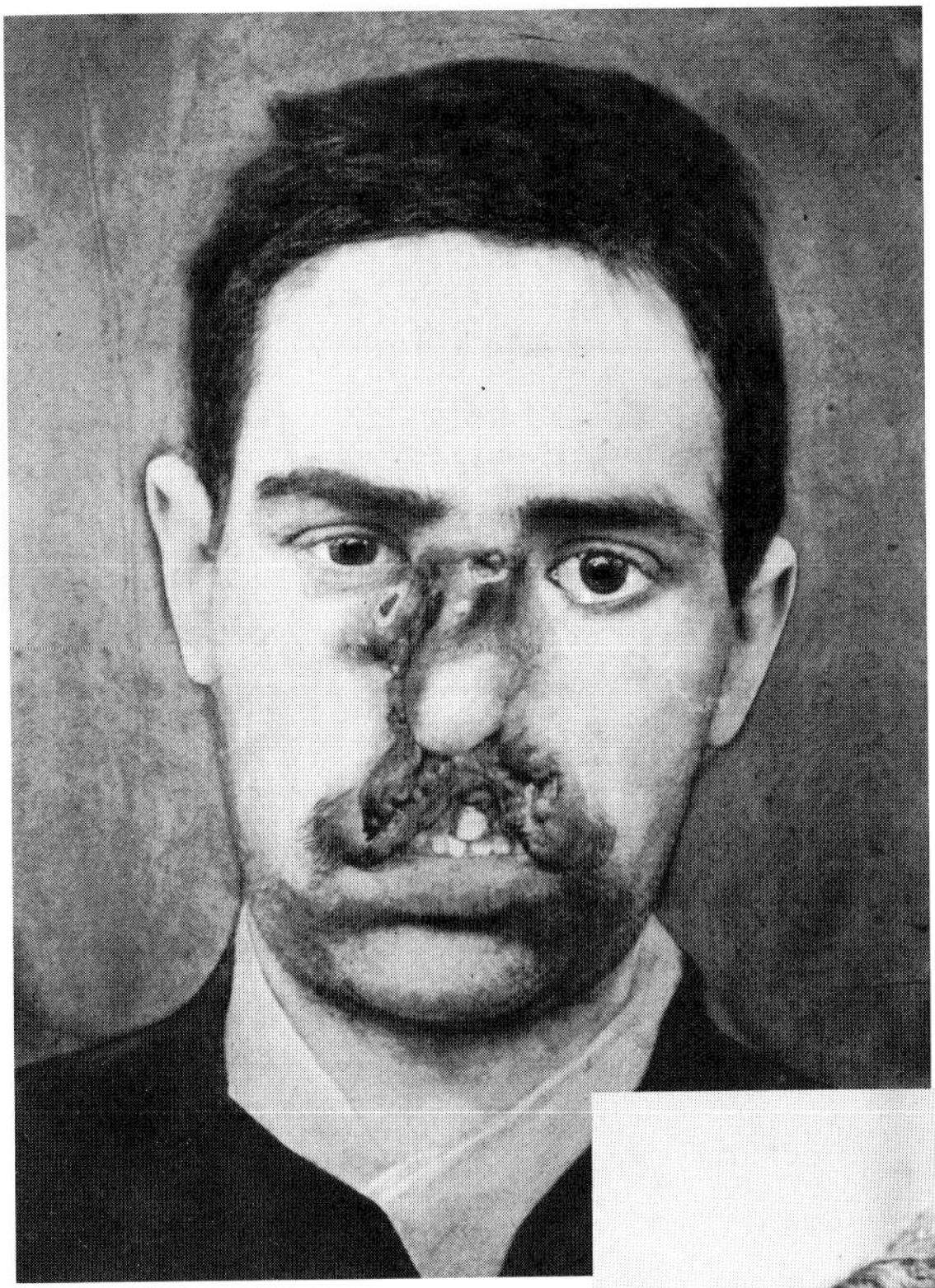

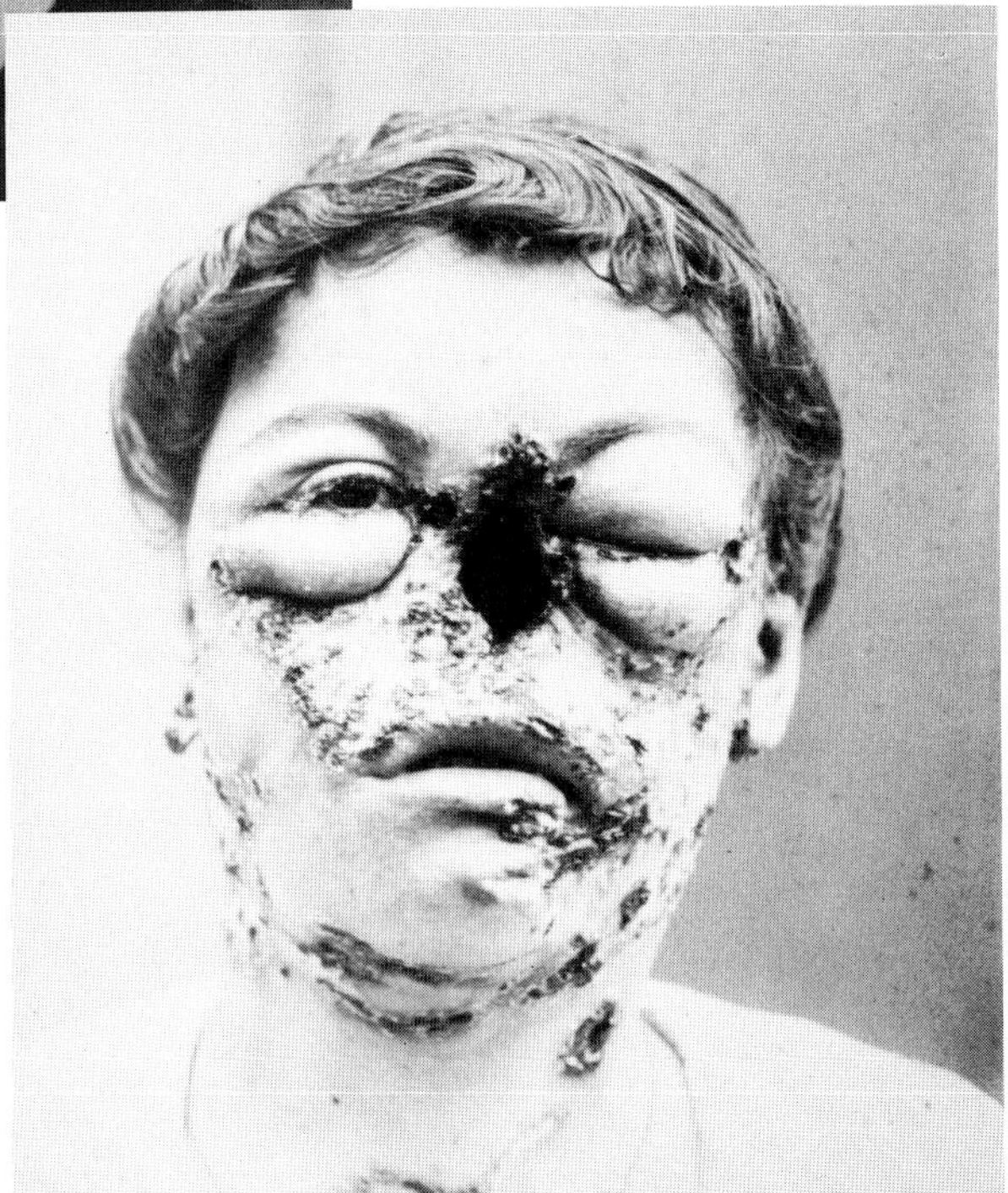

▲▶性病患者の症状．19世紀末，サン・ルイ病院で撮影.〔右頁左下も〕(アンリ・フラール図書館蔵)

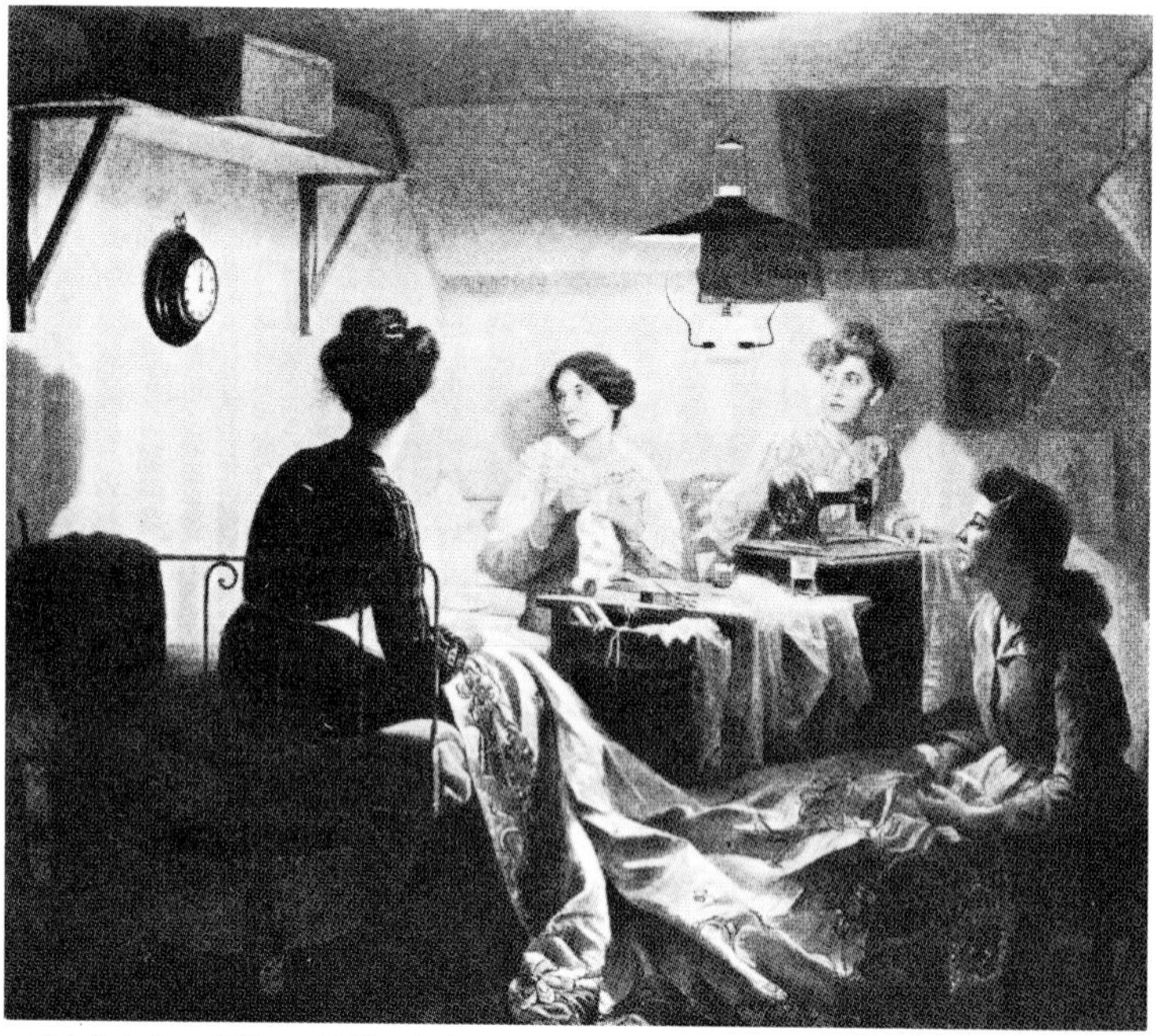

▲「女性たちの手職——神話と現実」
時計が0時を告げている深夜，お針子たちが急ぎの注文を仕上げるため，徹夜を強いられている．地味な仕事場と豪華な布地が対照的である．（*Minuit sonne,* Paris, Bibl. nat.）（*Histoire de la vie privée.* t.4. より）

▲アイロン女工たちの仕事の終わりがけ．プレスのきいたきれいな布類と彼女たちの内緒話．仕事の後の"楽しみ"を待つうきうきした雰囲気が満ちている．（Marie Petiet, *Les Repasseuses,* 1882. Paris, Bibl. nat.）（*Histoire de la vie privée.* t.4. より）

▲19世紀末のムーラン（中部，アリエ県県庁所在地）のブルジョワのサロン．
体面を保つためサロンに置く装飾的家具を持つことが，パリのブルジョワたち同様，苦労の種となっていた．写真には，骨とう品を苦心して集めて並べた様子がみられる．
(Coll. Sirot-Angel.)（*Histoire de la vie privée.* t.4. より）

▲「ボン・マルシェ」デパート．(1870年前後，バック街とセーヴル街の角に建築された．)創業は1852年だが，1867年以来，株式会社組織がとられるようになって，大型店舗に発展するようになった．第２帝政期は，オスマン知事のパリ市近代化計画実施もあり，大型流通センターとしてのデパートは，出入り自由，流行商品の陳列，空間の広さなどから，人妻の外出目的の口実になっただけでなく「気晴らし」(姦通)の場所へ行く途中，行方をくらますのに都合のよい場とし ても利用された．(Coll. Sirot-Angel.)（*Histoire de la vie privée.* t.4. より）

▲「妻か高級遊女か？」(Léon- Laurent Galand『お楽しみ』1909年.)
第３共和政期には，スポーツ，入浴の習慣，避妊など，肉体へのタブーが次第にゆるみ，夫婦間の新しい肉体的逸楽もみられたが，「グランド・オリゾンタール」(高級娼婦)と遊ぶことも，ブルジョワ的体面を誇示することと無縁ではなかった．この作品は観る人を不愉快にさせるものではないとしても，裕福な熟年男性の遊蕩を連想させる．男性の欲望が単純ではなくなってきたことが巧みに表現されている．(*Histoire de la vie privée.* t.4. より)

▶「姦通」(Oswaldo Tofaniのデッサン．1896年.)
人妻の姦通や娼家への出入りも，19世紀末の性風俗の一つとして挙げられる．金持ちであれ，貧乏人であれ，19世紀の女性は「憐み」を乞うことに慣らされており，どんな社会ででも，同情を示す態度は男性権力の行き過ぎに対する償いのように思われていた．(*Histoire de la vie privée.* t.4. より)

▲ルーアンの売春宿の主人と女将と住込み娼婦たち．モーパッサンの作品にヒントを与えたといわれる．（*L'âge d'or des maisons closes.*より）

▲「娼家の家族的写真」1930年の娼家の女将と11人の住込み娼婦たち．
（*L'âge d'or des maisons closes.*より）

▲「世紀末の退廃」娼婦たちの同性愛は，当時の性風俗の１つといわれる.（*L'âge d'or des maisons closes.* より）

▲▶「新しい流行」
公認娼家の女将たちは，第２帝政期にしゃれたイラスト付の案内（広告）カードや絵はがきをくばりはじめ，続いて，娼家のアドレス入りの小綺麗なパンフレットもみられるようになった．これらは通行人に対して，カフェのギャルソンや辻馬車の御者から渡された．鉄道従業員やビヤホールの会計係さえもそれに手を貸していた．英語が通じることをアピールした外国人向けもかなりあったとみられる．それらのイラスト付きのカードやパンフレットが世間の不評をかい，禁止されると，元の名刺に戻った．(*L'âge d'or des maisons closes.* より）

▲警察の報告書によると，1938年にパリには12のショートタイムの安娼家があった．その中の1つ，106番館．（*L'âge d'or des maisons closes.* より）

▶トゥールの有名な売春宿「エトワール・ブリュ」．4階建で10室あった．（*L'âge d'or des maisons closes.* より）

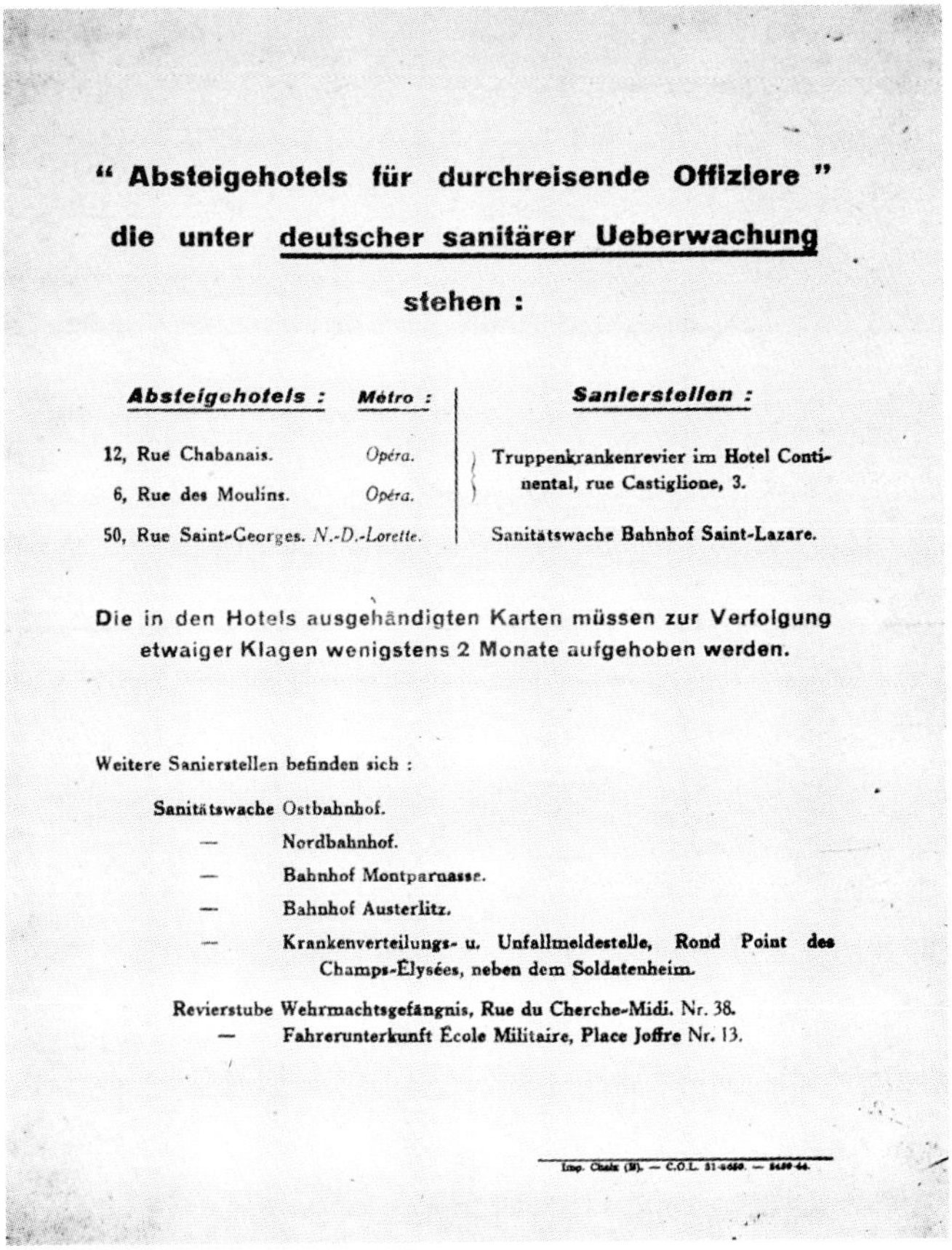
" Absteigehotels für durchreisende Offiziere "
die unter deutscher sanitärer Ueberwachung
stehen :

Absteigehotels :	Métro :	Sanierstellen :
12, Rue Chabanais.	Opéra.	Truppenkrankenrevier im Hotel Continental, rue Castiglione, 3.
6, Rue des Moulins.	Opéra.	
50, Rue Saint-Georges.	N.-D.-Lorette.	Sanitätswache Bahnhof Saint-Lazare.

Die in den Hotels ausgehändigten Karten müssen zur Verfolgung etwaiger Klagen wenigstens 2 Monate aufgehoben werden.

Weitere Sanierstellen befinden sich :

Sanitätswache Ostbahnhof.
— Nordbahnhof.
— Bahnhof Montparnasse.
— Bahnhof Austerlitz.
— Krankenverteilungs- u. Unfallmeldestelle, Rond Point des Champs-Élysées, neben dem Soldatenheim.

Revierstube Wehrmachtsgefängnis, Rue du Cherche-Midi. Nr. 38.
— Fahrerunterkunft École Militaire, Place Joffre Nr. 13.

◀1941年，ドイツ占領下のパリで発行されたドイツ将校用のパリの娼家リスト．ドイツ軍の衛生監視下にあることが明記されている．シャバネ街，ムーラン街，サン・ジョルジュ街など娼家の所在と最寄り地下鉄の駅名，およびそれぞれの担当医務局も記されている．娼家で手渡されるカードは，万一性病をうつされた場合，追及するために，最低２ヶ月は大切に保存しておくべきことが注意書きされている．（*L'âge d'or des maisons closes.*より）

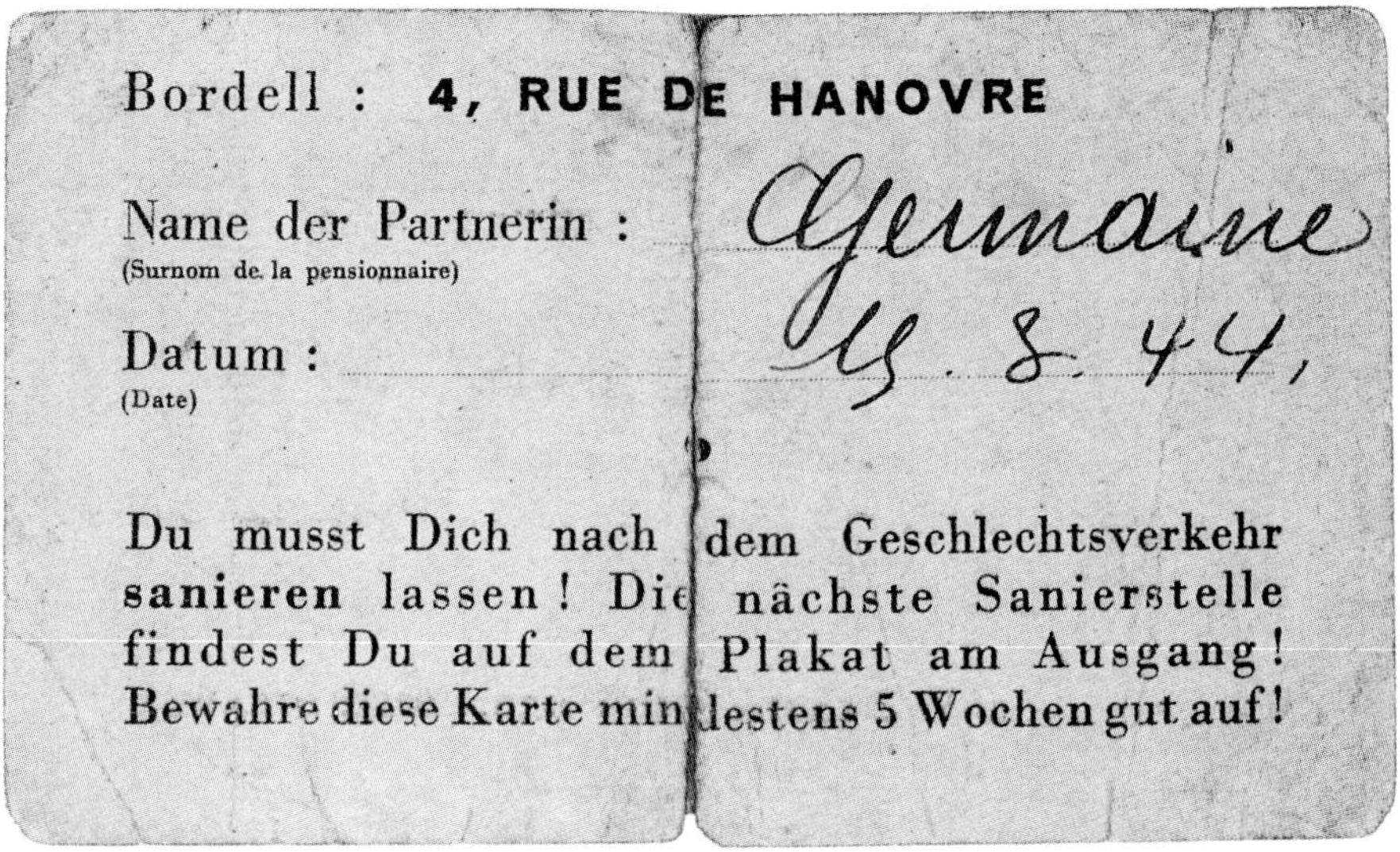
Bordell : 4, RUE DE HANOVRE

Name der Partnerin : Germaine
(Surnom de la pensionnaire)

Datum : 19. 8. 44.
(Date)

Du musst Dich nach dem Geschlechtsverkehr sanieren lassen! Die nächste Sanierstelle findest Du auf dem Plakat am Ausgang! Bewahre diese Karte mindestens 5 Wochen gut auf!

▼娼家でドイツ将校に手渡されるカード．相手をした娼婦の名前と日付の記入欄の下には，「娼婦との交接のあとでは，病気に注意しなければならない！　最寄の衛生機関は出入口に掲示してあるからみよ！　このカードは最低５週間紛失せぬ様保存しておくこと！」という注意書きがしてある．（*L'âge d'or des maisons closes.*より）

▲▶1946年のマルト・リシャール法により，公認娼家制が公式に廃止された．閉鎖案内以来，沢山の落書や呪詛が，元娼家の玄関に書かれた．"マルト・リシャール，糞くらえ" の文字がみえる．(*L'âge d'or des maisons closes.* より)

日本語版への序文＊

一九七四年、私が急いで本書に取りかかりたいと思っていた時、その年には、まだ、フランスの歴史家たちの目には、売春は研究に値する対象とは映っていなかった。これまで、金で買う色恋（買売春）はグラビアなら何でもとびつく出版屋におまかせの状態であった。「売春」という語は、『フランス史年間著作目録』の索引にはこれまでまったく載せられないままであった——一九七四年のそれには約二五万項目が載せられているというのにである——。これにはまったく驚くほかはない。

＊ 原文は「*LES FILLES DE NOCE*（『娼婦』）の翻訳に際して行なった省察」と題し、ハーヴァード大学出版に宛てられたもの。著者の希望で日本語版へも序文として紹介した。

歴史の老大家のなかには、著作のあれこれの中で、ちらほらと断片的に、金で買う恋に関して、いささかためらいがちにそっと触れてみようとしたものがないわけではなかった。その何人かは、娼婦の生態《シルエット》を述べてもいたが、それは、病気とかひどく貧しかったからとか、あるいは死んでしまったからとかを理由に娼婦になるという大それた行為を大目に見ようという場合に限られていた。娼婦の歴史に関して、断片的に散見される資料を収集したいと思う研究者は、公衆衛生、病院、監獄、死などについて研究した学位論文のなかで売春に関係した章を手がかりにすべきであった。それなのに、フランスの歴史家は、そうしないで、売春婦、腐敗した肉体、死体、汚物といったものから連想される古い関係(1)にこだわりすぎたままでいたのである。

フランスの歴史家がみなそのような態度をとっていたものだから、何故そうなのかということに興味がそそられ、それ自体が歴史研究の一対象として魅力を感じさせる。つまり、このことは、アウグスティヌスの説いた道徳*が人間に真に妥当すると考えたことから生じたのであり、それによる人間のイメージがどれほど人びとの精神にしみ込んでいたかを教えてくれるのである。そういう考え方を十九世紀前半期の都市の市長や社会調査官が再び採りあげ、次いでヴィクトル・ユゴーが当時の人びとの精神に強くたたき込んだのであった。『レ・ミゼラブル』のファンティーヌが自分の頭髪や歯を売り、この女の肉体の部分が少しずつ失われていくことは、人間としての資格を喪失する、つまり人間の特徴を失っていくことを象徴している。それは、悲劇的な宿命の歯車の下についてまわる不幸な境遇を抜きにしては幸せも喜びも考えられず、あるいは、少なくともそれなしには語れない日蔭に生きる女たち、その女たちが動物的本能によって少しずつ変えられ、人間性を破壊されていくことを意味している。

＊　アウグスティヌス（西暦三五四—四三〇年）は初期キリスト教会最大の教父で、カトリック教会の権威を理論的に基礎づけた。彼はアダムのなかに霊性を、イヴのなかに官能の占める部分があるとし、悪は肉体に宿るという考えからイヴに象徴される女性の肉体に悪の根源を見ており、その後カトリック教会を通じて、悪は性に由来するという意識が深く根をおろすようになった。

以上のような見方が急に変わってきたのは一九六八年五月以後のことである。歴史家たちのなかに、それまでの固定観念から解放され自由な視点や筆法で活動するものが現われたからである。歴史学におけるこの革新的な研究者たちは、まず、十九世紀に性をめぐる新しい行動様式が出現していたことをはっきり見ぬいており、新マルサス主義の台頭や同性愛の歴史への言及でそのことがよくわかる。新たに、次は、娼婦自身が既成の図式的イメージを狂わせたのである。だから、娼婦といえば、いろいろ謎の多い正体不明な、ヒモ付きの女を露骨に連想させるものだから、世間では、よからぬ欲情が原因でそのような女になってしまうのではないかと、不安を抱かれている。フェミニストの女性歴史家たちは、この件についてははっきりした態度を示していないが、それでもフェミニストなりの流儀で、女性の尊厳性を傷つけないよう配慮をしてはいる。だが、より急務とされる仕事の方に精力を傾注しこの問題に迫ってはいない。

以上のような状況だが、金で買う恋、つまり買売春の研究に意欲をかき立てる先駆的研究がいくつかある。その筆頭に挙げられるのはルイ・シュヴァリエの勤労階級と危険な階級に関する研究(2)である。この本は長い間、歴史学の分野ではマージナルなものとして扱われてきた。この新分野の開拓者《パイオニア》が社会的イメージの世界*1を重視し、社会調査に重要性を与えたことは私に本書への取り組みを決意させる重要なポイントとなった。ある学位論文が、部分的ではあるが、怪物《リヴァイアサン》*2の腸(3)のいちばん奥深くにひそんでいる生き物たちと接触したくてリムーザンからやってきた季節労働者の研究をしたのをみて、私はその社会的基礎に光を当てることができると確信させられたのである。それを研究しながら、私がパラン＝デュシャトレという人物の考察を企てたのはそのためである。パラン＝デュシャトレの売春に関する調査は私の目をとらえて放さぬ魅力を備えているが、公衆衛生について書いた彼の三十四のメモワールを詳しく読んでみるとその調査をいっそうよく理解することができた(4)。

＊1　*L' imaginaire social.* 社会的レヴェルで人びとが想像で捉えている形象の世界を意味する。
＊2　旧約聖書の「ヨブ記」に記された水中に棲む巨大な幻獣。悪の力の象徴とされる。ここではパリを意味し、腸は下水道の意。

具体的な形では示し難いが、いままで述べたことに加えて、哲学者ミシェル・フーコーからも影響をうけた。彼が売春婦に多大の関心を向けていたからというよりは、周知のように、フーコーが十九世紀における性《セクシュアリテ》の問題に関する歴史を考察しながらとりわけ、こども、ヒステリー患者、同性愛者に注目していたからである(5)。社会的コントロールの作用について彼が行なった考察は、遅まきながらではあったが、私が公娼制度の分析をするに当たって非常に役立った。なおまた、それ以来いろいろな研究論文に注意を払うようになり、売春に関して無数の文献があり、その面白さを示すことに努力する気になったのである。十九世紀の娼婦たちは自身の言葉で自己をわれわれに語ってはいない。娼婦は自身について書くことを知らなかったのである。われわれが手にし得る娼婦の実態を示す資料は男性の視点――つまり、警官、医者、裁判官、行政官らの視点――に媒介された一群の資料である。証言のすべてはその証言者たち自身のことをわれわれに非常によく伝えてくれる。すなわち、売春の歴史を貫いている男性の欲情の様態とかそれについての不安がどのような状態でどのように広まっているかなどをよりよく把握させてくれるのである。

本書の研究の最初から(ただしその後ではより体系的やり方をとったが)[6]、私は、娼婦を観察した人びとによって措定された公式的娼婦像が、どのような論理構造をもって描かれたものかを正確に跡づけようと努力した。つまり、公式の娼婦像によって社会の支配的諸価値が陰画で明らかに見えてくるのである。もっとも、女性のより本質的な自然に根ざしている特性――こどもや動物に抱くやさしい気持、取り調べ係の医師に向けた羞恥心、花に触れて湧き出す心の動き、惨めな人への憐れみの情など――も絶えず表現されているのではあるが。

売春規制主義(公娼制度)の祖国フランスにおける売春の研究を試みようとするものには、その方法として、男の欲情が社会のどこにどのような状態で分布しているか、公けにされない私生活の中の、想像で考えられている世間には見えない世界やいろいろな形態の社会的コントロールの装置などを手がかりにするようになっていくのは当然のなりゆきである。アングロ=サクソンたちの売春の歴史は別の方法をとって叙述されている。つまり、公娼制廃止論の立場から跡づけられているのである。その中には婦女売買や黒人奴隷制反対のための闘い――それもしばしば女性たちがやる闘い――がもつむき出しの敵意をそのまま受け継いでいるのが見られる。史料が公娼制廃止の立場から導き出された性質のものであるだけに叙述する歴史家の視点はそれに大きく左右されているのを認めないわけにはいかない。フランスでは、公娼制度という売春規制の立場で主張された論理にもとづいて、売春の歴史を書く場合、この制度がいかに合理的であるかを証明してみせようとし、この制度のよさをうまく維持する目的で練られたあの手この手の方策の歴史を書く方向をとる。そういう歴史叙述は、公娼制度がどのように機能しているかを認識し、この制度の得失表をつくるように推し進められていく。その場合、娼婦の更生には決して注意が払われていないし、娼婦を苦しめている公娼制度という聖衣に関してはほとんど重視していない。そのうえ、娼婦の更生についてすでに、パラン゠デュシャトレが指摘していたように、修道院をモデルにしたような構想で、更生のプランもまた公娼制度と同じように、世間から隔離する閉じこめ方式が考えられていた。

イギリスでは、更生の方法はフランスよりはるかに注目に値する。娼婦を保護するためのあれこれ巧妙なたくさんの方策、更生のための立派な施設、零落した娘の境遇に経済的援助の手をさしのべる強力な慈善活動、娼婦の身に及ぶ管理規制があまりひどくないこと、などが娼婦とそれをとりまく社会全体とのいろいろな関係をよりよく認識させてくれる。人間性をあまり損わない売春の形式がフランスよりも、娼婦たちの伝記を描き易くしている。史料、つまり、娼婦としてもっている共通の特徴を正確にとらえることのできる根本史料を生ましめたのである。イギリスの売春史は、時代と共に変化する通時的形式で容易に組み立てられる。それに対して、フランスの場合は公娼制度から生まれた記録文書によって共時的な形式をとり易い。つまり、公認娼家やそれを運営する主要な人物たち、そこで働くものたち、その運営のされ方などの一覧表を描くのである。

このイギリスとフランスの売春史の対照的性格は、本書とフランシス゠フィネガンやジュディス゠ワルコヴィッツ(7)の著書を比較するとわかる。ただし、ジュディス゠ワルコヴィッツが更生に関する保管記録と、ほんの短期間だが「伝染病予防条例」適用の結果生まれた大港湾都市での警察および行政当局の記録文書を懸命につき合わせる努力をしていたことを知らないわけではない。だがそれにしても、ワルコヴィッツと同じく立派な才能に恵まれた歴史家たちが、十九世紀のイギリス全体に広がっていた売春を、彼の見事な本にならって、総合的にまとめてみようと試みたものがいままで誰ひとりいなかったのが残念でならない。

それはさておき、本書のことに話を戻すと、一九七〇年代の終り頃から売春は大学における歴史研究の場に正式に登場してきた。それも、冷やかし半分とか、しぶしぶという態度ではなく、大学の歴史研究が私的生活の部分にまなざしを向けはじめた結果である。地味で伝統的な歴史研究誌『ルヴュ＝イストリック』ですらも、一九八二年に、その巻頭論文にヴェネツィアの娼婦の歴史(8)を掲載するという思い切った態度を見せている。最近では、ピエール＝グーベールが、彼の監修の下で書かれたエリカ＝マリー・ブナブーのすぐれた著書(9)に序文を寄せている。

この最近十数年間に書かれた著作では、一九七八年に私が本書で書いたことを問い直そうとしたものは一つもなかった。少なくとも私はそう思っている。ここでは、見直しをするのではなく、フランスの公娼制度がもつ革新的な面について述べておく方がよいと思う。

エリカ＝マリー・ブナブーは二十年かけて研究した結果、アンシアン＝レジーム末期のパリの売春についてあらましを説明しているが、それに示された売春の構図と、統領政府時代[*1]から七月王政期末[*2]までの間に形成された公娼制度を比較してみると、後者が独創的な性格をもっていることを強調せざるを得ない。たとえそれが、それ以前十八世紀の売春でやっていたことの中に根をもっていたとしても、公娼制度という売春規制の「フランス方式」は十八世紀の売春とははっきり区別されると言わねばならない。十八世紀の金で買う女たちの性行動は、厳密にいうと、まだ、娼婦としてははっきりした特徴を厳密に打ち出していない。ほんの一時の、あるいは、ときたま、金で肉体を買ったり売ったりは、ルイ十五世時代のパリではどこででも見られる現象であった。社会的な交流関係の網の目が錯綜しており、労働と売春の区別、つまり、屋台店や店舗で働くことと淫売宿で稼ぐこととの間にははっきりした区別がなされないでいた。金で買う女はその女の住む界隈の人々のなかにとけこんでいるのである。警察は警察権が当時の社会におけるいろいろな身分秩序の壁に邪魔されているのを感じていたし、親の権威、夫やお偉ら方の権威を尊重する態度をとることが警察の職務だと自任していた。したがって、警察がつねに気を配って監視していたのは娼婦よりむしろ娼婦たちの客——倒錯趣味の頽廃的な若い貴族、札つきの放蕩者、あるいは酒気を帯びた聖職者——らのことであった。

あちこちの家族が乱れた状態になるのを防ぐことに積極的な態度を示し、セックスの問題に対しては大して懸念していなかった。そのことは女遊びについて述べた警官のぞんざいな調子や無遠慮な言葉からうかがえる（このような態度を制限選挙王政期[*3]の風紀取締り警察は断固として斥けている）。

＊1　ナポレオンのブリュメール十八日のクーデタで成立しナポレオンが帝政を開始するまでの政府（一七九九－一八〇四）

＊2　一八三〇年の七月革命で成立し、一八四八年の二月革命まで続く。ブルボン王朝に代ってオルレアン家のルイ・フィリップが国王となる。

＊3　ブルボン復古王政期（一八一四－一八三〇）と七月王政期（一八三〇－一八四八）のこと。

エリカ＝マリー・ブナブーは売春商業の構造を見事にいろいろ明らかにし、複雑な「高級娼婦《ギャラント》の階層序列《イエラルシー》」の輪廓を示したり、娼家の女将たちの入り組んだ売春斡旋網を解明するのに成功している。この見取図から、「半ば出入り自由な娼家《メゾン・セミ＝ウーヴェルト》」の独自性がはっきり浮かびあがってくる。つまり、金を用いて、情事がスムーズに行なわれるよう手配し、同時に娼家に売春婦を帰属させ、売春婦が個人としての自立性を失ないかねないやり方を始めていることである。当時多数いた、囲われ女やファム・ギャラント〔高級娼婦、詳しくは本文一八三頁～参照〕たちに対し、それらの娼家の中で、強制力を行使して娼婦の世界がつくり出されていくのだが、その世界の輪廓ができ始めている。つまり、そこには、とりわけ肉体についての独得なあれこれの知識をもとにした一つの下位文化の世界が姿を見せている。

一九八五年にジル・ハーシン[10]は、その著――パリの例だけを対象にしたもの――の最も目新しい二つの章のなかで首都における「フランス方式」の出現を詳細に述べている。この女性歴史家は研究の導きの糸として、粗略に扱われた性の悲惨な状況や男の欲情が社会的にどのような形で存在しているかということを選択せずに、その著の冒頭からフェミニストの視点を強烈に顕示し、その照準を制限選挙王政期のパリジェンヌたちの諸権利の不平等におき、それが不幸を導いた原因だとしている。なおまた、彼女は当時の社会調査家たちが次のようなレッテルを貼っている諸階級、つまり、勤勉《ラボリウーズ》で、危険《ダンジエルーズ》で、品行のよくない《ヴィシウーズ》、諸階級のなかに娼婦を位置づけるすべを心得ている。ジル・ハーシンの本は、だから、十九世紀後半のパリを扱った本書『娼婦』から時代をさかのぼって、エリカ＝マリー・ブナブーの見事な研究までの間の時期をつなぐ役割を果してくれる。

最近十数年に現われた評価できる研究は、公娼制度がどのようなテンポで広まっていったか、それがどのような地域で適用されたかという地理的分布状態を明らかにした。ジャック・テルモー(11)は、フランス国内で最も保守的で最もカトリックの影響力の強い地方で、売春に行使された規制の進み工合を非常に厳密に追究している。ソフィ・ド・シェプドリヴェールとアルベルトー・カイロリはブリュッセルとジュネーヴの、相互に異なっている都市での公娼制度がどのような変化を辿ったかについて観察した。ダニエル・ジャヴェ(12)は、ローザンヌの当局者たちが人間味をもっており、彼らが諸権利の尊重を配慮していたことを明らかにしている。

これらの研究のどれ一つとして、私が本書で示した公娼制度の変遷の経過《クロノロジー》を問い直そうとしたものはない。どれもみな、この制度の適用の困難な点、規制の網の目のゆるいこと、一八七〇年代のきびしい規制のやり方、「ベル・エポック」時代の特徴とされる規制のゆるみ、などを強調している。その一方で、いくつかの研究は、公認娼家の没落のプロセスが必ずしも一様ではなかったことを認めている。没落のプロセスは大都市圏では全般的に確認されているが、その没落の危機に瀕した大都市の「フランス方式」が、いわば、みな、小都市に向けて入り込んでいったかのように考えられている。それは、私がかつて探究していたように、移民労働者がひんぱんに出入りする農村地域においてのみではなく、また、カトリック教会の影響力が非常に強いままで残っている保守的な地方のあちこちでも進展している。このことをはっきり現わしているのはメーヌ地方およびアンジュー地方の例である。それとは逆説的になるが、ランベルヴィリエ[13]では、左翼の政治家たちが性病の災禍を防ぐために、公認娼家の開設を期待していたのである。それは、選挙での支持者を容易に拡大できると考えていたことによる。

一九七八年以来、道徳推進諸団体にリードされた公娼制度への非難攻撃の歴史が書かれ始めた。アニー・ラマールとアンヌ＝マリー・ケェッペリ[14]の論文は、上院議員のベランジェ――倦まずたゆまず努力する「慎重の士」――、エミール・プーレシー――わいせつ文書や事物の徹底的排撃家――、ヨーロッパ大陸の倫理の都、ジュネーヴのプロテスタントたち、「ベル・エポック」時代のフランスで巣を張った性的悪習に反対する錯綜した組織網などをもとに書かれている。（その論文は完成をみているがまだ未公刊である）。そのほかに、フランスおよびアメリカ合衆国で、フェミニストに関するごく最近の諸研究によって公娼制売春や、性的遊戯の悪習に反対するいろいろな組織の活動家らが行なった闘いの跡をよりよく辿ることができるだろう。それらの研究結果は全体的に、この燃え上った闘いの火の手の土台に売春全面的禁止の立場のあることを物語っている――それははっきり言わないでいるか、自認する態度を示すか、あるいは公けに大々的に声明するかの差はあるが――[15]。イギリスやアメリカの有能な女性歴史家たちが、もっと一般的なやり方で、貧しくそして金で身を売ることもしばしばという女の歴史的研究を活発に推し進めたことはどんなに強調しても言いすぎにはならないだろう。彼女たちは、フランスでミシェル・ペローの指導を受けて研究を進めている女性たちといっしょに研究しようとフランスにやって来たのである。これらの女性歴史家たちはみなこぞって、研究対象を見る視点を置き換えてみることのできる能力をもっている。つまり、歴史の分野に、女性の視点という一視点を課してみる術を体得しているのである。それはどういうことかというと、調査対象に対してすべて共感をもって臨むということである。

新しい歴史学、健康や病気に関する、社会的イメージの歴史的研究によって、今日、十九世紀末の売春によってひきおこされた、社会的不安のもろもろの根をよりよく把握できるようになった。私は、本書では、先天性梅毒（その説明の構造図は一八六〇年代以降つくられている）に対して世間一般に人びとが抱いていた強迫観念の存在について評価の仕方が足らなかったように思う[16]。新しい科学的進歩による知識で、昔の天然痘（瘡《かさ》）を怖れた悪夢が梅毒へ的を移して、増幅されていった。この恐ろしい病気の本質から必然的結果として、娼婦は、まさに、その相手の健康を脅やかすだけの存在である。行きずりの客の子孫たちを窮地に陥れるのである。自分の身体を売る民衆の女たちは病気を現物で伝染させ、うつされたそのブルジョワの愛人たちは「遺伝種」を荒らされてしまう。プロレタリア階級が及ぼす生物学的脅威は、科学的理論によってより鋭く磨き上げられ、同時に新たな方向づけをされる。「遺伝性」というイメージが強迫観念をともない、一人の人間――その当人およびそのまわりの人物にも――その全生涯にわたって発病のすきを伺い、人体の退化の烙印を押しつけるのである。

このほかに、パストゥールの革命的研究[17]のためにささげられた諸研究もまた同じく、新規制主義が突如出現した意味を教えてくれる。新規制主義は、ナポレオンの統領政府以来組織されていたかなり古いシステムに代わって、一八七〇年代以降登場してきたものである。だが、パストゥール方式の勝利と遺伝性の立場から抱かされる強迫観念、この二つの重要な現象が同じ時期に作動していたことが間違いでない限り、そのおのおのが持つ重要性を十分認識しなければならぬ難題が残っている。

この分野、つまり、文化史と社会的イメージの歴史に属するこの分野で、まだ大事なことが残っている。明らかに、この場合、その領域の範囲全体をはっきり見きわめることは、目下のところでは、まだ困難である。まさに、騒音がとび交っている工事現場みたいなもので、建築全体についてはっきりした全容はまだつかめないのである。ピーター・ゲイは、周知のように、本書が書かれて以来、ブルジョワ的感性の歴史を書くことに精魂傾けている。進行中の著作全体にわたって、暗示にみちた洞察や刺激的なアイデアがいたるところに見うけられるが[18]、しかし、彼が野心的に沢山の範囲の調査を企図したので、残念ながらフランスの売春に関しては、頁をさく余裕がなくなってしまっている。フランスでは、ステファヌ・ミショー[19]が、ロマン派に表現された女性——女神、マドンナ、娼婦——の役割について書いたさまざまな論文によって、正反対であると同時に相互補完的な一連の女性像をよりよく理解させてくれる。それら女性像を対照してみることは、金で買う恋の歴史を順序立ててみることにもなる。

ティモシー・J・クラーク[20]は、売春に関する考察の範囲を付随的に美術史の分野にまで広げた。マネの「オランピア」がサロン出品に際して物議をかもしたことについて、クラークが行なった分析は、近代的特質をもったいろいろな人物の画像、高級遊女《クルティザンヌ》のイメージと欲情をそそる肉体のデッサンを一つにつなげる関連性についての見事な省察となった。彼は、公娼制度という売春規制の「フランス方式」を機能させる土台にあるものがマネの「オランピア」受入れに関しても読みとれることを暗に示している。つまり、マネは許し難いものを人目に晒したというわけである。それは、裸《ヌード》の、誰かに提供された、欲情をそそる、挑発的ですらある肉体だからなのではない。それらのことはみな、まさに、誰もが容認しているのだから。そのことではなく、無登録の私娼の肉体だから問題なのである。その肉体は、観客が見て誰でも思いのままに扱えるものというイメージを持てないものである。両性具有的で、陰険に攻め込んでくる、男まさりの肉体、男根のないのを見せつけることを拒み、その短かくカットされた頭髪、安全とはいえそうにない、少なくとも、特別に清潔とはいえない、ありきたりの女、その肉体が内蔵している油断ならぬ脅威を暗示しているからである。

『娼婦』を書いてから十年経ったが、そのなかで取消さねばならぬことは見当らない。私は確信を強めながら、次のように考え続けている。すなわち、欲望の——男性の幻影や不安感の——歴史は、公娼制度のフランスでは、公娼でも私娼でも、金で身を売る女性の歴史につながっていくと。私の見るところでは、私的生活分野の研究[21]や家庭的親密感に関する研究を手がかりにするという大きな回り道をしてみた結果、一八六〇年代を境に社会的イメージの世界に大きな断絶のあったことがはっきりしてきた。その明白な例証はますます増大している。その当時、都市の近代化がナポレオンの統領政府時代の公娼制の枷《かせ》をばらばらに砕き、管理規制の多くの手順を廃止させていたのである。そしてパラン＝デュシャトレがかつてのべたような、また、ヴィクトル・ユゴーが賛美して止まなかった十九世紀前半の社会的イメージの世界は崩れつつあったのである。

権威帝政の時代（一八五三年—五九年）、セーヌ県知事オスマンのパリ都市改造計画*によって、ユゴーが望んでいたように、パリは都心部の奥まで日光が届く、整然たる町並みになった。それまで、娼婦が世間に脅威を感じさせていたのは、彼女たちが物蔭にひそむ民衆の世界と何か関係があるとか、下水渠から姿を現わした身許の不確かな存在だからと思われていたからであるが、パリの都市改造以来、もはや、そのようには思われなくなっていた。一八七八年にガムベッタが、売春問題は道路行政の一部でしかないと書いているのは、彼が時勢にうとかったということになる。社会的コントロールをあの手この手で再編成しようとする者たちが懸念していたことは——それは当然といわればその通りであるが——、娼婦像がいろいろつきまぜられて複雑化していたことであった。アルコールや梅毒、結核などと結びつけられたり、「淫らな女《ピュタン》」がその典型とされていたヒステリックな振舞いや精神障害のあるような行動が蔓延していたからである。近代化は娼婦のイメージや売春のやり方、そして、彼女たちに抱く不安を新たにつくり変えたのである。近代化は公娼制度の見直しを余儀なくさせたのである。

＊　本文中の二六一頁の訳注参照。

まだ残った問題がある。男性の引き裂かれた悩みがそれである。女性の性本能《セクシュアリテ》と女性の眼の中にひそむ大地から得た力の強さが自由に解き放たれるのを見る恐ろしさに男性は悩まされつつも、それでもやっぱり、本能の動物性や民衆的なたくましいエネルギー、身許をかくしている女と世間の蔭にかくれてする男の好色をかき立てる売春に魅惑されつづけていた。そこから、女性の性の、奔放だが従順についてくるというイメージがつくられてくるし、また、娼婦は、たとえ見せかけにすぎないとしても、自分の思いのままに扱える存在であると同時に、清潔でかつ官能的、気楽に接することもできるし欲情的でもあるというイメージに固まっていく。

男性の抱く恐れと欲情を対立的に織りなしていくと、十九世紀後半における性《セクシュアリテ》の歴史のいろいろな別の局面が順序よく描かれてくる。これも最近の諸研究(22)がもたらしてくれたものである。同性愛によって男性が抱く幻想世界、強度の自慰行為、そして、とりわけ医者が繰り返し説く夫婦の規範――医者らは性愛に一定限度を設定するほど性の鎮静化を理想としていた――は、感情面にも同様な仕組を考えていた証拠である。

売春の歴史を書くには、このほか、夫婦の生活のあり方と照らし合わせてみる必要がある。十九世紀には、淫売宿や私娼の部屋は浪費の場――つまり、娘と、客と、金の、三つの堕落の場所――として人びとは受けとっていた。男性は、良心の苛責をうけながら、その場所を逃げるように後にする。そこは、ほんのしばらく前、欲情に抵抗できず振舞っていたところなのである。男が家を出て姿をくらますことは、いのちの洗濯をし、潜在的な力を蓄え、性を享受し、そして、骨休みする時間につながる。家計費から夫の取り分をはっきり設定し、家族の無駄遣いはきびしくチェックする、といった具合にして、家計費のバランスをとらねばならない。世間では、遊蕩を、性と、金銭と、己《おの》れの誤った使用だと定義しているが、住居の中、家庭内で、こっそり行なわれることもあり得た。そうしないで、淫売宿で家庭内での遊蕩を止めさせることができる。このようなことが、少なくとも、ナポレオンの統領政府から「ベル・エポック」までの、公娼制度の使徒たち、公認娼家の創始者たちの期待であり、計画だったのである。

娼婦〈新版〉上

目次

第2章　満たされぬ性と売春の供給　257

〈下巻目次〉

娼婦〈新版〉上

まえがき

「今日、男の側の需要が……あまりにも多いので、売春はあたり前のことと見なされかねない」。ヨーロッパに広がる売春の実態調査にやって来たアメリカ人フレックスナーは、一九一二年にこう書いている。(1) 当時の小説、行政文書、警察調書、裁判所記録を読むと、彼のこの印象の正しかったことがわかる。金で売買される性行為が当時の社会の悩みの種であったことを、これらの文献は十分すぎるほど立証しているからである。ところが、社会心理学からみて重要なこの側面を、現代フランスのアカデミックな歴史学は無視している。(2) この無視は問題である。「歴史家と売春婦」、同学の諸氏に考えて欲しいものとしてこのテーマを捧げたい。彼らが黙して語らないのはタブーだからだろうか。私にはそうとは思えない。彼らの沈黙は、要するに、売春という現象は非歴史的である、と信じているところからきている。「世界で最も古い職業」だけは、歴史を免れるということであろうか。最近、過去の売春を扱った著書がわずかながらフランスでも刊行されており、(3) それは制限選挙王政期*1の慈善家たちが書いたものと並んで、過去の時代の病的な性欲の有様を描きだしている。ところが本書では、さほど長期とはいえない期間に限って、正確には一八七一年から一九一四年までの売春を論じるのであるから、妙に思われるかもしれない。そこで本書の目指すところを説明しておくべきだろう。

第一に、あれこれ予防線をはったり、深刻ぶったりすることなく、かといって衒《てら》うこともなく主題を追究することである。すなわち、性病の問題とは別のところで満たされぬ性と売買される快楽の問題を研究すること、(4) そして、歴史的人口統計学という、あのノアの寛衣《チュニック》のような隠れ蓑などまとわずに研究すべきである、と私には思える。現代フランスの歴史家にとって、今こそ、戸籍係の役人に付き添われずにカップルの寝室に入っていくときである。十九世紀の性問題を扱う歴史は、今日まで社会心理学者の手に委ねられてきたが、それは、道徳や出産奨励や衛生学の問題に専念するのはやめにして、欲望と快楽と満たされぬ性の歴史であるべきなのだ。

これは未開拓の分野であるから、展望を切り開いてみる以外はない。本書はひとつの説《テーズ》ではなくひとつの試論《エッセー》である。一方に満たされぬ性、他方に売春の構造、素行、これをめぐる言説《ディスクール》、政策がある。この二つの間に存在する密接なつながりを明らかにすることを目的とした試論である。そのために、統領政府時代以後確立された隔離の〔公認娼家〕制度が徐々に揺らぎはじめる時期を研究対象とした。つまりこの時期は、パラン＝デュシャトレ[*2]によって理論化された規制主義的制度が揺らぎはじめ、優生学の名のもとに素行の監視体制が取られる時期なのである。第二帝政〔一八五二―七〇年のナポレオン三世の時代〕末期から第一次世界大戦までのあいだに、少なくとも「啓蒙」の十八世紀に根を持つ法的措置での規制[(5)]から、技術による規制の時代へと移行する。それは健康という夢にからめとられたわれわれのこの二十世紀社会の開幕を告げるものであった。

本書は、十九世紀の売春の歴史はこの時代を理解するための最適の道のひとつである、との確信に立っている。すなわち、売春をめぐる言説は集団的狂気の交差点であり、あらゆる社会不安の交差点なのである。

最後に、遊蕩とはどういうことかと問いかける人びとには、遊蕩のもつ多面性について考える手がかりを提供すべきであろう。遊蕩とは疎外の一形態であり、またもちろん満たされぬ性の行きつくところでもあるが、しかしまた異義申し立てでもあり、また更に、対策を講じなければ危険な社会転覆の脅威でもある。特に女性の遊蕩に関する場合、社会をあげてサド＝マゾヒズムにとりつかれていたこの時代の男性社会にとって、それは言語道断なことであっただけに、なおさら考える材料を提供すべきであろう。本書の最後で、売春史編纂の不備を補足しながら現代の売春（一九一四―七八年）にも言及する。その目的は、売春婦たちの運動と今日とっている態度の中に見られる、むかしからよく言われたヒステリックないらだち、もしくは新たに生じつつあるさまざまな売春構造を暗黙のうちに受け入れているにすぎない部分と、それとは逆に、変革の意志、というか身体の新たな管理に対する拒絶を示している部分とを、見分けることにある。

＊1　一八一四—四八年。すなわち、ブルボン朝ルイ十八世の王政復古から、二月革命で倒されるオルレアン朝のルイ・フィリップの七月王政までの立憲君主制時代。選挙権は納税額によって極端に制限され、大土地所有者、上層ブルジョワが政治上重大な役割を果たした。

＊2　一七九九—一八〇四年。ブリュメール十八日のクーデターの結果成立した政体期。ナポレオンの他二名の三統領が政府を構成した。ナポレオンの皇帝即位により廃止となる。

第Ⅰ部

規制主義による公娼制の計画と隔離された世界

「兵士相手の娼家」
Léo Taxil, *La Prostitution contemporaine* 中のイラストレーション。公認娼家が全盛期を迎えた七月王政期の，民衆の「性」に対するイメージは“即物的”であった。この著作は1844年，発売禁止となった。

第1章　規制主義の言説《ディスクール》

一　パラン＝デュシャトレと規制主義

パラン＝デュシャトレの著書は(1)、われわれがここで研究対象とした期間の初めよりも数十年も前に書かれたものであるが、この本に触れておかなければ、十九世紀最後の三〇年間にわたって展開された論争の意味がまるで理解できないことになるだろう。事実、規制主義的制度は統領政府時代に形をとりはじめたのであるが、その理論家としてのみならず唱導者としてこの医師を見出したのが、七月王政〔一八三〇―四八年のルイ・フィリップの時代〕初頭のことであった。彼は規制主義をもっとも高らかに謳いあげた先唱者であったといってもいいだろう。

帝政時代〔一八〇四―一四年のナポレオン一世の時代〕と復古王政期〔一八一四―三〇年のブルボン家のルイ十八世とシャルル十世の時代〕の行政官たちが、多少なりとも自覚的に指針としてきた原理原則を、パラン＝デュシャトレは統合整理し、見事な社会人類学的研究のうえに体系づけた。調和のとれた全体の構成、広汎な研究規模、斬新な方法論、これらすべてが相俟《ま》って、彼の本が長大な認識論的な影響力をもつものであることを語っており、また半世紀近くものあいだ売春に関する文献の強力な模範とされてきたことも頷ける。(2) この著述家の個性はすでに同時代の歴史家の注目するところであった。(3) このようなわけで、ここで簡単に彼の思想のあらましを振り返っておくことにするが、それはわれわれの研究範囲内に留まる。つまり、第三共和政期に展開された論争についての読者の理解を助けたいがためである。この時代は規制主義による制度が社会的精神的構造の激変を蒙って崩壊する時代なのである。

1 売春と売春婦

パラン=デュシャトレの著書が扱っているのは「公然の売春」だけである。ところが、金で売買されるというだけではこの範疇に入れる十分な根拠とはならない、と彼はみている。したがって、妾、男から男へと渡り歩く浮かれ女、高級私娼は問題にされていない。またベロー同様、(4) といっても第三共和政初頭のベロー追随者たちとは違って、パラン=デュシャトレは売春婦のうちでも定住所をもつもの、必要とあれば税金を納めるもの、市民としての権利を享受しているもの、外では品位を保って振る舞うもの、これらもろもろの理由から、行政当局の言いなりにならないですむものは、研究対象からはずしている。彼によれば、こういう女たちは支配階層にこれといった危険をもたらすわけではないし、実際も彼女たちは支配階層に溶けこんでいたからである。

パラン=デュシャトレは、多くの章にわたって(5) 売春の存続性、さらには永続性までも認めてはいるが、これを未来永劫消滅することのない現象であろうと見ているのではない。(6) 売春が時間性を超越しうるものであるという考えをはっきりと否定してさえいる。この点で、経験に基づく方法論をもち、周縁史を尊重する彼は、多くの規制主義者から、また現代の大半の歴史家からすらも抜きんでた存在である。というのは、彼らは、売春はその構造と様態からみて永遠不変なものであるとして、自分たちがこの現象に示す無関心を正当化しているからである。

はるか昔からの疫病神である売春は必要悪でもあって[7]、「どぶ、ごみ捨て場、汚物処理場がどうしてもあるように、売春婦は男たちにとってやむを得ないものであり[8]」、「彼女たちは社会の秩序と平安維持に貢献しているのである[9]」。パリのごみ捨て場、汚物処理場の男パラン＝デュシャトレは[10]、ここにおいて、聖アウグスチヌスのもっとも真正な伝統の中に位置づけられる[11]。また彼の懸念は、当時広く世間に広がっていた汚物と瘴気を恐れる強迫観念を反映している。実際、売春婦が存在しなければ、男は「欲望を抱いて、あなたの娘を、あなたの召使女を堕落させ、家庭内にトラブルを引き起こすだろう[12]」と、彼は書いている。当時流行の生命器官説に同調するパラン＝デュシャトレは、売春を病気から社会をまもるための必要不可欠な排泄現象であると考えている[13]。

彼自身がとりたてて強調しているわけではないが、しかし実のところ、根底で彼の頭を悩まし続けていたものは、取締り可能な公然たる売春でもなく、もぐりの売春でもなく、それは、売春婦がこの売春という「職業」に一時的に従事するにすぎない、というこの職業の性格についてなのである。もぐりの売春については、ベロー[14]や道徳秩序の時代のベローの追随者たちが払っているような注意を、彼はまるで払っていない。さて、彼は不安げに書いている。彼女たちは「世間に戻ってくるのだ……彼女たちはわれわれをとり囲み、われわれの家のなかに、家庭のなかに侵入してくるのだ[15]」と。このような見地は、フレジエが「堕落している階級」、「危険な階級[16]」と見た労働者階級に時の有力者たちが抱いた強い不安とまったく同じ不安に基づいている。このような見地に立つならば、売春婦はこの「職業」を捨てたときに悪徳の数々を伝染させるおそれがあるわけで、こうした悪徳を彼女たちにできるだけ身につけさせないようにするためには、売春婦というものをよく知ることが肝腎なのである。何にもまして、女性の性道徳に直接の害をあたえる「女の同性愛」に対抗せねばならない。

パラン＝デュシャトレが伝染病の恐ろしさをしきりに強調していることに注目したい。十九世紀末に性病、梅毒への恐怖を広めることに精をだした医師たちの、パラン＝デュシャトレはまさしく先駆者であったといえるだろう。実際その著書でも、これは大きなテーマとしての位置を占めている。「感染によって人間がかかるあらゆる病気のなかで、また社会にもっとも重大な打撃をあたえる病気のなかで、梅毒ほど重く、危険でかつ恐れねばならない病気はない」(17)のであり、これはペストにまさる恐ろしい疫病なのである。それでも、客観的な目をもっている著者は、社会全体における性病発症率の低下してきていることをも、同時に強調することを忘れていない(18)。

売春を受容すること、そして同時にこれがあたえる脅威をも受容すること、このふたつの関連のなかでパラン＝デュシャトレは「公的売春階級」に属する女たちについての見事な文化人類学をうち建てたのであった。売春階級にある女たちは、マージナルな存在であると定義される。すなわち、彼女たちはみずから社会の外側に身を置き、「同国人でありながら、地球の裏側の国の人々と同じくらい風俗も好みも習慣もちがう(19)」「別の人種(20)」なのである。規制主義の構想がうち出されるのも、彼にいわせれば、群れをなすこのような個々人のマージナリティーがあればこそである。権力によって彼女たちを社会の片隅に追いやるといっても、それ以前に彼女たちがみずから社会の外へとはみ出ているのであるから、これは正当化されうる(21)。犯罪と同じく売春は潜在的にひとつの反社会を形成し、道徳的、社会的、衛生的、そしてまた政治的脅威となるひとつの社会基盤を形づくる(22)。したがって、この下水の専門家パラン＝デュシャトレ以上にこの研究に取り組めるものがほかにいるだろうか。社会の基盤なのであって未分化なマグマなのではない。労働者階級については同時代の人々が、これを恐れるがゆえに観察眼がにぶり不明確なイメージしかもてなかったのに対して、パラン＝デュシャトレは、彼を下水のなかに長期滞在させることになった良心と同じ良心にしたがって「公然たる売春」の分析、解剖、分類をおこなっている。彼は売春のカテゴリーのきわめて精緻な研究に心血を注いでおり、その結果、彼の記述したものは二十世紀にいたるまで飽くことなく引用されてきた(23)。そればかりか、あまりに多大な権威を付与されたために、その後の研究者たちは観察眼を曇らされて、時代の流れのなかで変化した部分を把握しそこねてきたほどである。この地下の社会のカテゴリーは、地上の社会のカテゴリーにそれぞれ対応していると言えるであろう。すなわち、「ごく一般的にいって、売春婦のなかでも最上級に属するものは、愛人を法学生、医学生、若い弁護士のなかから選ぶ……中級クラスの売春婦が求めようとするのは、……あらゆる職種の店員であり、わけても洋服仕立人のなかに求めようとする。これに理髪師、流しあるいは音楽酒場《ガンゲット》の楽士、宝石、貴金属細工師を加えることができる。その他の売春婦はすべてあらゆる職種の労働者に身をまかせる」[24]。このような等級づけは、料金のちがいに由来する売春婦たちの相互反目のうちに読みとることができる。

奇妙なことに、一般社会を模倣するかたちで、売春婦のカテゴリーは結局のところ、客層によって決まるものである、とパラン゠デュシャトレは述べている。「売春婦は、特定の階級の男たちが出入りするその場の習慣、言葉づかい、物腰を身につけるので、職人や人夫や石工相手の娼婦は、将校と一緒だと場違いな感じを抱くのである……。同じことは教育程度も高く上品な階級の男たちに日ごろ馴染んでいる女にもいえることであって、彼女は下品な男には我慢できない」[25]。このような等級間に仕切りがあることは、階級間の壁の失われることを恐れる人びとの不安を鎮める役に立った。ブルジョワ的行動様式が広がっていくなかで、階級間の壁が破壊されるのではないかという強い不安感が漲っていた時代である。第三共和政初頭に規制制度の堤防が切れるのを眼のあたりにして、最後の規制主義者たちが悲鳴をあげたときであっても、これ以上の不安感ではなかったのである。

近代植物学の創始者リンネにもたとえることのできる売春学の創始者パラン゠デュシャトレは、さしあたって、「娼家に住み込む番号つき娼婦」[26]、「鑑札もちの街娼」、「兵士相手の娼婦」、「場末の娼婦」、および暗闇でごそごそするだけの、その下劣さといったら「売春の記録にのせるにふさわしくない」[27]ような「ピエルーズ」〔工事現場近くで客引きする下級娼婦〕の正確な描写につとめている。売春にいたる原因の分析とプロセスの描写は、あきらかに規制主義を前提にしたものであり、また性行動の自由を封じようという規制主義の根底に横たわる深い意図がみてとれる。女は「無秩序な生活」につづく「不身持ち」[28]の一定期間を経過したのちはじめて「公然の売春」に身をおとすのである。最後には、「公然の売春」は、人間のくずの山、すなわち女の同性愛に至るおそれがある[29]。このようなプロセスに体質の影響と社会のメカニズムの影響が結びつく。宿命的な歯車に巻きこまれていくのは、放蕩ぐせ、怠けぐせ、情熱のゆえである。すなわち、売春は本質的には「ある種の娘」[30]に関わるところのことである。不身持ちからつぎには売春へという傾向を語る第二の根本的要因は、素性に関係している。「賤しい生まれであること」[31]、両親の「ふしだらな夫婦関係」[32]から生まれたものは悪徳にむかうのである。[33]ただし、パラン゠デュシャトレは貧困ならびに低所得をも同時に要因として挙げる。ヴィレルメは、工場地帯の女工が副業的にあるいは断続的に行なう売春がいかに多いかをくりかえし強調し、また、われわれが参照した社会主義者や作家がみなそうであるように、仕事場《アトリエ》と工場における性の乱れを嘆いている。それ以来、売春を研究する誰の目にもはっきりと映る失業、女性の低賃金、もっと一般的にいえば労働者の貧困の意味の重大さが理解されるようになった。[34]

パラン゠デュシャトレが素描してみせた売春婦像は幾度となく売春の文献にとりあげられ、多くの小説家にインスピレーションを与えてきた。そのあまり、すでに述べたように、その後の人びとの観察眼《ヴィジョン》を狂わせたばかりでなく、売春婦の行動を部分的にしか捉えられなくしてしまった、と考えることができる。パラン゠デュシャトレが生みだしたわけではないにしても、彼がまとめあげた売春婦像のステレオタイプを、その後これらのステレオタイプがどのような影響力をもってしまったかを理解しやすくするためにも、ひとつひとつとりあげてみる必要があるだろう。

売春婦は、時代の価値観に反する性格をことごとく有するものである、という中心思想から、この売春婦像は生まれてくる。売春婦は子どものように未熟なので、価値観を身につけることができなかったのだ、とする考え方に一部由来している。売春婦の「未熟性」というステレオタイプは、人も知るように、その後ながく言いつたえられてきた。[35]これは、成熟していることと、一般社会の価値観を受容することを、故意に、混同することから生じたことである。売春婦とはまずなによりも快楽を求めて、働くことを拒否するものである。[36]怠惰、横着、一日の過ごし方、すべてがこれを語っている。入獄中の売春婦はベッドに寝そべったままでしか作業をしようとせず、ろくな仕事にならない。売春婦はまた、住所を定めて働くという生活の必然性から逃げている。[37]移動、不安定、「騒がしさ」、「落ち着きのなさ」を具現しているのが売春婦である。パラン゠デュシャトレの目からすると、これだけでもすでに「隔離」と監獄が必要であることとの根拠になる。このような変化への好みは、頻繁な移動、引越し、およびダンス好き、気分の変りやすさ、注意力散漫といったかたちであらわれる。ブルジョワ階級においてもそうであるように[38]、引越しは売春婦のある等級から他の等級への移行を意味することが多いのであるから、パラン＝デュシャトレはここでは矛盾したことを言っているのであって、移動を好む傾向は、一般社会の移動のなかにすら認められるところなのである。

売春婦とは、さらに、無秩序、節度をわきまえない先の見通しをもたない、要するに秩序ある生活と節約の拒否、を象徴するものである。このことは、女の室内を見ればあきらかであり、不潔であること自体がその証拠である。節度をわきまえないことといえばこれはあらゆる類いのものがある。「血気」にはやり、「興奮」に駆られやすいこと、過度のアルコール、リキュール好き、大食、そのうえ貪食、絶えまないお喋り、怒りっぽさ。売春婦たちは、ほとんど例外なく、金銭を倹約することを知らない[39]。浪費癖がつよく、とりわけ花のためにむだづかいをする。またトランプやロト遊びなどのゲーム熱に取り憑かれやすい。

最後に、そして、とりわけ、と言うべきか、売春婦はいつか「同性愛者」になるおそれがある。売春婦は他方では性的秩序をもっとも確かに保障するものであるのに、こうなると、その秩序を大いに脅かすものにもなる。パラン＝デュシャトレの目からすれば、女の同性愛は不治のものであり、外的特徴を客観的観察で摑むことも難しいだけに、いっそう危険なのである[40]。クリトリスの大きさが確かなしるしになるとは彼には思えなかった。こうして彼はこの病気の分析に長いこと取り組んだのである。そのうえ、彼がうちこんだ売春婦の文字どおりの性行動研究は、同性愛に限定されていたことはあきらかである。その他はほのめかし程度に扱われているにすぎない。同性愛の面からすれば監獄は、観察できる唯一の場として有用であると同時に、自然に反する素行が広がるのに格好の場でもあるがゆえに有害でもある、とこの研究者の目には映った[41]。入獄中の売春婦の素行を厳重に監視すること、悪癖をもつ売春婦を彼女たちの愛の対象から離すこと、若い女囚を遠ざけること、をパラン＝デュシャトレは忠告している。

規制主義者たちがその後異口同音に認めるようになる売春婦の美点のカタログは、ほとんど決定的にパラン＝デュシャトレによって作りあげられたものである。かくして、堕落した娘たちに認められる常に変わらぬ宗教感情を賞揚し、小さな子どもにみせる優しさを強調し、田舎に寄せる彼女たちの郷愁に言及することなどが、十九世紀全般を通じて好まれることになったのである。[42]彼女たちの愛の感情は自分の「情夫」、あるいは同性愛の相手に対する狂おしいまでの執着という形で示される。彼女たちの羞恥心は、警察の所定の場所や、他の女たちの面前では脱衣を拒むというところにあらわれる。最後に、社会からのけ者にされていることが、彼女たちのうちに強い連帯と思いやりの情を育てる。要するに彼女たちは、貞淑な妻と信心深い母親がもつ美点と変わらぬ美点を備えているのであるが、彼女たちの送る低劣な生活がその開花を妨げたのである。彼女たちの美点を数えあげることは、ブルジョワの女性観を力づけることになる。

逆に、驚かされるのは、パラン＝デュシャトレの著作に見られるように、売春婦の肉体面のポートレートが不鮮明なことである。もし流行の骨相学と人相学を尊重していたならば、道徳面でのステレオタイプを忠実に反映した正確な典型《モデル》が期待できたかもしれない。しかしそんなことはまったくない。[43]つまり、客観的観察と、たとえば身長、目の色、髪の色に関する広汎な研究から、彼は売春婦は実にさまざまに異なる身体的特徴を有するとの結論に達しているのである。結局のところ、彼女たちは例外的な一社会を形成しているとはいえ、普通の女と同じ見かけなのである。パラン＝デュシャトレは売春稼業が一時的なものであると確信していただけに、このことは彼にいっそう売春婦を危険視させる事柄であった。

彼は、当時広がっていた偏見とは逆に、売春婦のクリトリスも小陰唇もヴァギナもアヌスも特別の様相を呈するものではないという結論に達している。その受胎能力も、優れているとはいえないが、彼の意見では、平均をやや下まわる程度である。さらに、売春婦にヒステリーは少ないことを確認している。またそのうえ、自分の調査方法を厳密に適用して、当時広く信じられていた過度の性行為は寿命を縮めるという考えを否定した。要するに、売春が特に健康によくない職業であるとは、彼には思えなかった。「あれほどの放蕩、あれほど多く病気の原因となるものにとり囲まれながら、彼女たちの健康は子どもをもつ女、家事をする女の普通の健康よりも強いのである[44]」。

肉体面でのふたつのステレオタイプだけは、これも以後飽かずにくりかえされてきたものであるが、パラン＝デュシャトレも強調している。そのひとつは肥満であり、これは貪食、のらくらした生活態度、客の嗜好などで容易に説明がつく。もうひとつはしわがれ声であり[45]、これは民衆の偏見が望んでいたような、口唇《アブ・オーレ》による性交が原因である以上に、出身階層、酒の飲みすぎ、寒いところに長時間いることがおそらく原因であろう、と彼はみている。

2 黙認と監視の必要性

売春は必要ではあるが、危険なものでもあるから、これを容認し、かつ厳重に監督しなければならない。監視の目的は放縦全体を防ぐことである[46]。実際、パラン＝デュシャトレは売春禁止には反対するとはっきり述べている。禁止しても無駄であることは歴史が証明しているというのである。同様に彼は自由主義の立場をも非難する。自由の行きすぎは放縦でしかなく、未熟であるがゆえに本当の自由を享受できない個人は多いのである。売春婦はこの範疇に入る。

容認と監視の必要性は、当時はまだフランス方式と呼ばれていた規制主義制度が周到に準備されていた統領政府時代から説かれていた。この制度は基本的な三原則に立脚している。すなわち、⑴子ども、娘、貞淑な妻たちの目のとどかない隔離された場を設けることが重要である。囲ってしまえば、婚外性交渉を世間からもっとも遠くに追いやり、この囲いの中に閉じこめてしまうことができる。囲いは風紀の乱れをことごとく防ぐ防波堤となる[47]。

⑵この隔離された場はつねに行政の監視下に置かれねばならない[48]。一般社会からは見えず、監督するものには完全に見通せること。ミシェル・フーコーが監獄について問題にしたパノプチスム[49]〔囚人に覚られずに一ヵ所からすべての独房が監視できる円形刑務所体制〕の意図が規制主義のなかにはほとんど偏執的なまでにあったことが読みとれる。

(3)効果的な監督がされるためには、この世界が厳密に等級化され区分されることが必要である。年齢と「等級」を可能な限り区別することによって、観察はしやすくなり、同時に行政当局の支配も容易となる。

この制度は、あきらかに、啓蒙時代の合理主義に根ざしている。すなわち、学校、劇場、病院、墓地などに当時みられた混在を一掃しようという構想と同じ性質のものなのである。規制主義の歴史は、以後、売春婦を規律正しくさせるための不屈の努力の歴史となる。理想は、修道女のような売春婦を作ること、よく「働く女」ではあるが操り人形のように従順な女、しかもとりわけ、快楽を求めない女を作りだすことである。

これらの原則を適用して、監獄的制度は形づくられていった。そしてこの制度内で、売春婦は、売春業に従事しているかぎり進歩するというわけである。この制度は四種の隔離施設を想定している。娼家、病院、監獄、そして必要があれば保護施設あるいは更生施設の四種である。売春婦はこれらの施設のあいだを新型の有蓋車で運ばれていくことになろう。パラン＝デュシャトレはこの有蓋車をたいへん重視しているのでついでに強調しておくべきだと思うが、この車が使用されるようになったのは、独房式囚人護送車が使用されだすよりも前であった(50)。徒刑囚の列が、社会に広がっていた不法行為を噴きださせ、刺激したのと同じかたちで、売春婦の留置場から監獄への移送光景はかつては巧まざる自然なデモ行進となり、ある意味では、婚外の性交渉を広く世に知らせることになった。「衆人の目をひき、町のわんぱく小僧たちがぞろぞろと後についていくこの行進のあいだ、娼婦たちはスキャンダラスな厚かましさを発揮し、兵士たちと笑いさんざめき、彼らと好き放題なことをするのだった(51)」。

この制度の主軸は法律が認める娼家である。その理想とするところは、指定地区のみに営業を許可することである。そうすることで垣根はいっそう強固となり、一般の女の目から建物自体を隠すことができるし、「一ヵ所にかためると、一目で悪所のありか全体を把握できるので(52)」、パノプチスムにとって好都合である。しかし残念ながら、パラン＝デュシャトレによれば、この試みの効果がないことは経験が物語っている。パリに指定地区を設けても、もぐりの売春を増やすだけであろうという。ところで、彼は、悪徳の存在が道行く人の目に触れること以上に、これが監視の目を逃れることのほうを恐れている。

さる娼家の存在がレ・ザルシ界隈を人目から守り、そのかわりもっとも悪名高いフェドー通りを出現させたことをみれば、淫売宿はその界隈に溶けこむことによって、悪徳を取りこみ、同時に近隣からこれを一掃する働きをもつのである。ある町に一軒の娼家が開業すると、「無秩序がたちまちおさまるか、あるいは減少するのがみられる。売春婦たちはそこに収容され、もはや散らばることはない。監視はいっそう効果があがり、抑圧はいっそう容易となる」(53)。

娼家は閉鎖的でなければならない。そこへは二重扉の装置を通ってしか入っていけない。窓には鉄格子とすりガラスがはめこまれていること(54)。高所に置くことで隔離をはかるためにも、なるべく一階と中二階は避けること。娼婦はめったに外出許可を得られないようにすること。検診は娼家内で行なわれること。

逆に、行政の係官はいつでも娼家に入れるようにすること。娼婦と客が対面する個室には差し錠を取りつけてはならない。その扉にはガラスをはめること。女将《おかみ》あるいは副女将はつねに監視をおこたらないこと。そして、女たちの相互コントロールがつねに行なわれるようにするために、娼婦をひとりきりにさせないこと。

売春宿は権力の代理人、すなわちダーム・ド・メゾン〔娼家の女管理者、女将のこと〕によって上下の秩序が保たれ、指揮される場でなければならない。パラン＝デュシャトレが女将に求める資質は女将の役割をよく照らしだしている。すなわち、企業のトップの座にあり、しかもブルジョワの妻たる女に求められる資質なのである。女経営者は、家具商の言いなりにならないためにも、家具の所有者であること。娼家は、女将の自立が保障されるだけの繁盛をしていなければならない。なんらかの男性的態度をとることで、娼婦たちに畏敬の念を起こさせること。そうすることで、女たちは彼女にうやうやしい態度で接し、彼女がいわば行政当局に代って行使する権力に服従するだろう。「体力、胆力、精神的肉体的エネルギー、指揮能力、どこか男性的で威厳にみちた貫禄が、女将にはのぞまれる」(55)。女将は夫あるいは愛人を同居させてはならない。実際、男が及ぼす影響は警察の権威を崩すおそれがある。容認される売春は、行政の直接監督下に置かれて、男の性的欲望を満足させることを仕事とする女たちの世界であるべきなのだ。客でもなく風紀取締り警察の係官でもない男がいることは役割の混乱をひきおこすだけである。パラン゠デュシャトレが確認しているところでは、女経営者たちは子どもに最高の寄宿学校教育を受けさせている。そして引退したあかつきには、慈善事業をする上流夫人となるものが多い。

要するに、娼家の女経営者は女衒や、やりてばばあの正反対《アンチテーゼ》でなければならない。後者は反道徳的で害をもたらす。輪郭のぼやけた、何者とも決めかねる摑みどころのないこうした輩《やから》が放蕩の創造者なのである。このことから、この輩の存在はおそろしい脅威である。彼女らは行政の監督の目をのがれ、売春世界にたいする警察の監視をひたすら邪魔するだけに、なおさら仕末におえない。

したがって、純理論的には、娼家開業を奨励するべきであり、わけても「場末」[56]にその数を多くすることが望ましい。しかしながら、売春婦のなかには街娼のままでいることを強く希望するものがおり、これを阻止することはできないと、炯眼なパラン゠デュシャトレは認めている。このような状況では、実際そのとおりになったのだが、鑑札を受けることを義務づけて、そのうえで従来どおりの活動を認めるのがよい。

残念ながら、娼家は理想的な監視場所ではない。パラン゠デュシャトレは、昼でも夜でも、おそれることなく売春宿を見学したが、それは、いつも警視庁の警官ひとりをつれていたからである。ここで、病院と監獄が規制主義制度のなかで果たす役割がいっそうよく理解できる。保健衛生管理は、警視庁設立後ただちにパリで制度化された。特筆すべき同時誕生である。というのも、同じ性質のいくつかの制度が、第三共和政になってすぐに、同時的に、再び検討されることになるからである。検診を行なう無料診療所は、パラン゠デュシャトレの目からすれば、「人間の管理をまかされた人びとに医学が利用されるようになってから作られた……もっとも見事な保健衛生施設[57]」である。たしかに、パラン゠デュシャトレにとっては——彼自身が医者であることを忘れてはならない——、医学の機能は第一に管理することである。治療活動では、肉体面と同じく、またそれ以上に道徳面に留意しなければならない。伝染病についてよりも、売春婦の品行について医者たちが知り得た結果の方に、パラン゠デュシャトレは敏感に反応している。

彼の目に模範的と映った臨床医は、「病人には、肉体に良いことよりも道徳的に善いことを与えること[58]」を自らの鉄則としたジャックマン博士をおいてほかにいない。

パラン＝デュシャトレの病院論は、以上の原則から照らしだされる。病院に関しては、彼は医学界の主流と同じ立場に立ち、警察行政当局とは見解を異にしており、第一に、性病の売春婦専用の病院設立を強く要望している。同一病院内で売春婦と「民間の娘」を一緒くたにすることも、一般病院で性病患者を診る制度も、ともに彼は批判している。観察の場であり悔悛の準備をさせる場でもある売春婦を受け容れる病院は、彼女たち専用のものでなければならない。全体的構想からすれば、隔離の必要性もでてくる。そして、理想的な病院像が作られるのは、監獄をモデルにしてなのである。時あたかもサン＝ラザール医療刑務所が設立された時であった。同じく、監獄がそうであるように、施設内の売春婦を一緒くたにしておくべきではない。罹病売春婦の世界にも、就業中の売春婦たちのなかの序列をあらゆる面で反映させねばならない。すなわち、出身階層、出身地、性行動のあり方を目安として、「同性愛者」——「ピエルーズ」——「並み娼婦」——「かけだし娼婦」——田舎から出てきたばかりの娼婦を分け、それぞれを切り離すことを提案している。

規則主義制度の論理からいって、性病の売春婦を診る医者は、風紀課の支配下に置かれるべきである、とされる。「風紀課の医師」は、警官や女将がそうであるように、この制度の一要員である。パラン＝デュシャトレが医師に求める資格は、風紀取締り警官に求められるそれに近い。すなわち、資格のうちでも道徳的配慮を第一義とする。「疵《きず》をもたない[59]」、きわめて実直、きわめて品行方正な男であり、壮年に達していて、少なくとも「結婚の絆で結ばれている」必要がある。その慎重さ、寡黙さ、「検診時の慎み深さ」、「馴れなれしさからはほど遠い」その優しさ、は彼の道徳的事業の推進に貢献するであろう。「重々しさと品位」を特に際立たせねばならない。要するに、このような態度をとることで、医師は彼が代理を務める行政当局と彼の患者の下劣さとのあいだに存在する差異を十分に強調すべきである。このようにして、売春婦を社会の片隅に追いやろうという全体構想に反するあらゆる接触《コミユニケーション》を医師は避けねばならない。

また反面、性病患者の治療を人間的なものにすることを、パラン＝デュシャトレは強く求めている。この考えは、当時の経験的社会学者たちの心を駆りたてていた博愛精神に添うものであるように思われる。彼には「大いなる悪行」の犠牲者に懲罰を与えることに対する反発があり、そのことが彼を新規制主義の先駆者としたのである[60]。監視体制が確立されて、訴訟手続きは無用になり、後にはこれは野蛮な方法と考えられるようになった。懲罰制度のなかで推進され、ミシェル・フーコーが明晰に叙述してみせた進展によく似た進展が、この領域には見られるのである。

逆に、監獄は、パラン＝デュシャトレの著書では、規制制度に不可欠のものとされている。監獄の主要目的は、売春婦に絶え間ない恐怖を抱かせることにある。この恐怖だけが、行き過ぎを抑え、売春の野放図な拡大を抑制することができる。このことは、制度が単に規制するものであるだけでなく、本質的に抑圧的な性質を有しているものであることをいみじくも照らし出している。刑法では、売春を犯罪とは認めていない。しかし、世論はそうみなしているし、そうみなすことは「文明の原理、風紀と家庭の利益、社会の叫び、母親の不安[61]」に一致する以上、刑法で認めていないことなどたいした問題ではないのである。

売春に果たす監獄の機能は多様である。(1)監獄の存在が売春婦につねに与える威圧感は、娼家、無料診療所、また病院にも秩序を保たせる。(2)行政の自由裁量で売春婦はここに連れてこられるのであるから、監獄は売春の世界を研究し、かつよりよく監視するためには、うってつけの研究室である。このようにして得た認識に基づけば、売春の拡大を抑えることができるだろうし、なかでも、「自然に反する」性行動の増加をくい止めることができるだろう。下劣ではあるが必要なのが売春の世界である。そこで、忘れてならないのは、規制を受けて売春は、婚外性交渉を一手に引き受けること、その結果とりわけこれを自然に適う状態に保つこと、を機能とする。(3)売春婦にとっての監獄は（規制主義の論理ではこれはたしかに特別の意味をもつ施設である）、そのうえさらに、当時監獄に割りふられていた一般的な機能をも果たす。この点ではパラン＝デュシャトレの著書は、ここで分析するのは無用でもあり、不可能でもある広範な監獄論のうちの、一要素を扱っているにすぎない。彼によれば、監獄は、人格の奥底に横たわる欲動を明るみに引き出し、そうすることで、悔悛への道を準備するところである。地方への流刑、労働、筋肉の疲労、行進、それらが悔悛のためのプロセスを容易にする。そのうえ、売春婦が客をとっているときにはエクスタシーを感じないというのがたとえ本当だとしても、とりわけ淫乱な彼女たちの性的欲望を鎮めるには、これらは最上の方法である。パラン＝デュシャトレのこの論述は、世紀末になって、身体訓練は性的禁欲実行に不可欠であるとして医師および衛生学者が展開するキャンペーンを予告するものであった。

しかしながら、売春の必要不可欠性そのものから、ここでひとつの特殊な問題が生じる。悔い改めが進んだ結果は、どうあるべきなのか？　娼婦の活動は社会の性的秩序維持になくてはならないものなのに、彼女たちがみんな正道に立ち戻るとしたら、おかしなものではないか？　この点で、売春は根本的に犯罪とは別ものであるとわかる。明らかに、この二つの世界は区別されてしかるべきである。この難題を知っていたパラン＝デュシャトレは、この制度の優れた機能のあり方として、各人のモラルの教化を第一とすべきである、との認識に達した。懲罰制度は、なによりも、公娼たちに規則を守らせねばならない。罰せられるべきは無秩序であって、売春行為ではない。彼が、「拘留がもたらすはずの成果、すなわち被拘留者の矯正、売春婦にあっては警察の規則に素直に服従すること」(62)に言及するとき、このことはいっそうはっきりする。

このような見地に立つとき、更生への道と慈善事業にたずさわる上流婦人たちの役割は、奇妙な具合に限定されてくる。婦人たちが規制主義の全体構想を損いたくないとすれば、ほんの一部の娼婦しか救うことができないし、しかしそうなると、教会の側に立ってみたとき、この制度の機能を正当化することができなくなってしまう。慈善事業の上流婦人たちは、規制主義制度の存在そのものに不可欠な最後の要員である。彼女たちの存在は、規制主義制度を反《シ》世間《ニスム》的とみる世の人々の目を柔らげるのである。罪の許しを得る可能性をのこしているのであるから、悔悛への道は保護施設の開設と並んで——後者はほんの少数しか収容できないことはわかっているが——福音主義のしみこんでいる人々にこの制度を受け容れやすいものにする。悔い改めたといっても、女たちは実際には、規制主義者たちが設立した隔離施設から出られるわけではない。一般社会へ帰っていく「姿をくらました」売春婦とちがって、改心した売春婦は、髪を切られ、粗布をまとって一生多くは修道院を模して造られた施設のなかで過ごさねばならない。

慈善事業の上流婦人と投獄された娼婦の対面は、体系的分析に値するだろう。ここではその余裕はない。信心と不惑の年齢が、性衝動を黙らせてしまった妻であり母親である女性。パラン＝デュシャトレが留置中の売春婦に手本として示すのは、このような女性である。慈善事業の婦人の良い影響を期待するためには、他方で、売春婦とその家族や男友だちとの関係を断ち切ることである。女将、風紀取締り警官と医師、慈善事業の上流婦人。投獄されている娼婦が関わりあえるのは、こういう人びとに限るべきである(63)。

このように語られるこの制度の正当性を、パラン＝デュシャトレは顕著に現われた変化のうちに認めている。彼の論調はしばしばこれらの規則を讃える真の讃歌に変わっている。これらの規則は、フランス革命末期から、売春の世界に落ち着きを取り戻させ、かつ根本的な改善をもたらさなかっただろうか、というわけである。「おぞましい淫欲の光景は、今ではパリ市内では非常に少なくなった(64)」。労働者階級の性的放縦の鎮静化こそが問題だったのであるが、パラン＝デュシャトレによると、その鎮静化は露骨な身ぶりや言葉が消滅したことに見てとれるというのである。性行動のこのような教化は、人も知る、十九世紀全般にわたったひとつのプロセス、すなわち、労働者階級にかつて広く見られた暴力の減少を伴ったという点で、さらにまた、むしろこれに先行するものでもあった、という点で、私には重要なことに思える(65)。売春界におけるこのような現象の明白な変化は社会全体の性行動の変化を多分に反映したものであろう。ブルジョワ家庭の特定の価値観が少しずつ広がっていき、労働者の世界にも(66)部分的に吸収、受容されていったように、労働者階級の性行動はプチ・ブルジョワジーを模範とし、また私生活の改善にその影響を受けていった。そして売春に関しては、おそらく特に強い影響を受けたにちがいない。

しかし、パラン＝デュシャトレは、より正確には、何によって変化を認めたのであろうか。彼は諸規則の適用、入院、収監、強制労働が「売春婦階級」に真の変化をもたらしたとみる。この真の変化に「パリにやって来る外国人はみな」驚いた。[67]「高慢にして挑発的なあの目つき、あのしどけない衣裳、みだらな身ぶりや態度、絶えず始まるあの口喧嘩をもう見かけることはない。卑猥なあの会話、叫び声、ぎょっとさせるようなわめき声はもう聞かれなくなった」。[68]とりわけ売春婦たちの特徴だったあの「騒々しさ」、「興奮」はかなり影をひそめた。と同時に、衛生を心がける習慣が広まった。このような事態はみな、言うまでもなく、改心する女を増やし、更生のための施設ボン・パストゥールを成功させるもとになった。

ただ、ここにひとつの不安の種がある。それは、もぐりの大衆的売春の存在である。この問題については、パラン゠デュシャトレは、ベロー、フレジエ、あるいはポットン博士が表明したような強い不安感は、まるで訴えていない。彼からみると、これは要するに、限られた一現象にすぎない。自分の基盤とする経験主義に忠実に、彼は行政に向かって、妥協するよう、そして連れ込み宿を制度内で許可するように、と進言している。連れ込み宿は、彼が構想する娼家にほど遠いものであったにもかかわらずである。また、もぐりの小部屋を持っているキャバレーとカフェ、バーの問題が残っている。[69]パラン゠デュシャトレはこれを告発してはいるものの、これらに向ける不安よりも、彼には規制主義を信じる楽観主義の方が強かった。

3　認識論的《エピステモロジク》な影響力

われわれの目的に直接かかわることではないが、パラン゠デュシャトレの規制主義論と十九世紀における売春研究のもたらした認識論的な影響力についてはぜひ述べておくべきだろう。しかも、人文科学の誕生において、人文科学が、監視と懲罰を旨とする行政と結びついていることがこれ以上はっきり分かる領域は他に見られない。パラン゠デュシャトレの長年にわたる調査研究の最終目的は、行政当局がより容易にその権力を行使できるような知識を蓄積することにあった。彼はそのことを、初めからはっきりと表明している。すなわち、「人間を統治するときは、人間の弱点を認識し、これを彼らを指揮するのに用いるのがよい(70)」、と。彼が奨励する売春街設置の目的は、くりかえすと、第一に観察と実験を容易にすることにあった。観察するためには閉じ込めること、知るためには観察すること、監視するためには知ること、権力内に掌握しておくこと。彼の構想はこのように描かれる。そして、この著書をユートピアのアンチテーゼとし、経験的社会学の最初の主要著書のひとつとしたものが、この観察第一の立場であった。

数量へのこだわり、分類への配慮がパラン＝デュシャトレの研究の進め方の常に変わらぬ特徴である。「私が取り扱おうとしていたすべての面で数値データを入手すること(71)」、これが、彼自身の打ち明ける方法論の主眼であった。また、「私が統計学と呼ぶこの方法は、まもなく、一般的に採用されるようになるだろう(72)」、とも書いている。そして、統計学が医学の分野ですぐにも採用されることを希望している。というのも、「科学としての医学はまだ存在していない。だが、あらゆる面に数値による方法を用いることによって、自然科学のなかでももっとも実証的な科学になり得る(73)」からである。パラン＝デュシャトレが工夫した調査技術にもまた、大きな現代性が見てとれる。彼が提案する売春婦の登録時に記入させるべき質問表の作成、彼が改良した鑑札のシステム、彼が進言する個人身上書の作成とその改善、これらにもまして、彼が身をもって示した実証への絶えざる熱意(74)、これらはこぞって、彼の名を高めた。改革への彼の熱意は、データを図表で示すところにまでも現われている。統計学の書物にはじめて棒グラフが登場したのは、おそらく、彼のおかげである(75)。

さらに興味深いのは、売春の世界をさまざまな観点から照らしだすその多様性である。人類学的、民族学的、言語学的、文化社会学的、社会地理学的、医学的分析をかわるがわる試みて、何ひとつ闇に放置しておかない。署名を利用した文盲教育普及率の研究発展に彼が果たした貢献は、マッジョロに先駆けるものであったし、歴史家のごく最近の関心事に直接つながるものである(76)。ただひとつ欠落しているのが、売春婦と客の純粋に性的な行動の研究であるが、これは、その周辺には立ち入れなかった事情を思えば、容易に説明がつく。この点で彼を責めるのは、まったくの時代錯誤というものであろう。

このような手本を残されたその後の売春研究の著者たちが、制限選挙王政期の書物にあまり通暁していない読者を唖然とさせるほど大冊の本を書かざるを得なくなったのも理解できる。O・コマンジュ博士が、一八七六年から一八八六年までのもぐり売春に関する分厚い本を著したことも、パラン゠デュシャトレの著書に照らしてみてはじめて納得いくのである。この手本にあまりにも引きずられすぎて、売春の社会学は当初の方法《メソッド》を守ることに終始し、たとえばル・プレ派のモノグラフ的研究方法を見逃してしまうのである。

司法権力には干渉させず、行政の自由裁量権を効果的に発揮できる方法を採って行き過ぎに歯止めをかけ、抑制し、方向づけること。パラン゠デュシャトレと、つぎにはベローが展開する規制主義構想は、このようなものであった。行政当局、警察、軍隊に支持され、教会の暗黙の同意を得た方式であるが、しかし批判もある。懲罰理論がそうであったように、これも当初から、何人かの自由主義者によって批判されてきた。とはいえ、この方式を練りあげた諸制度と制度を支える社会的勢力が揺らぎはじめるまでは、つまり共和政国家が勝利をおさめるまでは、抜本的な再検討に付されることはなかった。二十世紀に入って間もなく、規制主義方式は緩和される方向に向かうが、それは結局のところ、社会全体の性のあり様が変化したためである。

二　時代の不安増進と制度《システム》の強化

敗戦〔普仏戦争〕とパリ・コミューン後すぐに、規制主義の言説は一新され、方向を変える。三〇年以上にわたって、パラン゠デュシャトレの著書が参考文献であり続け、一八五七年の段階でもなお、専門家たちは彼の死後もその保護下にあって[78]、あえて自ら論文を発表することもなく、彼の著作を世に送り出すことだけに甘んじていたのだったが、一八七一年から一八七七年にかけて、数多くの、そして重要な著作が発表され、理論は目ざましい展開をみせることになった[79]。保守的で自由主義的なブルジョワジー階級は、帝政の浮かれぶりとパリ・コミューンの虐殺に内心忸怩《じくじ》たるものがあったが、このような彼らを覆っていたペシミズムに沿う線で、規制主義構想は、すでにこの制度の失敗は明白だったにもかかわらず、さらに苛酷に推進されるのである。以後、性行動には厳しい抑圧が加えられる。性行動はもはや潜在的脅威などではなく、押しよせる波として人びとの目に映っている。売春への不安感は高まったが、これは、時の社会的政治的変化が、「道徳秩序《オルドル・モラル》」の世界*にもたらした底知れない恐怖感を反映し、かつこれを受け止めたものである。したがって、規制主義論は、帝政時代と制限選挙王政期になされた分析とそこで作りあげられたステレオタイプに忠実でありながら、しかし、まったく別の次元のものとなる。売春に関する文献は、この時代の抱えていた不安をもっとも顕著に映しだすもののひとつとなった。

＊「道徳秩序」《l'ordre moral》とは正統王朝派のブローイ Broglie 大公が一八七三年五月二十六日、保守的・教権的政策につけた名称であり、カトリック教会を支えにして王政復古を目標にしていた。だが、ここで意味している「道徳秩序」の世界とは、王党的立場（ブルボン正統王朝派やオルレアン王朝派）の人々で、民衆や社会主義勢力の台頭を怖れ、「家族・財産・宗教・秩序」を尊重し、基本的政治姿勢として共和主義を拒否するカトリック聖職者・伝統的地主・金融資本家などの上層ブルジョワジーを社会的基盤とする名望家層の世界と考えてよいだろう。

1　規制主義言説の永続的効力

規制主義は、そのもっとも忠実な信奉者ですら一部失敗に帰したことを意識していたが、それでも強化される。すなわち、監視の方法が改善されたのである。失敗の原因は、この制度自体にあるのではなく、この制度の当初から抱えていた欠陥にある、とされた。だから、これをすっかり破棄する必要はすこしもない。パラン＝デュシャトレのエピゴーネンたちは、彼の著書の示したプランに文字どおり縛りつけられた状態にあったので、問題の抜本的改革と反省点に着手するには、イヴ・ギヨの著書(80)を待たねばならなかった。一八八九年、ロイス博士が、パラン＝デュシャトレを最初とする一連の見事な人類学的仕事に結着をつける本を著したときですら、彼がなお、五〇年来手本とされてきたパラン＝デュシャトレに囚われていたことはまぎれもない。

規制主義に関する書物では総じて、相変らず売春は避けられないもの、永久に癒されない悪として描かれている。ヘブライ民族の過去、古代ローマ史、あるいは中世史に触れる詳述では、現象の超歴史性を語るのに、過去の時代の例の欲望過多症がきまってもちだされ、それは七月王政期の著作の特徴になっている。アウグスチヌス、あるいは聖パウロ(81)が必須の文献としてとりあげられ、教会の保証をこの制度に取りつけるのである。病院、警察、監獄の行政機関の関係書類とカード改良は、調査方法の改善とあいまって、より一層正確な研究を可能にした。売春婦に関する人類学は、勢いを失うどころではなかったのである。

売春に至る原因の分析(82)は、詳細をきわめると同時に中身の貧しいものになった。貧困、失業、社会的構造に由来するといういずれの説明にもまして、今度は本能優位説がはっきりと主張された。「淫蕩な体質」、「道楽をしたい欲望」、自堕落な生活に走る遺伝的傾向が、決定的要因であると考えられた。怠惰と無為が悪徳のその他の主要原因である。社会現象にまで考察が及ぶ場合でも、それは、労働者階級からの搾取という社会悪と、女性が置かれている状況の不幸をたまたま強調するためにすぎない。飢餓は売春に身を堕す第一原因とはなり得ない。この点では、第三共和政期の規制主義者は制限選挙王政期の博愛主義者たちと区別され、ユゴー的苦痛礼讃主義にはほど遠い。人々は、「社会の変化」が悪いのだという。そこで、売春論は、十九世紀中葉の名望家たちの不平不満を煽りたてる決まり文句を鸚《おう》鵡《む》がえしにくりかえすものとなる。いわく、家族における父親の権威の失墜、無神論と自由思想の浸透、教会の影響力低下、公的諸機関の意見の食い違い、警察による弾圧をいっそう困難にする自由主義《リベラリズム》思想の前進、そして世論の今までにない寛大さ、これらがあくことなく引き合いに出されるのであった。プロレタリア化を深めるおそれのあまりにも大きい社会の流動性、服装による身分的特徴をつけにくくし、大衆の贅沢やおしゃれに拍車をかける服装の均一化、政治の激変、「その場かぎりの快楽」に走らせる刹那《せつな》主義の浸透。これほどさまざまな現象が手厳しく告発されるのは、この世紀前半に周到に作りあげられてきた防波堤をも効果ないものにするほどの社会的変化を前にして、著者たちが強い危機感に見舞われていたことの証しである。(83) なるほど、工業化の弊害はしばしば指摘されるが、しかし本来的には、工業化が工場内に取りこんだ雑多な集団をこそ嘆くべきなのである。

売春婦像は、世紀前半に作りだされたものとほぼ同じままであり、しかも長いあいだそのままであった。著者たちは驚くほど相も変らず、売春婦の居所不定、話好き、アルコール好き、なかでもとりわけアブサン好き、大食、賭け事への熱中ぶり、怠け癖、嘘言、怒りっぽさを強調している。また、彼女たちのいくつかの道徳的美点をあげるのも相変らず好きである。いわく、連帯意識、子どもへの愛情、医師を前にしたときの羞恥心、そしてなかでもその信心深さ。売春婦の花好きに加えて、彼女たちが動物、それも特に小鳥と犬に寄せる愛情があげられる。

まれではあるが、しかし後期の規制主義者たちがしきりに強調したがる変化のなかで、入れ墨が減ったことと衛生観念が発達したことがあげられる。同性愛の多いことも指摘されるが、それはたいていはパラン＝デュシャトレの書いたものを参照してのことであり、かつてのような強い不安感を表明しているようには思われない。

唯一の重要な変化といえば、愛国心に燃えた売春婦というテーマが突如出現したことである。周知のように、このテーマは、モーパッサンの『脂肪の塊』、あるいはあの美女イルマから、(84) レオン・ブロワによって描かれたサン＝カレの淫売宿のヒロイックな娼婦、ブロットという女に至るまで、(85) 未来の豊饒な文学作品の誕生を予告するテーマである。オッソンヴィル侯爵は、パリでの幼少年を調査した折に、娼婦におけるこの感情の強さを指摘した最初の人であったと思われる。(86) ここにはおそらく、風紀の落ち着きを請け合うものとしての、また、ブルジョワ階級の女性の不義密通の増加、官能開発を食い止めるものとしての公娼の存在を讃えたいという、多少とも意識的な気持ちがはたらいていると見るべきだろう。宗教感情と並んで、強い愛国心は、身を過まった人間のうちに無疵のまま残されているものであってみれば、これを指摘したい気持ちのあらわれなのかもしれない。

規制主義の言説の永続的効力は、娼家を称揚し、必要欠くべからざるものとしてその性格を強調するやり方のなかに見られる。衰退ぶりが目に見えるだけに、ますます淫売宿への賛辞が多く聞かれるようになった。オモ博士は、「若い人が娼家にそっぽを向いている」(87)ことを嘆き、ガラン博士は、女経営者の権威が高められて娼婦たちの娼家を去る自由が制限されることを望んでいる。(88)「容認された売春宿はあらゆる売春規制の土台である……警察にとっては、監視と抑圧が可能となって悪行を局地化させる効果的方法であり、それはまた、もぐりの売春に打撃を与えることになる」(89)、ルクールは再度このように確認している。ミルール博士は、マルセイユ方式から想を得て、娼家の女だけを以後正式に認められた売春婦とするよう求めている。(90)そうすれば、衛生の安全を望む客を売春宿に引きつける効果があるだろうというのである。(91)それから五年後、ロイス博士は行政に公認の施設増加をはかるよう重ねて求めている。(92)

初期の規制主義者に指針を与えた、囲いこみと人目を避けさせることへの執念はここにも見られる。リヨンでは、ガランがよろこばしげに指摘するように、無料診療所に向かう売春婦たちが人目を引かぬ努力がなされており、「その用心深さたるや、いつも定まった順路をたどらせ、くすんだ色の服装をさせるまでにいたっている」(93)。

サン＝ラザール医療刑務所の、マクシム・デュ・カンによる牧歌的描写(94)は、更生施設称揚の声の高まりと、規制主義の言説が相も変らぬものであることを、示している。この時代の保守主義者に特徴的であった罪ほろぼしへの渇望は、悔悛が当時もてはやされていたことを語っている。オッソンヴィル侯爵に顕著に見られることだが、規制主義は徐々に、堕落した娘たちの更生促進に基盤をおくようになる。行政の監視があればこそ、慈善事業も可能になるというのは事実である。そうでなければ、慈善事業にたずさわる上流夫人たちは悪徳などにかかわらずにすませたにちがいない。歩道や安ホテルでは出会うこともないこれらの婦人に、売春婦は病院、医療刑務所、さらには監獄でなら会えるわけである。売春婦たちがばかにして「尼寺」と呼んだ保護施設は、かつてないほどあからさまに、修道院を模したものであったことを付言しておこう。

2　拡大する売春問題

だがしかし、われわれが前のところで言及したような、規制主義の思想がいかに変りばえしないものであったかということよりも、この思想がいかに拡大したかをとりあげねばならない。当時の関心事のなかでも売春問題への関心が特に高まったこと、超規制主義を打ち建てようとの動きがあったことの二点をよく理解するためには、一八七一年のパリの蜂起にまで立ち戻る必要がある。

パリ・コミューンが売春問題に関してなし得た仕事は、まことに曖昧である。原則としてはアンチ規制主義でありながら、市当局側の禁止政策と、現実に押されて完全自由化への方向との板ばさみになったからである。蜂起期間中のしたい放題、サン＝ラザールやロワイヤル通りでの「お祭騒ぎ」、売春婦――火炎瓶を投げる女、警視庁に火を放つ「あの、火事のとりもち女たち[95]」という神話や、サトリ軍用基地の光景などは、制度の支持者たちに、行政による監視の重要性を痛感させた。彼らにすれば、パリ・コミューンの経験に照らし合わせてみればこそ、警察による規制体制はどうしても必要なのであった。この点でめだつのが、五月末には早くも、風紀取締り警察が「言わば即座に断固として再建された[96]」という事実であり、そのあわただしさである。ルクールは、パリ・コミューンの体験から行政当局が引きだし得る利点を意識して、帝政末期に書いていた自著に、急遽さらに数章を書き加えたほどである。また、モーリヤック博士は、梅毒学の講義のなかで、パリ・コミューンの事件がパリの発病率にいかに影響を与えたか、を好んで力説したのだった[97]。

売春は一般的にみて、かつてとは比べようもないほど重要視されるようになった。売春をめぐる論議の高まりは、一八七一年に入ると目立ちはじめ、一〇年後の世論の大キャンペーンへとはるかにつながっていく[98]。マクシム・デュ・カンの分析は悪夢にも似て、時の規制主義者の思想を誇張し、かつこれを代弁している。社会の底辺の腐敗部分であった売春は、まるで黴《かび》のように、第二帝政時代に、社会全体を取り込んでしまった[99]。今や、十九世紀初頭から恐れられてきた労働者階級に始まる堕落は来るところまで来たのである。ファム・ギャラント〔一八三頁参照〕、また特に娼婦の浮上と社会機構のなかの悪徳の循環は「社会的頽廃」を誘発した。ブルジョワ精神に取り憑いて離れないペシミズムの路線に乗って、マクシム・デュ・カンは、防波堤を決潰させる大波、抑えようもない大潮が押し寄せてきているのだ、と読者に暗示をかける。諸々の制度の不安定と、自由主義思想の行きすぎから社会が弱体化している以上、天罰は下っても当然であるのだ、と。社会の弱体化は次には、人生を急いで楽しみたいという欲望をひきおこし、このような欲望は娼婦の利益につながり、彼女たちはこうして社会体を覆う死の脅威の化身、象徴となる。秩序の、それも何にもまして道徳秩序の回復のみが、もっとはっきりいえば売春の世界に規則を適用することのみが、社会の健康を取り戻させるというわけである。

こうしてみると、パラン＝デュシャトレの楽観的規制主義からどれだけ遠くに来たかがわかる。脅威は以後、「社会の底辺」に留まるようには見えない。これまでは社会の底辺を抑えておくだけで、多少の成功はおさめることができたのであるが。そこで、最後の規制主義者たちにしてみれば、警察の監視を拡大する必要があったのである。「悪徳の社会的循環」を前にしての強い不安感は、売春関係の文献にもぐりの問題が浮上してきたところに如実にあらわれている。私娼の存在がひきおこす恐怖は、カルリエの本が示しているように[100]、第二帝政時代にはすでにはっきりと感じとられ、それは、パラン＝デュシャトレのような人は気にもかけなかった危惧のあとに続いてやって来たものである。この恐怖感こそ、繰り返すが、規制の行き詰まりが意識されていたしるしである。しかし、だからといって、この制度を廃止すべきだと擁護者たちが考えていたわけではない。私娼に「侵略」されるのではないかという思いは[101]、ブルジョワジーの世界に、性の解放がもたらされるのではないかという恐怖感から生まれたものであることを鮮やかに物語っている。姦通、自由の気風、放蕩、悪徳、売春、の境い目はかつてよりも曖昧になったのである[102]。マクシム・デュ・カンが、パリ一市で一二万の売春婦がいるとし[103]、ロイス博士が一八八九年当時で一〇万以上いると見積ったのも、このような事情による。もぐり売春とその危険に関する研究、たとえばディデー博士が書いているような、この「あらゆる体制化に反抗するグループ」[104]の分析は、以後、規制主義および新規制主義文献の最大のテーマとなる。また一方では公娼制廃止論者たちがもっぱら公認の娼家のもたらす弊害を熱心に強調することになる。

同時に、初期の規制主義者たちからは無視されていた囲われ女が、関心の対象になる。シャトー＝ゴンチエの例を研究したオモ博士にとって、囲われ女はとりわけ小都市で危険な存在であった。というのも、多くが「土地のもの」である彼女たちは、世間との関係をもち続けているからである。「彼女の幼な友だちは、人目につかないところでは、声をかけることをおそれないし、女は自分が雇った職人たちを自宅に入れる」[105]し、また、贅沢と怠惰の手本になるからである。ところでシャトー＝ゴンチエでは、その後若者の性入門の相手はもぐりの売春婦になる。実際彼らは「みだらな光景」[106]を見物しに行く以外は、もうあまり娼家に寄りつかなくなった。快楽と婚外性交渉が、管理された売春の特別地区《ゲットー》外に出ることは脅威中の脅威である。囲われ女ともぐりの売春婦は、労働‐節約‐幸福の諸価値の対極であるところの、怠惰‐贅沢‐快楽の化身であり、そしてこの両者の女は、繰り返すが、はっきりとは区別できないのだ。

後期の規制主義者たちの書いたものは、かつてない正確さと厳密さとでもって、社会の腐敗源である売春が、人体全般に及ぼすさまざまな悪影響を強調している。健康面、より正確には衛生面での危険がさらに大きなテーマとして扱われ、多くは医学の威信にかけている点ではるかに昔を凌いでいる。[107]ルクールが医師たちの仕事を多く参照していることはこの傾向をよく物語っているし、また、この傾向から新規制主義が生まれるのである。梅毒はコレラにとって替り、性病は以後、危険な階層が伝染させるおそれのあるものの象徴となる。

とすれば、売春は民族の未来にとって恐るべき脅威であることになる。当時、人間の退化という考えが生まれ、性病の危険を訴えるキャンペーンが展開されるなかで、世紀末にはこの考えはピークに達した。さしあたっては、先天性梅毒よりも婚姻率と出生率に及ぼす影響の方が問題であった。売春と、売春が要因となる疾病率が即、軍事力を脅かすということは考慮に入れないとしても、人口の減少[108]とそこからくる国防力の低下が懸念される。「肉体的道徳的退廃に直面していながら、これに無頓着でいるのは由々しきことである。国家が子どもの数の減少、および彼らの体力低下を放置しておくならば、より人口の多いより強力な国体を推持している他国の餌食となるのは必定であろう」[109]とムジョ博士は書いている。ゲルマンの脅威にかきたてられた恐怖から、世紀末には人口増加を訴える人びとの大キャンペーンが巻きおこった。

ところで、疾病率の上昇が推測されるのも、婚姻率・出生率の低下も、その原因は、都市化の進行と並んで、まさしく反道徳性、なかでも売春にある。金で買える愛が若者を結婚から遠ざけてしまうのは、「性的欲望をこんなふうに容易に満足させることができるためであり、また、彼らにしてみれば、結婚生活よりも快適である放蕩生活を捨てるのは、惜しいことだからである。そのうえ、家長としてのさまざまな気苦労もしないで済むのである」[110]。しかし、売春の影響は「遅かれ早かれ家庭内に持ちこまれて、夫婦が互いに抱きあわねばならない尊敬の念を傷つけることになるような悪習を若い人に」[111]植えつけるであろう。最後に、もぐりの売春は若者に早くから放蕩の味を覚えさせる。こういう現象は、オモ博士によれば、シャトー＝ゴンチエでは第二帝政期から以後は増えてはいないとのことだが、若い時からの放蕩はその後の生殖力を弱め、まったく子どもを作れなくなる恐れすらある。「虚弱化し、生命の源泉そのものが汚染されてしまったかに見える民族の名において」、「上流階級の保護」[112]のために、パリで警視庁は絶大な力をもつべきだ、とマクシム・デュ・カンは要求している。

売春によってブルジョワは健康を脅かされているだけでなく、その財産も脅かされている。「餓鬼道《マンジャルド》に堕ちた女」[113]、「雌の牛頭人身怪獣《ミノタウロス》」[114]、「タコ」[115]、資本家から手当てを受けたり金を吸いあげたりする男たらし、娼婦の売りこみに投資する「女食人鬼」。彼女たちはもはや貴族の子弟を破産させるだけでは満足しない。ブルジョワの母親たちも、息子が娼家に出入りするだけで済んでいた時代を懐しむ。今や売春婦は彼女たちの恐怖の的として描き出されるのである。見たところもっとも安定した地位にある人びとを苦しめている「金」[116]の、この「驚くべき流れ」をつくりだしている一因になっているのが浮かれ女とあらゆる類いの私娼なのである。それどころか、「合資会社と出資分担は恋愛の世界にまで広がり[117]」、一匹の「雌ダコ」を共有で囲うのに情人たちは金を出しあう。そして、「良家の御曹子、流行品店の店員、大根役者が、自分の割合て日に嫉妬も抱かず、同じベッドに上るのである[118]」。社会の乱れの原因でもあり象徴でもある性道徳の乱れがそもそも、規制主義者たちの強迫観念を生んだのである。

もぐりの売春は、野放しにしておくと、社会の隅々までエロティックな行為を蔓延させかねない。「道徳秩序」の規制主義者たちを根底で導いてきたものは、ブルジョワ階級の女性の純潔についての心配だったのである。ここに、この超規制主義の出現した理由を求めることができる。超規制主義の公然の目的はもはや、公共の売春、もぐりの売春を取締るなどということではなく、まさしく、一切の婚外性行動を取締ることにあった。これが、規制主義構想の理論的帰結であり、戦闘的な公娼制廃止論がまさに殴り込みをかけようとしていたそのときに、推進されたことなのである。パリ・コミューン直後の情勢は、今や高級娼婦《ドウミ＝モンデーヌ》とファム・ギャラントの増加で象徴される時代となった、第二帝政期の後仕末の側面をもっていたのだから、このような計画にとっては都合の良い情勢であったと言わねばならない。

パラン＝デュシャトレを擁する自信満々の規制主義の言説は、したがって、時のブルジョワジーのありとあらゆる強迫観念を反映するものとなり、交差点となったのである。規制主義の言説は新しいものに対する不安、変化についての強迫観念、基本的には性についての強迫観念を含みもっている。解放された性は、今度は風俗、放蕩、売春の自由と故意に取り違えられ、家族、妻の貞節、娘の純潔、血統と民族の純潔を脅かすものとなる。規制を放棄することは、プロレタリアの性管理の終焉を意味するであろうし、ブルジョワ家庭にそれが伝染する心配の増すことである。

下層階級が支配階級に、とりわけ売春婦を通して広げる害悪に対する反応は、このように制限選挙王政期以後、根本的に変化した。なるほど、人体への伝染の恐怖は相変らず認められる。その他では、財産と妻の貞操が脅かされているという意識が、労働者階級の暴力犯罪の頻発から生じていた肉体的恐怖に取って替った。十九世紀半ばから、民衆の暴力が減ったことと、非合法行為が徐々に減少したことで、この変化の説明はつく。

このような意識が規制主義構想をいっそう駆りたてたとしても、少しも驚くにはあたらない。ところで、規則を適用するということは、当然、行政と警察の専横を伴なう。行政と警察の専横は、一八七四年と、一八七七年五月十六日以降同じように、政治領域で発揮された。このような事実から、規制主義擁護派とラディカルな公娼制廃止論者との激烈な対決を見た売春論争は、必然的に、政治の領域に行きつくのである。

3　荒療治

体制が転覆するのではないかという社会的不安、あるいは眩暈《めまい》を克服するために考えだされた治療法はたくさんある。この不安を、検閲の軛《くびき》からようやく脱けだした小説が描きだしはじめ、またそうすることでこの不安を意識的に受止めはじめたのである。

リヨンのガラン、(119)ボルドーのジャンネル、(120)マルセイユのミルールは、(121)売春問題への司法権の介入を拒否する姿勢を変えず、立法権の介入は警察の自由裁量権を法律によって保証するにとどめるべきである、という立場をとって規則を全国的に統一するよう訴えている。ジャンネルとミルールはそのうえ、保健衛生法が国際レベルで検討されることをも希望した。一八六七年にはパリ国際医学会議の報告のなかでクロック、ロレ両博士が(122)提案し、ついで一八七三年ウィーンで開かれた会議のメンバーが出した公式要望を、二人は再びとりあげたのである。そしてこれを準備するものとしてミルール博士はすでに、衛生、道徳、法律との関連からみた性病と売春に(123)関する浩瀚《こうかん》な著作にとりかかっていた。

のちのロイスのものも含めて、これらの著作に見られるのは、売春の監視の任にあたるさまざまな行政機関相互の関係を密接なものにしたいという願望である。規制主義的諸制度の一本化のモデルが実現したのは、リヨンにおいてであった。「保健衛生課は、リュイゼルヌ通りの、まだ警察官の詰所のある旧警察署の二階を占めている。この階は階段をはさんで二つに分かれ、一方の側には視察官部屋、会計課と、検挙されて病気と認定されたか、罪状ありとされた売春婦の仮留置場が、境を接している。もう一方の側には、検診にのみ当てられる付属施設がある」。「ごたごたと混みあっているところへもってきて、さらに、俗にヴィオロン、クルーと呼ばれる留置場があって、そこには野営用のベッドが置いてあり、軽犯罪の女が検挙されてから四日間入れられている」[124]。

ミルールとしては、できればマルセイユの売春地区に隣接して、「売春関係のすべての部局、すなわち検診のための無料診療所、留置場、治療室を一ヵ所に集める」「特別医療施設を設置する」[125]ことを強く要望している。彼は売春地区設定の支持者であり、売春を娼家内に限定したい考えの支持者であるのだから、彼が提案するのはほとんどユートピアに近い隔離体制のモデルである。「特別医療施設」に送られた女たちは、年齢別に分けられたうえで、受刑者であれ病人であれ、施設内の作業場で働かねばならない、としている[126]。

一八八七年にはドラボー博士が、セーヌ＝アンフェリウール県の売春婦用監獄、無料診療所、病院の再編成を促すことになる。全体を「一種の保護施設」のようなものにすること、「このような集中化をはかることは……低費用で改修できる使われていない古い工場を利用することで、安上がりに実現できるであろう」[127]。

そして最後にはロイスが一八八九年にさらに、登録、監視、抑圧の一本化を主張する。「目的と方針の統一をはかることは、売春に関しては、事実、きわめて重要なことである」[128]、と彼は書いている。

規制主義的制度の拡大は、これら専門家の誰もが目指したことである。ミルールは、一八七一年から一八七三年の間にプロヴァンスでは警察が大活躍して効果をあげたことを知って、当局が「もっともエネルギッシュな抑圧」[129]への道に踏みだすよう求めている。マルセイユでは一八七一年と一八七三年に二つの市条例を実施したことで、たしかに、売春を娼家内に閉じこめることに実際面で成功したのである。この「封じこめ」は、娼婦たちの市外への移動をひきおこしたので、隣接県の議会および知事は、たとえば一八七三年八月のヴァール県のそれのように、同じような措置をとるようになった。

もっともはげしい議論を呼んだのは、水夫、兵士、乞食、旅行者、職人、公務員の娼家出入りと、彼らが性病にかかった場合の隔離に関するものであった。性病患者の隔離は古くからある意見であり、一八四六年にはすでにゲパン博士[130]によって広められ、一八五〇年、『ガゼット・メディカル』誌上でディデー[131]が、また第二帝政時代には他の多くの人々[132]が推奨した。一八六七年にはさらにレイがパリ会議[133]で再びとりあげ、そして一八七三年のウィーン会議では、より断固たる調子で、性病患者の隔離がオモ博士、ガラン博士、ジャンネル博士によって主張された[134]。ジャンネル博士が職人にも旅行者にもこれを強制することを考えているわけでないのは事実であるが、しかし、彼は、「性病にかかった男性の隔離と治療のための隔離病院[135]」の創設を提案している。オモ博士はより野心的な構想をかかげている。というのは、一八七二年に、「陸軍、海軍、および軍事産業に携わる」すべての男性、ならびに商船の船員、「浮浪者、囚人、刑事被告人[136]」のための検診を推奨したからである。ただしオモ博士は大工業（手工業工場《マニュファクチュール》、近代的工場、鉄道、炭鉱等[137]）で働いている民間労働者も対象とした当初の考えは撤回している。社会医学の構想が描かれるのは、労働者階級に梅毒が広がらないように監視したいという願いからである。しかし現実には、さしあたって、労働者階級以外の社会を伝染から守ることが第一義なのである。

共和政時代の初期の頃の、規制主義の基本としてもっとも目立つものは、売春を取締るという名目で、実はあらゆる婚外性交渉を抑圧すること、あるいは少なくとも規制する計画であった。一八七二年、オモ博士は、囲われ女の活動は偽装売春であるとして、彼女たちはすべて登録させるべきであると主張した[138]。たしかにこの考え自体は新しいものではないが、ただ、これまでそのための措置を検討した人々は、ストラスブールのストロール博士のように、たいていの場合はこの考えを退けてきたのである。オモ博士の目には、囲われ女の危険性に対して社会は自衛しなければならないと映っている。

「今日、この有害な影響を被って、どれほど多くの若者が結婚の機会を奪われ、どれほどの家庭にトラブルがもちこまれ、どれほど莫大な財産が蕩尽されたことか」[139]。そのうえ、このような措置が道徳的にみて妥当であるのは、ポットン博士がこの少し以前に述べている規制主義の原理からみても明白である。彼の考えるその原理とは、「悪徳は決してその破廉恥の衣をはぎとられるべきではない」[140]というものである。

当時展開された超規制主義構想は、結婚するまでの個人の、なかでも女性の、性行動のすべてに圧力をかけ、監視しようというものであった。しかもそれは売春と闘うという名目においてであった。自分の娘が金銭づくの愛に身を堕すことのないようにと願う母親たちに向かって、ミルール博士が親切にも与えている忠告に耳を傾けてみよう。「物ごころのつきはじめる年齢」[141]である四、五歳になったら、昼も夜も監視を怠らず、言葉ばかりでなく素振りにも注意を払わねばならない[142]……。「少女の社会的地位、つまりより正確には両親の社会的地位がいかなるものであれ、早めに手仕事を覚えさせることがぜひとも必要であろう……仕事をする女は……ふしだらなことを考えるようになることも……まずないのであるから[143]」、とマルセイユの売春に関する著作の中で彼は書いている。学校では、道徳教育が施されねばならない。「あなたたちの娘の、贅沢を好む心を抑えつけなさい[144]」、と彼はなおも「新世代」の母親たちに注文をつけている。ああ！　しかし越えがたき峠は、若い娘が商店や工房《アトリエ》に勤めることであろう。なぜなら彼女はそこで敵たる男性に出会うからである[145]。これ以上報告を続ける必要は少しもない。イデオロギーはわかりきっているのだから。つまり、ここに至って、規制主義的著書は、婚前性交渉を抑圧しようという全体的意図の単なる反響《エコー》にすぎないのである。他方、医学も婚前性交渉を問題にしており、ベルティヨン博士はキャンペーンをはって、二十一歳以前に生殖器官を使用することは、恐ろしく危険なことであると宣告している[146]。

より独創的なのは、ディデー教授の規制主義である。彼は当時にあって、売春の果たす機能を明晰に意識し、しかも、考察の基礎を一貫した社会学的分析に置いた唯一の研究者であったと思われる。優れた梅毒学者であるが、売春の増加を、低次元の本能の満足や悪徳への誘惑などと関連づけるのではなく、一夫一婦制結婚の遅れと関連づけるのである。このことから、売春をきびしく非難することはやめ、もっと親しみやすいものにすべきである、ときわめて論理的に説いている。その冷静さ明快さゆえに、彼は孤立し、公娼制廃止論者からは批判され、規制主義者からは否認された。彼は、売春による「社会の保護」という役割を拡大させることも恐れない。「売春が道徳の見地から糾弾されるのは当然である。しかし、人間の本性にはなかなか抑制できないさまざまな欲求があり、われわれの社会構造は、それらの欲求のひとつである性的欲望を満足させるには、いくつもの障害を抱えている。その障害から生じるトラブル、反目、スキャンダル、不正行為、犯罪を予防する唯一の手段として、文明化された形での売春は容認されるのである」[147]。そのためには、売春を組織化し、売春の果たす良い面を支えていくべきであろう。そうすることによって、「売春に甘んじている男たち、すなわち、身の破滅を招くような粋な口説きを、夫婦の和合の方へ向けてくれる方が、世のためになるような男たちを引きとどめること」[148]ができるであろう。これは、いかにも将来性のない理論である。というのも、規制主義は、あまりにも反世間的《シニック》に思える論拠に立つと、生きのびられないものだからである。

＊
＊＊

規制主義の言説は、ディデー博士のものは別にして、現象の根にあるものを伝統的な手法で忠実に分析することに終始する。すなわち、本能原因説を第一とする考え方が、かつてないほど強調されたのである。売春婦像も、少なくとも制限選挙王政時代に始まるステレオタイプそのままである。当然、施される治療法はいつも規制と監視から引きだされてきた。ただし、パラン゠デュシャトレは、ごみ溜めの問題に取り組むことに専念し、また、地下を流れる脅威をなんとか塞き止め、流れにひとつの方向を与えることのみに腐心したのであったが、これに対して「道徳秩序」の規制主義者たちはそこに留まることなく、その後、すべての社会集団の性の問題に取り組むのである。このような事から、売春はより一層大きな関心事となった。すなわち、規制主義の言説は、その根底にもともと横たわっていた性の全般的抑圧を目指す構想を、この後、そのまま公然と認めていくのである。

小説のなかに売春のテーマがにわかに出現するのも、専門家たちの書いたもののなかに見てとれる恐怖と呼んでもよいほどの、この強い不安感が作用したものであることは確かである。さまざまの面で、『ナナ』はパリ・コミューン後の規制主義を脅かした悪夢から生まれた娘（娼婦）なのである。[149]

第2章　規制主義の隔離された世界

序　「醜業(1)」婦たち

1　公娼になる手続き

女が、正式に容認される売春の世界に入るためには、登録をしなければならない。登録をして公娼となり、娼家のお抱えとなるか、それとも単独で売春するか、どちらかを選択するのである。前者を選ぶと、娼家の経営者の台帳にその名が記載されて「番号もち娼婦」となる。後者を選ぶと、鑑札をもらい行政機関から「鑑札もち娼婦」として認められることになる。この登録は職業を認定するものではない。売春は職業としては認められず、規制主義者のなかには平気で軍隊に比較するものもいるように、ひとつの身分の認定にすぎないということなのであろう。ところが、売春は場合によっては行政機関の自由裁量で行政罰の対象にもなるのであるから、この区別は問題である。

登録手続きは都市によってさまざまである。それでも、多くの場合は、女が自分の意志で登録するものと、行政機関が強制的に登録させるものとに大別される。パリ市の場合、自由意志による登録手続きは簡単である。志望者は出生証明書の写しをもって、警視庁の第一部局第二課に出頭する。この第二課の課長代理が、未婚か既婚か、両親は何の職業かなどを尋ねる。また、両親と同居しているのか、していない場合はその理由を述べねばならない。さらに、いつからパリに住んでいるか、子どもの有無、子どもの扶養の義務の有無も尋ねられる。そして最後に、登録を決心した動機を申し述べねばならない。

次に、警視庁の無料診療所で健康診断を受ける。必要があれば出身地の市町村側が調査して供述内容を確認、書類を作成することもできる。既婚者の場合は、風紀課が夫を呼びだす。こうした手続きを踏んだのち、志望者は自分の選んだ娼家に入るか、それとも街娼となるかが決まるのである。ここで注意すべきことは、パリでは以前、経営者自身が女を警視庁に連れていき登録させることができたが、それができなくなったということである。

強制登録のほうはさらに複雑な手続きがとられる。ジゴ条例が適用されるようになった一八七八年十月十五日以降はとくに複雑になった。客引きの現行犯で逮捕されたもぐりの売春婦は「ただちに(2)」所轄署の署長の取り調べを受ける。ただしこれは、夕方逮捕された場合は、一晩留置されるということを意味する。警察署長は釈放するか、夜間窓口に送りこむかを決定し、そこからさらに警視庁留置場にまわし、独房に入れる。風紀課の課長代理が訊問したのち、係官の作成した口頭起訴状に署名させ、検診のため無料診療所へと送る。

売春婦が性病にかかっている場合は、サン＝ラザール医療刑務所の病舎に送られる。健康に問題がなく、初犯であればたいていは釈放される。逆に、決定を受けいれる再犯者はただちに登録させられる。登録によって生じるもろもろの義務に従うことに異議をはさんだり、これを拒否するものは留置場に戻され、そこで最終決定を待つことになる。

最終決定は、かつては尋問者である警察署長が下していたが、理論上は「警視総監あるいはその代理人と第一部局の長、そして尋問を担当した警察署長」の三者からなる委員会に委ねられるようになった。しかし実際は、第二課の長が、二人の警視の同席を得て決定を下す。もぐりの売春婦が成年であれば、尋問した警察署長の意見に従うにとどめ、未成年者の場合は、すべて委員会が決定する。このとき風紀課は売春婦の調書を作成する。市町村長を介して家族と連絡をとる。(3)未成年者が最終的に「法に服す」公娼として認められるのは、このようなかなり長たらしい手続きを踏んだ後である。

風紀取締り警官に誤認逮捕された場合は、たいへんなことになるのはいうまでもない。「清廉潔白な女性」が、夜、都市の路上でまちがって逮捕されると、ならず者や浮浪者と一緒くたにされて所轄署の留置場で一夜を明かさねばならない。警察署長が係官の口頭起訴を認めたなら、彼女もまた夜間窓口から留置場に送られ、むりやり性器まで診られる破目になるのである。これは、後に公娼制廃止論者に大キャンペーンをはらせることにもなる類いのエラーである。(4)

また、登録はしていても「姿をくらました」とみなされて、登録簿から抹消されていた売春婦は、強制的に再登録させられ、客引きの現行犯で逮捕されたときは罰せられる。

一八七八年の条例で定められたマルセイユの手続きも、(5)ほとんど異なるところはない。登録を希望する女は、二四項目以上もの質問事項に答え、そのあと健康診断を受けねばならない。書類は中央署署長へ、次に市町村長へと送付される。書類事項が確認されて風紀課へ戻ってきてはじめて、女はカードを受け取る。このカードには、今後受けねばならない検診日程が記入されている。(6)未成年者に対してはいっそう入念な尋問がなされるが、手続きは同様である。客引きの現行犯で逮捕されたもぐりの売春婦は、風紀課の刑事の尋問を受ける。刑事は報告書と尋問の結果とを勘案して、登録させるか否かの決定を下す。売春婦が既婚者であれば、夫が妻のひき取りを拒否したときでなければ決定は下されない。マルセイユでは当時、陪審員も委員会も存在しなかった。

中小都市での手続きはさらに簡単である。一八八二年のギヨの調査をみると、[7]これら中小都市の多くでは、男と一緒のところを逮捕された女については、男が彼女と知り合いでもなく、また彼女とのことを答えたがらないような場合には例外なく登録させられたと考えられる。この調査への回答では、密告が多かったことが強調されている。密告は、軍人、隣人、同じ町内の人、あるいはただ単に、もぐりの売春婦と張り合わねばならない公娼が嫉妬から密告する、ということがあった。

エンヌカンは一九〇四年当時施行されていた四四五市の条例を分析しているが、[8]それによると、自由意志に基づく登録手続きを定めているのは二七九の市にあり、強制登録を定めているのは四〇三市である。大半の条例が、売春婦とは売春に身を任せる習慣を有するものである、[9]としているとはいえ、取締る側の一方的裁量から被疑者を保護するための条項を定めているものはごく少ない。二〇〇以上の市が、強制登録をさせる権限がどこにあるのか明示していない。実際は、警察署長、副署長、巡査部長といったあらゆる等級の行政官がかかわるのである。五〇の条例が、市長がこの権限を警察署長に（三四条例）、または不特定の一個人に委嘱している（一六条例）。一五〇の都市で「権限は市長にある」[10]と定めている。報告者エンヌカンによれば、強制登録の手続きをする前になんらかの保護の手を伸べるべく条項を盛りこんでいるのは、六三の条例にすぎない。四〇市が、強制登録は隣人や地区の住人の訴えがあった時だけに限っている。一七の条例が、売春婦の前歴、家族、まっとうな道に戻る可能性があるかどうか、についての調査を義務づけている。同じ一九〇四年当時、マルセイユとナルボンヌの現行法令だけが、違警罪裁判所の控訴手続きを定めている。さらに注目したいのは、二五の市条例で、既婚女性を登録させる場合は前もって、夫に通知し、夫の裁量にまかせるのがよいとしている。リモージュでは、「売春婦に夫はいないのか、あるいは夫とぐるになっているのか、それとも夫が妻の不行跡をやめさせることができないのかを確認してから[11]」でなければ登録させない。シェルブールではさらに、夫に「遺棄」とサインさせている。

一八八〇年頃までは、自由意志による登録数が強制登録数をはるかに上まわっていたようである。ボルドーでは、

表1　1886—1901年までの五県における登録と登録抹消数

	強制登録	%	自由意志による登録	%	登録総数	抹消	登録100に対する抹消
フィニステール	1759	99.7	6	0.3	1765	1688	95
セーヌ＝エ＝オワーズ	365	93	28	7	393	97	25
シャラント＝アンフェリウール	788	74	278	26	1066	407	38
エロー	2781	59	1890	40	4671	2468	52
ムルト＝エ＝モーゼル	1072	79	279	21	1351	453	33.5
合計	6765	73	2481	26	9246	5113	

一八五五年から一八六一年までの「登録総数一二一六人中、一〇〇五名が自由意志によるもの、二一一人が強制によるものであった[12]」。一〇年このかた、とミルールは一八八二年に書いているのだが[13]、マルセイユでは二五一〇人の売春婦が自由意志で登録をし、一〇七四人が強制登録させられている。ところが、上表の、一九〇二年の五県で実施された調査結果が示しているように、その後は強制登録が圧倒的に自由意志による登録数を上まわっている[14]（**表1**参照）。ところが、南仏地方では、ロワール河以北の地方よりも自由意志による登録のほうが多いようである[15]。

公娼は、自分が選ぶなり強制されるなりした境遇から脱け出すことができる。そのためには理論上は、登録抹消の手続きをしなければならないことになっている。しかし実際には、ほとんどの場合、ただあっさりと「行方をくらます」だけで事足りるのである。パリで施行されていた条例は、登録抹消については死亡時以外に、二、三の正式な理由を定めている。結婚する娼婦は結婚証明書を提出したうえで抹消される。娼婦の愛人が申し出た場合は、この紳士の財産、二人の関係期間について詳細な調査がなされたうえで、信頼できると認められたときに、同様の手続きがとられる。家族が願い出た場合も抹消される。そのためには、両親の経済状態が安定していること、そして彼らがもともと娘に売春など奨めていなかった、という事実がなければならない。病弱者はただちに抹消手続きをとることができる。ところが、老齢であるということだけでは、名簿から名前を消す十分な理由になるとは限らない。一九〇四年、パリの「鑑札もち娼婦」の最年長者は七十三歳であった。彼女は一八四八年に登録している。また一八六六年に登録している二番手の「古参」[16]は、六十五歳という老齢であった。

三ヵ月から九ヵ月の観察期間を経たのちはじめて登録抹消が認められる場合もある。[17]売春婦の更生のための授産保護施設に、慈善事業団の婦人会長たちが入所させた売春婦、およびまっとうな仕事に就こうと決心した売春婦は、このような風紀取締り警察の監視を受け続けるのである。そのほか、特別の恩恵を得ることができたもの、普通犯に問われているもの、通行証を持たずに地方へ行ってしまったもの、そしてとりわけ「姿をくらました」ものは、暫定的に取消し措置がとられる。

マルセイユでは、[18]風紀課の刑事が単独で登録抹消を決定しているのが実情である。その他の点ではほとんど同様の手続きである。ただしマルセイユでは、愛人と夫婦同然の暮らしを希望する売春婦に対しては、取消しは認めていない。町を出ようという公娼は、目的地を明らかにし、検診を受けたのち自動的に名簿から抹消される。

エンヌカンによれば、[19]一九〇四年当時、ほとんど全部の市条例が登録抹消を規定していて、たいていは当事者かその代理人によって提出される文書による要求に基づいて、市長が決定を下している。ただ、二〇ほどの市が、約三ヵ月の観察期間を課している。さまざまな条例から、登録抹消のための四つの理由づけが浮かびあがってくる。品行方正であること、仕事に就くかあるいは信用できる人物の保護があって生活が安定していること（二二一条例）、結婚（五五条例）、家族の許に帰る（三三条例）、老齢と病気（一九条例）。これら四つの理由すべてを尊重しているのはわずかに一一の条例だけである。

しかし実際には、娼婦が、別の生活手段を見つけたり、結婚したり、元の仕事に舞い戻ったりした理由によって登録抹消されることはごくまれである。パリでは一八八〇年から一八八六年までのあいだに、二三三人の公娼が登録抹消の恩恵に浴しただけである。同期間に、二六二人の公娼が死亡、四九〇人が禁錮刑に服していて暫定的に抹消されている。そして一万一五一〇人が「行方をくらまし」てしまったか、あるいは、通行証を持たずに地方へ行ってしまっている。[20] 風紀取締り警察が公娼の登録抹消に対して示す消極性は、その後もほとんど変わることはない。一八八八年から一九〇三年までのあいだにパリでは、三一四人の売春婦が死亡、三七八人が結婚のため、五四五人が行政決定で抹消されているが、この同じ期間に二万三九七人の公娼が「雲がくれ」[21]している。つまり「雲がくれ」こそが、警察の支配を逃れる最も効果的な方法なのである。ただしここで思い出すべきことは、雲がくれした娼婦が抹消の恩恵に浴すといっても、それは暫定的なものにすぎない、ということである。そして最後に念頭に置いておきたいことは、一九〇二年当時、われわれが示した五県の例（**表1**参照）でみる登録数は、登録抹消数をはるかに上まわっているということである。

以上のことは、公娼の移動の激しいことを物語っている。彼女たちの多くにとって、登録して売春することは、一時的な状況であるにすぎない。再登録が頻繁に行なわれたにもかかわらず、雲がくれの多発とか、厳しい手続きのあり方と実態とのズレとかいった事実が、すでにはっきりと、公娼制度の行き詰まりを示しているのである。また、娼婦たちの移動の激しさが、実際に、ある時点でどれだけの人数が売春にたずさわっているのか、その正確な数字を摑みにくくしている。ルクールが「現役の娼婦」[22]と呼び、ガランが「就業中の娼婦」[23]と呼び、リシャールが「運行中の娼婦」[24]と呼ぶものの総数は、実は、「登録娼婦プラス再登録娼婦」マイナス「登録抹消娼婦プラス雲がくれ娼婦プラス療養中の娼婦プラス服役中の娼婦」ということになる。このような集団の娼婦についてわれわれはこれから包括的な描写を試み、つぎに条例が彼女たちのために組織した隔離社会に入っていくことにしよう。そのために、風紀取締り警察関係の豊富な保存記録書類、および規制主義文献に関する最近のすぐれた研究書をわれわれは用意している。というのも、規制主義の構想のひとつは、彼女たちを社会からのけ者にしたうえで彼女たちのことを研究すること、つまりはよく管理することにあったからである。ただし、公娼による売春は売春を代表するものではなく、それどころか、売春全体の一部分にすぎなかった、ということは記憶にとどめておくべきであろう。公娼とは、もぐりの売春からやって来て、結局はまたそこへ戻って行く運命にあるとしても、規則に縛られ、隔離的なシステムに閉じこめられ、行政の対象となった売春婦のことである。だから、公娼は私娼とはライフスタイルにおいてもその振る舞い方においても微妙に異なるところがあるし、何かにつけ公娼は私娼をライバル視することにもなるのである。

2 「醜業」婦たち――公娼の地理的分布

一八五一年から一八七九年までの、正式に容認された売春婦の実数を知ることは比較的容易である。それは、一八五一年、一八五六年、一八七二年に実施された人口調査で、行政側が、公娼のための特別項目を設けたからである。一八七九年には、内務大臣がデプレ博士[25]の要請に応じて、リュニエ博士の指揮のもとに、一八七八年末段階の公娼による売春の実数の全国調査を行なった。その結果は、デプレ博士の著書に示されている[26]。

三年後、イヴ・ギヨが自著の執筆にあたって、主要都市の市長を通して調査を行なった。三五都市からの回答を得、そのうち二八都市が一八七六年から一八八一年の報告書を提供し、その他は一八八〇年か一八八一年の実数を報告するにとどまっている。残念ながら、この調査の結果は、デプレが公表した結果とは必ずしも一致していない。実際のところ、デプレのものの方が実態に合っているようである。そのうえ、こちらの方が全地域にわたっているという利点もある。一八七九年の調査は公式の性格を帯びているものであり、行政側のメンバーによって実施されたものであるのに対して、ギヨの調査はきわめて部分的であり、なによりも、自分の論文の補強を目的とするものだったようである。ギヨの設問は都市によってまちまちに解釈された。結局、年度によって数値が大幅に変動しているといった測定上の誤りが多く、彼の得た結論の妥当性は疑わしい。

一八七九年以降の公娼の実数はよく摑めない。人口調査の際に、公娼も人口実数に入るとは、もう、考えられなくなっていて、それで彼女たちの数は勘定に入れられなかったのである。幸い、一九〇二年一月二十日に実施された大規模な調査のデータがある。これは、売春婦の状況改善にかかわる行政措置の研究を目的としたものだった[27]。パリに集められた調査表が、一九〇三年に発足した風紀取締り制度検討院外委員会で大いに利用されたということを、われわれは知っている。大変な仕事であろうが、今後、この調査結果が徹底的に分析されることを期待したい。われわれとしては、さしあたって、全国の中から分類された七県に関する調査結果を分析するにとどめた。

この他に断片的なデータがいくつか存在する。一八八一年、Th・ルーセルがまとめ役を務めた未成年者の売春に関する上院議員委員会のいくつかのデータ(28)、また、一九〇四年、監獄協会がまとめた調査結果が(29)、それである。要するに、パリについてもマルセイユについても、警察の保存記録があってはじめて、連続的な実態を摑むことができるのである。

表 2 (30)

	公娼数	15歳～49歳迄の対女性人口比（10000人に対して）
1851	16239	17.35
1856	14413	15.21
1872	11875	12.83
1878	15047	16.01

一八五一年から一八七八年まで、この期間にフランス領となった地方、あるいはそうでなくなった地方を斟酌《しんしゃく》すれば、公娼の数は全国的に比較的一定している。一八五一年から一八七二年までのあいだに公娼の数がわずかながら減少し、これが、一八七二年から一八七八年までの増加分とほぼ同数であるという事実に気づく。しかし、後者の増加現象は原資料がまちまちであるため、信頼できない。一八七九年、照会に応じた各警察の風紀課は、たしかに、実数を多めに見積る傾向がみられる。一九〇四年にアンリ・アイエムが指摘することになるように、いくつかの都市では「ずっと以前から行方の摑めなくなっている娼婦でも警察の記録に残しておく(31)」ということもあった。

後ほどわかるように、公娼数は比較的一定していたが、実は、娼家に住み込む娼婦が減り、街娼が増えた、という事実がすでにひそんでいたのである。この点で、一八七八年の時点では、娼家に閉じ込められていた娼婦の総数が鑑札もちの娼婦を上まわっていたことに注目しなければならない（表4参照〔七八頁〕）。

公娼制廃止のキャンペーンやこの制度に対する異議はあったものの、あらゆることから考

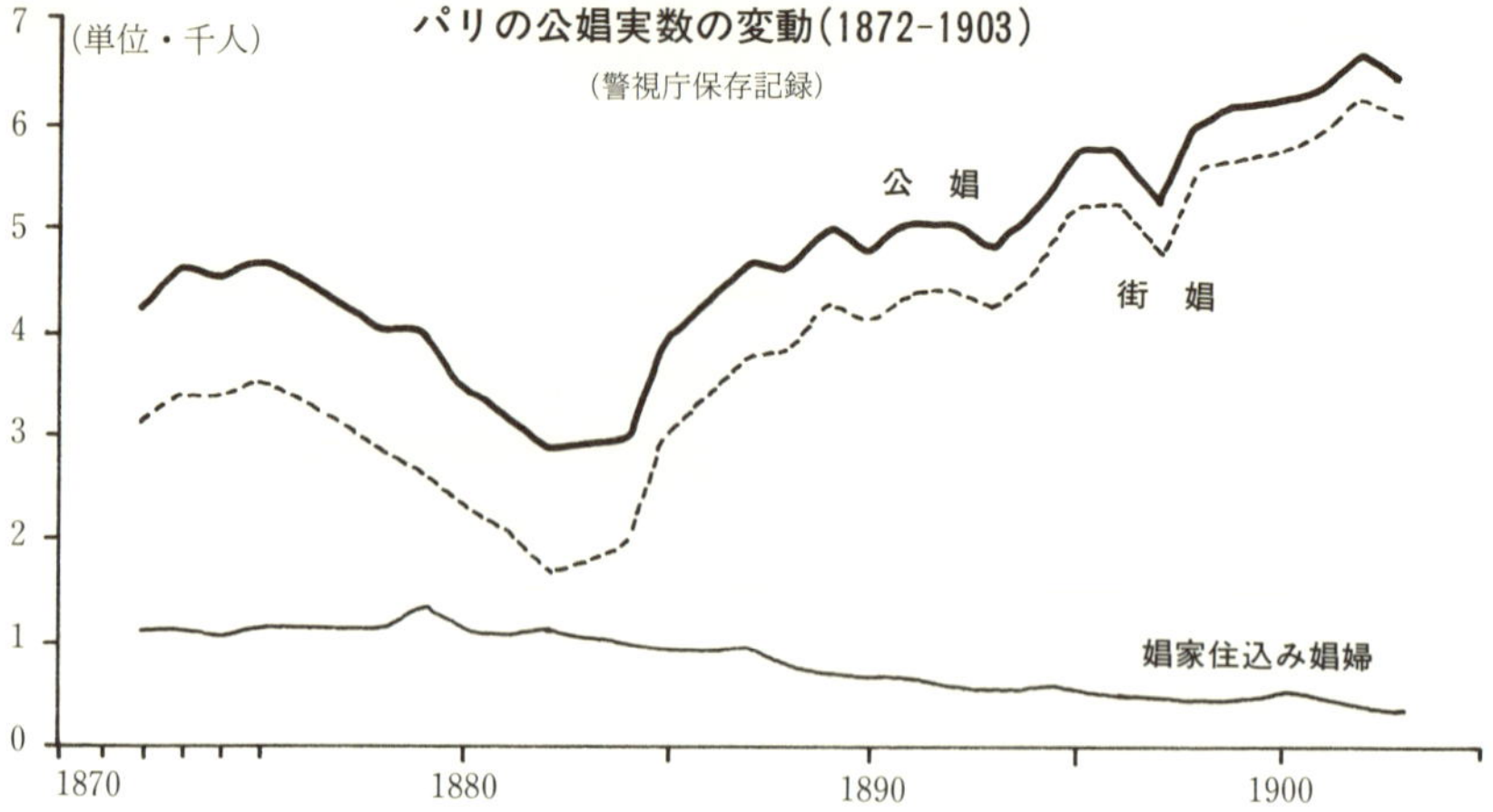

えられることは、公娼の実数は一八八〇年代半ばから一八九〇年以後増加した、ということである。増加ぶりは首都パリで著しい（本頁の図表参照）。道徳秩序の政府*のあいだは維持され、共和主義者が勝利し、廃止論者の初の大キャンペーンが行なわれた一八七六年から一八八三年までのあいだは著しく減少したその数も、その後一八八四年から一九〇二年までのあいだに大幅に増加している。しかもそれは、娼家への住み込み娼婦が減少しているにもかかわらず、なのである。

表3[32]が示しているように、他の売春の中心地における数の増加はそれほど目立たない。ただし、エロー、ムルト＝エ＝モーゼル、シャラント＝アンフェリウールの各県ではかなりの増加ぶりである。マルセイユはほどほどであり、ブレスト、トゥーロン、セーヌ＝エ＝オワーズ県では逆にわずかながら減少している。このことから、実数の増加を全体の印象とするわけにはいかないであろう。ほとんど全地域にわたって[33]、街娼が住み込み娼婦を上まわっている。公娼制度の運命にとって重要なこの現象については、後ほどあらためて検討しなければならない。公娼の地理的分布（七四頁の地図参照）は、その重要性が久しい以前から指摘されてきたいくつかの要因の影響をくっきりと浮き彫りにしている[34]。公娼はひとつの都

表3　当該諸県、及びパリ、マルセイユ、トゥーロン各市の1878年から1902年までの売春婦実数の変化

	住み込み娼婦		街娼		総数		増	減
							%	%
	1878	1902	1878	1902	1878	1902		
フィニステール（ブレスト）	152	76	112	164	264	240		−9
セーヌ＝エ＝オワーズ	165	125	32	38	197	163		−17
シャラント＝アンフェリウール	136	125	43	148	179	273	+52.5	
エロー	234	85	14	371	248	456	+84	
ムルト＝エ＝モーゼル	92	161	183	255	275	416	+51	
合計	779	572	384	976	1163	1548	+33	
マルセイユ	448	87	216	700	664	787	+18.5	
トゥーロン	246	236	29	16	275	252		−8
パリ	1343	382	2648	6257	3991	6639	+66	

市現象であり、都市の人口とともに増加するものであることがはっきりと表われている。このことは容易に説明のつくことである。すなわち、人口の密集する社会は細分化する。そして、社会を構成するカテゴリーが多くなれば売春もまた多様化するのである。そのうえ、大都会のなかの匿名性は、売春婦が増加するのに都合のよいひとつの要因である。「鑑札もちの娼婦」が人口とともに増加するのも同じ理由からであるといえるだろう。郡部全体で娼家に属する娼婦が街娼のほぼ二倍いるのに対して、パリでは逆に住み込み娼婦は彼女たちの商売敵の二分の一である。

＊　第三共和政の初期、共和政と妥協しようとしたティエールを失脚させて、マクマオン元帥を大統領に、ブローイ大公（四八頁訳注参照）を首相とした保守的王党派の政府。（一八七七年まで三回）。

他の三要因は、一八七八年の詳細な調査結果を読むと、次のようなものであることがわかる（七五頁の地図参照）。

一、交通の要衝との関連からみた都市の状況。公娼の割合は、港と鉄道あるいは道路の大分岐点で大きい（ダンケルク、ル・アーヴル、シェルブール、ブレスト、ナント、ロシュフォール、ボルドー、マルセイユ、トゥーロン）。

二、なんらかの都市的機能がみられること。駐屯部隊のいる都市、巡礼地、湯治場、そしていわゆる観光地は、どこでも公娼の増加が見られる。ベルフォール、ナンシー、ヴェルダン、トゥール、ヴェルサイユ、

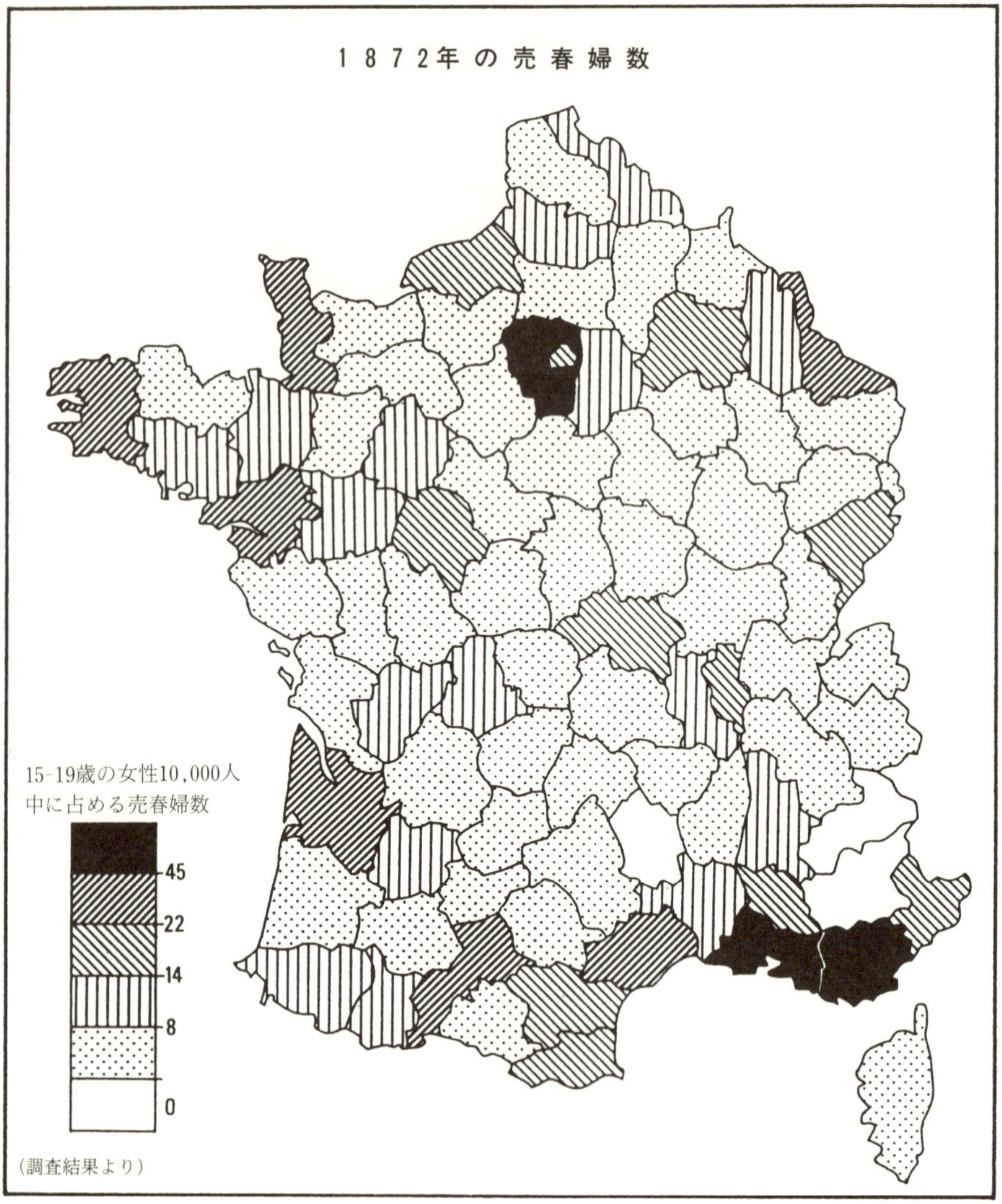
1872年の売春婦数
15-19歳の女性10,000人
中に占める売春婦数
45
22
14
8
0
(調査結果より)

1878年の住み込み娼婦と鑑札持ち娼婦

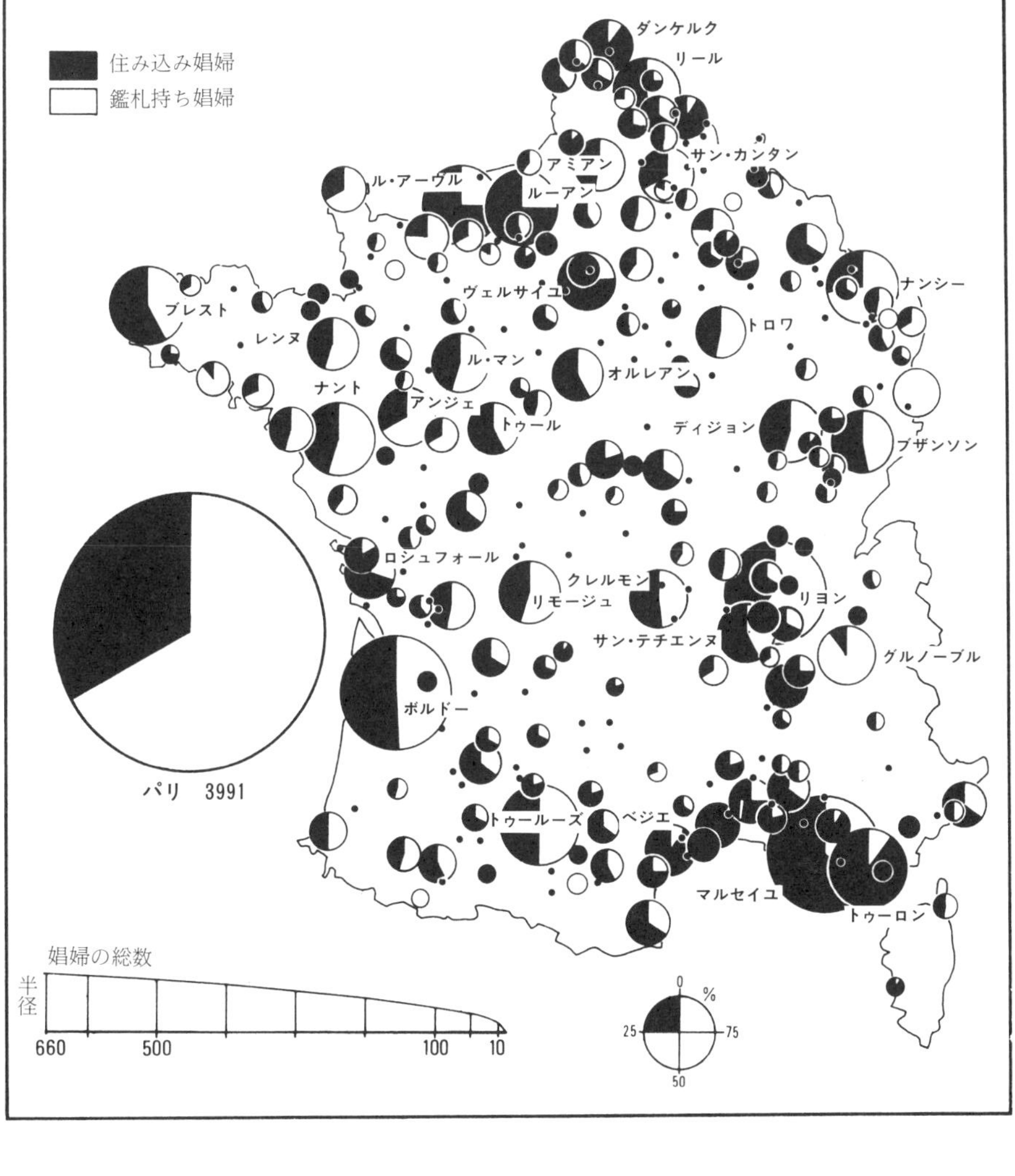

公娼の年齢分布

＊この分布表は生年に基づいて作成され，1902年中に達するはずの年齢である。

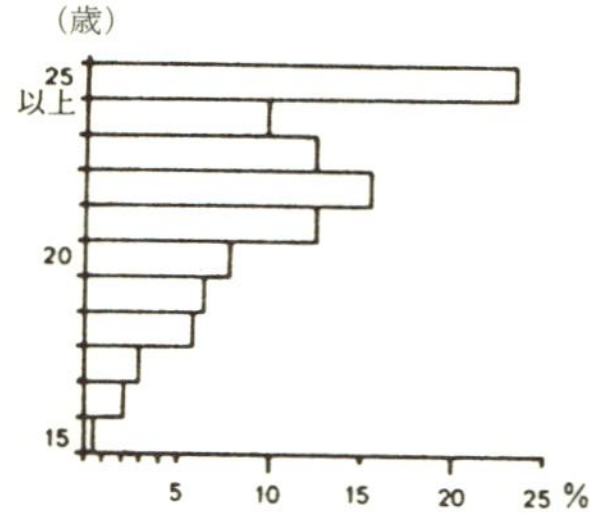

A）1886-1901年のフィニステール、セーヌ・エ・オワーズ，ムルト-エ-モーゼル，シャラント-アンフェリウールの諸県で登録した9689人の登録時年齢（県保存記録）

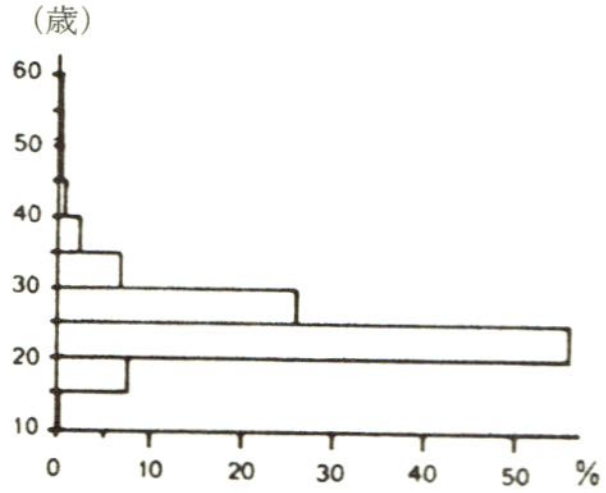

B）1872年－1882年にマルセイユで登録した3584人の登録時年齢（ミルール博士による）

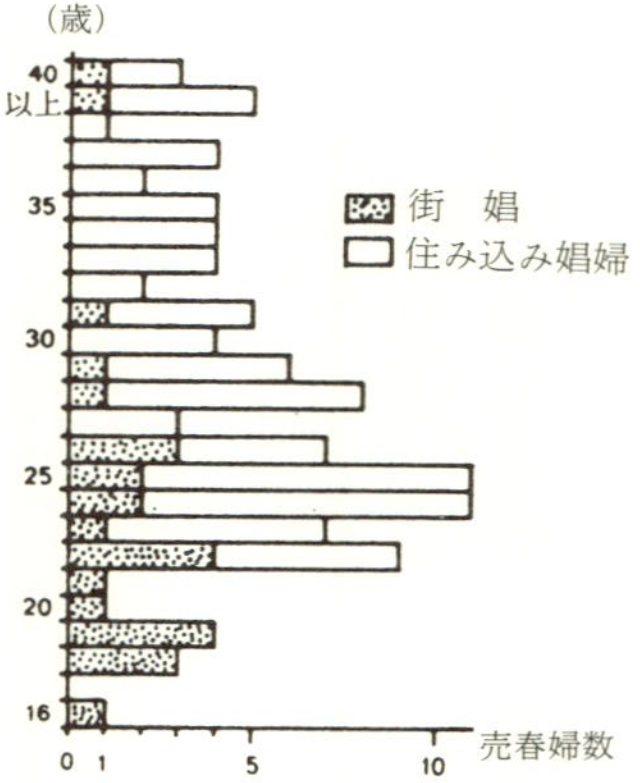

C）1902年当時、セーヌ・エ・オワーズ県で売春就業中の登録娼婦110人の年齢分布（県保存記録）

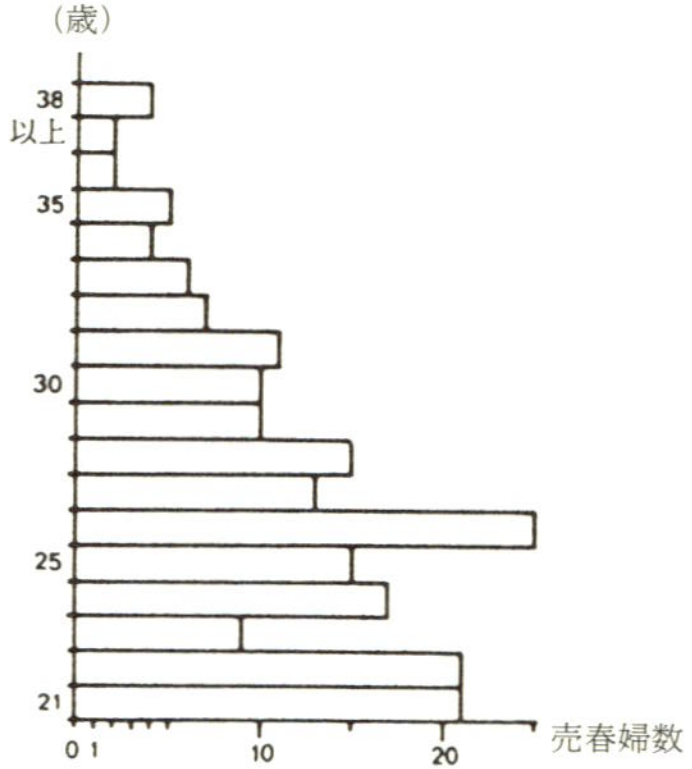

D）1902年当時，ラ・センヌで就業中の街娼199人の年齢分布（県保存記録）

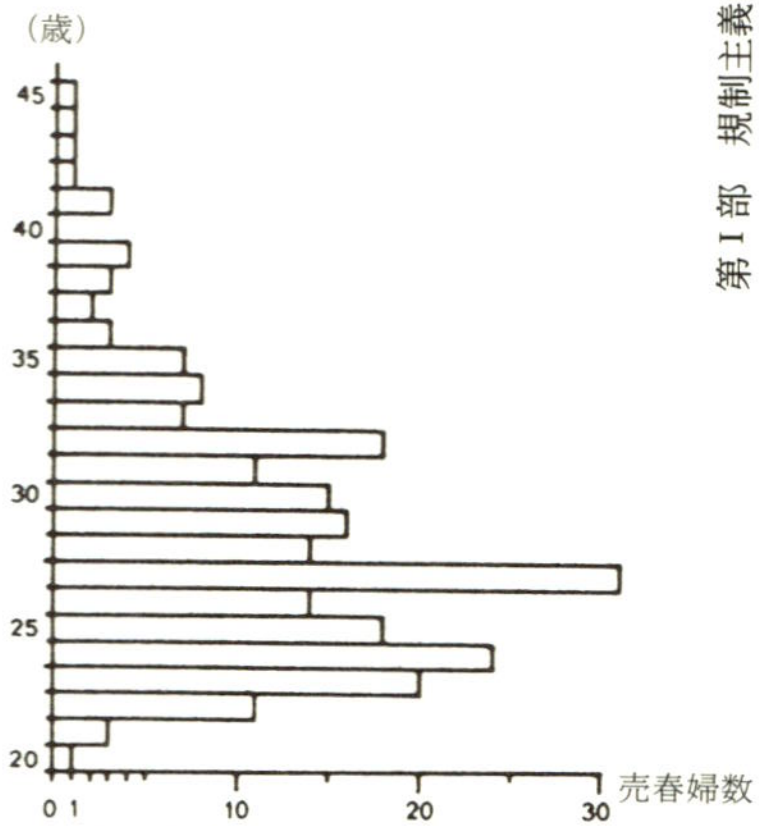

E）1902年当時，トゥーロンで就業中の住み込み娼婦236人の年齢分布（県保存記録）

ソミュール、ヴィシー、イスダン、コートレがそうであり、また、ムルムロン、サン＝メクサン、ファルジュ＝アン＝セプテーヌの軍隊基地の隣接地に多いことが、よくそのことを示している。

大手の製造会社の存在は、移住してきたばかりの移民からなるプロレタリア階級の労働者を生む原因になったが、このような工場があることは、公娼による売春にとってももぐり売春にとっても都合のよいことであった（北部の諸都市）。大学がある場合にも、ときとして同じことがいえたし、大学があることはとりわけもぐり売春の実数に影響を及ぼした。

三、地方の慣習がそれぞれの性に関わる特有な社会的慣習と結びついて、売春婦の増加に一役かうことがある。したがって、ラングドック地方の諸都市と地中海沿岸の都市（トゥールーズ、ベジエ、モンペリエ）[36]では、娼家での売春がことのほか栄え、低地ノルマンディー地方で街娼が多いのは明らかである。

逆に、ある地方には公娼がほとんどいない。こういう地方は一般に、都市化が進んでいないこと、交通がひらけていないこと、産業が少ないこと、が特徴である。そこで、中央山岳地帯の中央部（クルーズ、コレーズ、オート＝ロワール、カンタル、アヴェロン、ロゼール、アルデッシュ各県）、ピレネー地方（アリエージュ県）、アルプス地方、その他一般に山岳地帯は売春の拡大には向いていない。

要するに、公娼の地理的分布を研究することはそれだけですでに、客筋と、公娼たちが彼らの性生活に果たす多様な役割を識別するために役立つのである。[37]

3 「醜業」婦たち――社会人類学的概要

公娼の大半は二十一歳から二十五歳までのあいだで登録をしている。一八八〇年から一八八六年までにパリで登録した五四四〇人中[38]、七三・九一％が登録時成年に達しており、二三・七三％が十八歳から二十一歳であり、十六歳か

表4　1878年に登録された娼婦数[35]

	娼家	住み込み娼婦数	%	鑑札もち娼婦数	%	公式総数
パリ	128	1340	33	2648	66	3988
他の県庁所在地	698	3764	54	3153	45	6917
郡役場所在地	414	2313	65	1228	34	3541
主な小郡地	79	396	75	129	25	525
他の町村	9	46	60	30	39	76
合計		7859	52	7188	47	15047

ら十八歳までは二・三五％にすぎなかった。マルセイユで一八七二年から一八八二年までに登録した娼婦三五八四人中[39]、十八歳以下が三％、十八歳から二十一歳までが八％、八九％の娼婦は自分は成年に達していると主張している（七六頁のグラフ参照）。一八八六年から一九〇一年の五県の例をみると、登録をした九六八九人の年齢分布は、ほぼこのことを証明している（七六頁のグラフ参照）。ただしここでは、登録時に未成年であったものの数が、無視できない一群を形成していることに注目する必要がある。

売春婦たちの処女喪失の年齢が低いことから、公娼の大多数は登録を申請した時点で、すでに数ヵ月から数年に及ぶ売春による性関係を続けていたものと考えられる。登録時にまだ処女であったケースも実際にはいくつか報告されてはいるが、これは予測どおり極めてまれな例外にすぎない。一八九一年から一八九九年までバルテルミー教授が、サン＝ラザール医療刑務所で行なった調査は[40]、この仮説を裏付けるものである。彼は事実、売春婦は平均十六歳で処女を失っているとの結論に達している。彼がその過去を調査した一九五人の公娼中、六六人が売春業に入ったその年に登録、四七人が二年目に、六三人が三年から六年を経て、一九人が身体を売るようになってから五年以上たっての登録であった。したがって公娼は登録時までに、平均三年九ヵ月売春に従事してきたと認められる、と著者は付け加えている[41]。この点で、十九世紀末に労働組合会議で何度もくりかえされた常套句のひとつは[42]、事実によって否定し去られるように思われる。すなわちその常套句は、ブルジョワの息子に誘惑されるか、あるいはまた雇主によって処女を奪われる若い無垢な女工、というイメージに関するものである。ほとんどの場合、売春婦はその処女を同じ階層の男の腕のなかで失っている。ル・ピルール博士[43]が、サン＝ラザール医療刑務所に収容されていた五八二人について行なった調査は、この点に関しては、マルチノー博士がもぐりの売春婦について得た調査結果を裏付けている。[44] すなわち、三八%が労働者によって、一七%が「手職の男」によって、五%が夫によって、一一%が「多少とも自由な」職業をもつ男によって処女を失っていた。親方や雇主あるいはその息子によって処女を奪われた者は、三%にすぎない。また、自分の家族の一員によって、というものが一・三%いる。その他は、自分を誘惑した男が何をしている男だったか知らないと答えているし、また、暴行を受けた、と主張するものは一九人(三%)にすぎない。

ラ・センヌ〔ラ・センヌ＝シュール＝メール。南仏、トゥーロン南西郊外の町。造船所がある〕、トゥーロンの各都市とセーヌ＝エ＝オワーズ県の一九〇二年における売春婦の年齢分布をみると、[45] 公娼の年齢の低いことがわかる。このような特徴は、公娼として売春に従事するのは一時期だけのものという性格に起因しているといえる。さらに、当時、警察は未成年者の登録には抵抗を示した、ということも指摘しておくべきだろう。七六頁のグラフを読むと、平均年齢は住み込み娼婦より街娼の方が低いようでもある。一般の見方に反して、三十歳以上の公娼は歩道上よりも娼家に比較的多い。

公娼はほとんどみな私生児である、[46] という偏見は分析の結果くつがえされる。マルセイユで登録した三五八四人中、[47] 九〇・三%は嫡出子であり、私生児は九・七%にすぎない。ただし六・五%は両親が不明であったことは明記しておかねばならない。これより一〇年前すでに、オモ博士は、シャトー＝ゴンチエの公娼に関して同じような比率を得ていた。すなわち、私生児はわずか一〇%ほどであった。[48] 一八八二年、マルヌ県で登録した二三四人中、二三人(九%)が私生児であった。二〇四人は家族の中で養育されており、一九七人が両親か片親によって、また七人だけは親戚によって養育された。他の三〇人中一四人は施設ボン・パストゥールで、九人は孤児院で幼年期をおくり、七人は養育保護を受けた。[49] この比率はほぼ全国平均にみあっている。くりかえすが、私生児であることと公娼への道とのあいだに相関関係をもたせることは無理であるように思われる。[50]

公娼は、当然ではあるが、登録時にはほとんど全員が独身である。既婚者も、また寡婦ですらも例外的な存在である。シャトー＝ゴンチエの一五一人の売春婦中、既婚者はわずかに七人である。[51] マルセイユで登録した三五八四人中、結婚していたのは二三九人（六％）にすぎず、そのうち寡婦は六七人であった。[52] パリの場合は、既婚者は、一八八〇年から一八八六年までに登録した売春婦の五・八八％どまりである。[53] 一九〇二年、マルセイユの「高級娼家」に住み込んでいた八七人中、八四人は独身であり、三人だけは結婚していた。[54] 同年のヴェルサイユの住み込み娼婦の九六％、街娼の八九％は独身であった。ブレストでは当時、それぞれ九二％と八四％の割合である。[55] ここでもまた、その比率がいくつもの都市でほぼ同じであることに注目せねばならない。

公娼の出身地は、彼女たちが商売をしている都市の大きさにもよるが、多かれ少なかれ遠方である。一八八〇年から一八八六年の間、首都パリで登録した五四四〇人中、[56] 四・七四％は外国生まれ、六五・三九％は地方出身、二・九二％は近郊、パリ生まれは二六・九五％にすぎない。外国生まれの比率は、マルセイユでさらに高いものになる。[57] マルセイユで登録した三五八四人中、八七八人（二四％）[58] は国境の外で生まれている。そのうちでもっとも大きい数値を占めるのはイタリア（三四二人）、スペイン（二一九人）、スイス（一二八人）、ドイツ（九三人）である。

マルセイユではまた、売春婦の募集範囲も当時極めて広かったこと、すなわち各県全体にまたがっていたことが注目される（九八頁の地図参照）。ブッシュ＝デュ＝ローヌ県は、二七〇人（九％）を供給しているだけで、ローヌ県（二一二人）やアルプス地方からの供給よりわずかに多いだけである。アルプス地方は、売春業に就く女の数が少ない割には、マルセイユの売春宿にかなりの供給をしている地方である。その他のおもな供給地は、地中海沿岸の各県、ローヌ河沿いの各県、主要な港を擁する県である。これらのことから考えられるのは、売春婦は港町と港町とをつなぐ形で循環する、ということである。アルザス＝ロレーヌ地方からの供給が多いことについては説明が必要である。これはおそらく、この地方が割譲されたとき、公娼たちが引き揚げてきたことによるのであろう。先に見た調査結果と一九〇二年の公娼に関する調査結果との比較が示しているように、この募集範囲は、その後も比較的変化しないままである。[59]

表5　調査結果にみる1872年から1882年までにマルセイユで登録した売春婦の父親の職業

家主・金利生活者	207		行政府の中堅幹部	3	
自由業、役人、教師	43		行政府の下級官吏、公務員	55	58(1.8%)
芸術家	47	352(11.3%)	（郵便配達人、警官、税関吏、田園監視人）		
士官	17		鉄道事務員、鉄道員	60	(1.9%)
「製造業者」及び企業主	38		退役軍人	42	(1.3%)
「仲買人」	34		工場下級管理職（職工長）	14	(0.4%)
商人ー商店主	125		卸売人、外交員	28	(0.9%)
カフェ、旅館、レストラン、		353(11.3%)	事務員、代書人	67	(2.1%)
タバコ店経営者	97		ホテル、カフェのボーイ	38	(1.2%)
行商人	97		工場労働者、鋳物工	22	(0.7%)
職人の親方及び職人：			日雇労働者、土木工事人、掃除夫、沖仲士	562	
建築	126		召使い、門番	60	641(20.7%)
冶金	127		乞食、盲人、レスラー、旅楽士	19	
木工	113		徒刑囚、囚人	2	
皮革	107		水夫、漁師	44	(1.4%)
織物	119	855(27.5%)	農民、小作人、ブドウ栽培者	467	(15%)
本	23		庭師、苗木屋	37	(1.1%)
食品	88		羊飼	4	(0.1%)
輸送	65		樵、炭焼人	18	(0.5%)
その他	87				
合計				3102	

逆に、シャトー＝ゴンチエの一八六二年から一八六九年までの公娼の募集範囲は、ずっと北に位置する県（マンシュ、オルヌ）は例外として、おもに隣接県である。しかしこのような小都市でも、就業地に近いところで生まれた者はきわめて少ない。マイエンヌ県生まれは一六・五％、シャトー＝ゴンチエ郡生まれは二・六％だけである(60)。

パラン＝デュシャトレがこれより少し以前に、パリの売春婦について証明してみせたことは、首都および大都市に特有なことではないのである。つまり、売春婦がちょっとした人口密集地で商売をしている場合、生まれ故郷がそれほど遠くないところにあったとしても、公娼はほとんどつねに根なし草なのである。娼家による売春婦集めの流儀と(61)、しばしば売春婦が示す匿名でいたい気持ちとを考えれば、こうした現象は容易に説明がつくことである。

売春婦の出身階層については、ひとつのデリケートな問題が想定される。相対立するふたつの伝説があるからである。ひとつは、貴族出身、ブルジョワ出身の売春婦という伝説で、これは、娼家の女将と女街が、彼女たちを高値で売りつけるために、また客の欲望を煽るために巧みに保持してきた伝説である。いまひとつは、貧困と売春は切っても切れない関係にあるという伝説で、これは十九世紀前半の慈善家たちあるいは民衆主義《ポピュリズム》の作家が作り出し、そしてこれを社会主義者がのちに分析補強した伝説である。ミルールがマルセイユの公娼三一〇二人について行なった調査結果は、[62] これより半世紀前にパラン＝デュシャトレがパリで行なった調査結果とほぼ同じであるが、このふたつの伝説が誤まりであることを証明するものである。ミルールの調査は、娼婦たちが登録に際して尋問に答えたその答えを使用しているのであるから、妥当性は絶対的であるとはいえない。しかしそれでも公娼の出身階層がばらつきはあるものの、あらゆる階層に及んでいることは明白な事実である。

とはいえ、彼女たち全体の社会的職業別分布をみると、もっとも多いのは都市部の職種である。農村労働者は目立って少ない。[63] 同様に工業も淫売宿への大供給源でないことがはっきり見てとれる。売春婦の大半は、職人、日雇い、小商人とその周辺の下級労働者の娘たちである。この点で、**表5**においてカフェ、宿屋の経営者、行商人、外交員、ホテルのボーイ、楽士や役者が大きな数値を占めているのを見ても驚くにはあたらない。

自由業と不動産所有・金利生活者は社会全体に占める比率に比べると目立って多い。事実これらはもともと都市型の職種なのである。それでも、マルセイユの公娼のなかに教師の娘が一三人、執達吏の娘が六人、弁護士の娘が四人、行政官の娘が四人、風紀取締り刑事の娘が一人いることには、驚かないわけにはいかない。また、身内に退役軍人（五九人中一七人は将校）や警察官が多いことを知ると、同じ驚きの念にうたれる。

登録まえの女たちの多くが、すでにもぐり売春に従事してきたものであることがわかっている以上、以前の職業を調査することなど、ほとんど意味のないことだといわれるかもしれない。この場合だと、彼女たちが申し述べるさまざまな職業は、本業を隠すために役立つだけである。そうでない場合にしても、なにやらはっきりしない見習い期間のようなものと、実際にある職業に従事することの境界線はしばしば曖昧である。しかしながら、彼女たちがときには売春をすると同時に職業ももっていたということは否定できない。このような事実からいって、彼女たちが申し述べる職業リストは、まるで興味を抱かせないとはいえないのである。他方で、逮捕された私娼の中から警察が彼女たちの以前の職業をピックアップしなかったと保証するものはなにもない。警官が、多かれ少なかれ意識的にある職種にたずさわっていた者だけを記載することにした、ということはありうることである。もしそうだとすれば、公娼の前歴リストは、私娼時代に従事していた職業リストと正確には一致しないことになる。(64)

一八八二年、マルセイユの、過去一〇年間の登録から得た結果をみると、(65)娼婦になった娘たちの大半にとって売春は、彼女たち自身が告白するように、過去にもっただひとつの仕事であると認められる。さらに、**表6**から、工場ではなくて、女中部屋、カフェやバー、洗濯屋、仕立屋の仕事場が、淫売宿の控室となることが読みとれる。登録を願いでる女中や料理女は多く、そのため支配階級の人びとは奉公人の品行に不安感をつのらせた。(66)登録を決意する女優と家庭教師のケースについては後ほど触れるが、(67)彼女たちの置かれていた状況は、「歌手と女教師の人身売買」に反対する熱狂的なキャンペーンをひきおこしたのである。

一九〇二年の調査結果（**表7**）からはこのような結論をひきだせるが、これはさておいて、無職だったものの割合（四一％）は、ラ・センヌとトゥーロンの娼家の女たちに特に高い。この二都市の鑑札もちの娼婦の前歴と比較したとき、職業をもってい

表6　1871—1881年にマルセイユで登録した娼婦の前歴

売春婦	1822	
無職	213	
「主婦」	61	
見習い	203	
	2299	
申告された職業		
「金利生活者」	13	
教師、家庭教師	7	
歌手、女優	40	
カフェ、簡易食堂の女給	58	115
花売り、行商人	34	
その他の商店の店員	23	
お針子、シーツ・タオル係、刺繍職人		
洗濯・アイロンかけ	265	544
仕立業	91	
婦人帽子製造	28	
手袋製造	16	
深靴ミシンかけ	26	
髪結い	38	
その他の職人	80	
大工場の女工	11	
召使い、料理人	305	521
掃除婦	202	
日雇い	14	
総数	1251	

表7　1902年当時、ヴァール県及びセーヌ＝エ＝オワーズ県の売春婦の前歴

	ラ・センヌの街娼数と%		ラ・センヌとトゥーロンの住み込み娼婦数と%		総数と%		セーヌ＝エ＝オワーズ県（住み込み・街娼の合計数）
無職	19	9.5	112	41.3	131	27.8	5
主婦	15	7.5	3	1	18	3.8	1
教師、看護婦	—		1	0.4	1	0.2	1
歌手、踊子	4	2	4	1.5	8	1.7	
店員、商店従業員、会計係	—	—	6	2.2	6	1.3	2
商店主、古物商、果物商、花売	3	1.5	6	2.2	9	1.9	3
洗濯女、アイロンかけ、シーツ・タオル係	33	16.5	28	10.3	61	12.9	16
針仕事女工（婦人服仕立、帽子製造、刺繍、コルセット製造、紳士物仕立、飾紐・レース、ミシンかけ）	61	30.5	28	10.3	89	18.9	16
その他の職人仕事従業員：髪結、絹折りたたみ、真珠細工、印刷工、時計職人	7	3.5	5	1.8	12	2.5	3
製造女工	—	—	8	3	8	1.7	2
農婦	1	0.5	—	—	1	0.2	
召使、掃除婦、料理女	54	27	64	23.6	118	25.1	53
日雇	3	1.5	6	2.2	9	1.9	6
	200		271		471		108

た女は売春でも独立営業を好むのに対して、前歴をもたない娼婦にとっては、主に売春宿が最後の寄りどころであったと考えられる。

公娼の教育レベルが、平均をはるかに下まわっていたと確証するものは何もない。一八八〇年から一八八七年までの公娼五四四〇人中、字の読めない者は一九・六五%にすぎない(68)。マルセイユでは一八七一年から一八八一年までの三五八四人中、読み書きのできる者の割合は五五%であったから、なるほどあまりかんばしい状態ではなかった(69)。しかしこれは、一時的なことにすぎない。一九〇二年には「高級娼家」の女たちの七二%は読み書きができ、二人は高等教育の免状すらもっていたのである(70)。同時期のヴェルサイユでは、字の読めない公娼は九%だけであった。七%は初等教育の免状をもっていた(71)。娼家の女将によっては、教育のある娘しか集めない者もいるのである。一九〇二年のラ・センヌの娼家の女たち全員が読み書きができた。「なかには中等教育を受けた者、すぐれた音楽家、九歳の時から家庭教師についていた者さえいる」[72]。一九〇二年、シャトー=ドレロンの売春宿で働いていた女たちも全員が読み書きができた[73]。ここに引いた例では、読み書きができる者の比率は、同時期の中部フランスとブルターニュ地方のいくつかの県の女子人口全体の比率を上まわっている。

公娼たちの受胎能力はきわめて低いとはいうものの、受胎して月満ち、産み落す娼婦もいる。たいていは子どもの誕生後まもなく手離さねばならない。このようにして一九〇一年の一年間にマルセイユでは、七三人の娼婦が出産している[74]。一三人は死産、一七人は誕生後日を経ず死亡、一九人が公立の養護施設に預けられ、母親の手によって育てられたものは二四人だけである。一八九九年から一九〇一年までにヴェルサイユで娼家の女が産んだ子ども一一人が、公立の養護施設に預けられている。トゥーロンでは一九〇二年、住み込み娼婦二三六人中四八人が子どもを産んでいる。このうち六人は二人の子ども、二人は三人の子どもを産んでいる。これら母親となった者のうち二一人は子どもを両親に預け、一二人は乳母あるいは世話をしてくれる女の手に託し、八人は救済院あるいは慈善施設に預けている[75]。

公娼売春に至る道程はかなりはっきりと跡づけられるものであるとはいえ、公娼たちのすむこの特殊な世界も、さまざまに異なる社会階層から集まってきて、形成されているもののように思われる。結局、私生児率をみても、親の職業あるいは教育程度の比率をみても、公娼は、一般社会の平均とそれほど異なっているわけではない。このことは、あらゆる解釈、あらゆる単純な相関関係には、用心してかからねばならないことを物語っている。

しかしまた、平均値というものも警戒しなければならない。公娼による売春の世界は非常に変化に富む小宇宙なのである。この多様性については、娼婦たちが公娼制度によって閉じ込められている売春地区を描写する際に再び触れることになろうが、要するにこの多様性は、性的欲求不満《フラストレーション》が充満している、客側の多様な要求を反映しているにすぎないのである。性的欲求不満は、事実、これから見るように、そのあり方はそれぞれいくらか異なっているにせよ、あらゆる種類の男、あらゆる社会階層に及んでいる。そして、売春の世界が広くかつ多様な相貌をみせることの根源には、娼婦の貧困や淫乱性といったことよりも、この性的欲求不満があるのである。ブルジョワの男に花を散らされた処女の宿命とか、体を売らざるを得なくなった未婚の母の宿命とかを嘆いたり、またそこから、貧困が一番悪いのだ、となにがなんでも証明しようとする必要は少しもない。規制主義者と一緒になって、若い娘の売春に結びつくしかない淫乱性をはげしく非難したり、体質こそ一番の問題である、と主張したりする必要はない。ある女たちは売春をするのである。それもほとんどあらゆる生まれの女がである。それというのも、時代の性的構造が膨大な需要を生み、それと同時に、実りの多い産業を出現させるからである。

一方、娼婦は特殊なカテゴリーに属する女であると主張するのは、規制主義の言説の大きな矛盾点のひとつである。社会学的統計学的方法による研究の結果、公娼はその性行動と、労働を嫌うことを除けば、多くの点で普通の女と変らないことは明らかだからである。はっきりいって、規制主義の言説の本来の目的は、貞淑な女たちに一層身を慎ませるために、公娼たちを彼女たちの反面教師にしたてあげ、差別し、社会の片隅に追いやることではなかろうか[76]。

一　公認娼家、すなわち「精液の排水溝[77]」

娼家研究には特別の困難がともなう。公娼制度は、金銭ずくの性行為の隔離と絶えざる監視とを同時に目的としたが、実際は、実現不可能な制度であった。娼家の経営者、医師、時には風紀取締り警官たちでさえほとんど尊重することのない諸制度と、日常的現実とのあいだには、公娼制度廃止論者がしきりに強調するところのひずみが生じ、そのため証言の記述はぎこちないものになっている。さらに娼家についてなされる証言は、たいていは、そこに関わる人々の幻想を反映しているものでしかない。

こうした記述を四タイプに分類することができる。⑴小説のなかにあらわれる記述。⑵職業柄、娼家の人間に接触をもつ専門家による記述。医師、警官、行政官は娼家を正確に描写しているが、やや統計に欠ける。規制主義者とその支持者は多くの場合、パラン＝デュシャトレに由来するステレオタイプの影響を大きく受けている。そのうえ、文化人類学的観察を心がけるあまり、また、いわゆる性というものに対して彼らが抱いている恐れから、その描写はどこか外側に身を置いた、かなり冷淡なものになっている。これではほとんど制度の機能を実地に把握することはできないし、実態を説明することもできない(78)。⑶娼家の客、また、個人調査に応じたという人々の証言。これらはたいてい実体験からくる味わいある、生彩に富む大資料ではあるが、スキャンダル好き、あるいはもっと簡単に猥談好きである点が、証言を信用の置けないものにしている(79)。⑷ジャーナリスト、論戦家、種々の評論家、さらに政治家などの本やパンフレット。これらの意図するところは、読者を自分の主張に同意させることである。書き手の多くは公娼制廃止論者であり、確かに立派な意図に燃えてはいるが、売春宿についての経験は乏しい。したがって彼らは、それが少しでも魅力的でメロドラマ風であれば、それがどんなにいい加減な風聞でも飛びつきがちである。彼らの娼婦に対する理解不足は、ことのほか目立つ(80)。教会、軍隊、警察の方針に対するつね日頃の彼らの憎悪がさらにその証言をねじ曲げている(81)。

文献は豊富なのに、そのなかに娼婦自身によって語られ、回想されたものが無いのは残念である。実際、売春婦たちが自分のことを思い切って語るようになるには、ごく近年まで待たねばならない。それでもわれわれは、娼家の女たちが、女友だちや「心の恋人」に書き送った手紙と、公娼が行政官に宛てた訴状を若干入手している。さらに、リヨンの三軒の娼家の台帳を参照することができた(82)。最後に、マルセイユの風紀取締り警察の保存記録は、娼家経営者の一連の台帳(83)と「歓楽街(84)」の台帳類を含むものである。残念ながら、これらの資料の大部分は、一九〇〇年から一九一四年までの時期に限られたものである。

こうしたいろいろな困難はあるが、十九世紀最後の四半世紀に、娼家がどのように機能していたか、その娼家像を描いていくことにしよう。[85]

1　公娼制売春の地理的分布と類型

当時、フランスで指定区域を持っていた都市は少ない。といっても、それは南フランスのいくつかの都市といくつかの港町の場合である。マルセイユの娼家八八軒、これにもう一軒を加えると総数であるが、一八八二年当時はまだ、東はレナルド通り、西はラドー通り、南はロージュ通りとランスリ通り、北はケスリー通りの内側に限定されていた。[86]ブトリー通りは一五軒、ランテルヌ通りは一三軒、ド・ラマンディエ通りは一二軒を擁していた。マルセイユでは当時娼家が大変繁盛していたことをつけ加えておこう。事実、街娼の数は、他の大都市に比べてかなり少なかった。住み込み娼婦が娼家を出て街娼になると、投獄の憂き目にあうということが長いあいだ続いたことも言っておかねばならない。

同じ頃モンペリエの公娼たちはみな、「パスキエ地区」[87]と呼ばれる一区に住んでいた。彼女たちはこの地区の各自の「部屋」で、「高級娼家」で、あるいはまた「合同娼家」で客をとった。「合同娼家」は、借金を抱えた女たちが一時的に売春をするのを、警察が監視しながら保護するところである。トゥーロンでは「赤い帽子」と呼ばれた指定地区が、市長の表現によれば、[88]「地理的に好条件」に恵まれていた。要塞のすぐそばで、もっとも人通りの少ない場所だったのである。ただし、そこへはもっとも人通りの多い道が通じていたのであるが。一九〇二年当時、この地区は五五軒の娼家を擁していた。一八七八年、[89]ついで一九〇二年に、行政は強硬な警察権力によって、囲い地を守らせる措置を講じた。事実、娼婦たちは市内に住もうとする傾向があったのである。港町の風紀取締り警察の取り組み方によくある、遅ればせの逆攻勢であった。このようにして、一八九六年九月九日の規則は、セット市の公娼はスラ＝オーの地区に宿営しなければならないと定めている。[90]もっとも懐古趣味的な発議は、エクサン＝プロヴァンスの市長の発議をおいて他にない。それは一九〇七年十月、フォンドリー通り、ブルトン通り、ジャルダン通りを、指定地区として定めるというものであった。(91)

　ブレストでは、囲いはマルセイユほど厳密でない。といっても行政は娼家を港近くのセット＝サン通り、オート＝デ＝セット＝サン通り、ヌーヴ＝デ＝セット＝サン通り、クレベール袋小路に集中させるよう努めている。(92)クレベール通りとギヨ通りには、営業許可を与えないとしている。醜業に対して行政がおしすすめたこの新しい地理学は、都市化による変貌にともなって必然的なものになったと、一八七五年に郡長が明言している。彼の意見によれば、都市の幹線道路ド＝スィアム通りに通じるクレベール通りは、公認売春施設を増加するにまかせておくにはあまりにも繁華な通りとなったのである。(93)

　指定地区を定めていない都市の娼家は、いくつかの禁止事項を守らねばならなかった。禁止事項数のもっとも多いのはパリであった。一八七八年のジゴ条例は、重要な公共施設のみならず、小学校、中学校、寺院、教会、ユダヤ教会堂《シナゴーグ》の近くにも娼家を開くことを禁じている。さらに、娼家同士は互いに一定の距離を置いていなければならない。となると、同一建物内に二軒の娼家が店開きをするわけにはいかない。つまり、もぐりによりよく対抗するために、警視庁は「醜業の集中」ではなく「分散」を選んだのである。地方の諸規則では、市の記念建造物、教育文化施設、および市民の遊歩道に隣接して娼家を開業することを禁じている。一九〇四年当時、この種の禁止事項は、まだ八二項目定められていた。(94)

　十九世紀初頭から、都市計画の変遷と公認売春施設の減少とによって、売春施設の地理的分布は根底から変化した。もっとも、昔、強制的に指定された地区もそのまま残っており、多くの娼家はたいていは相変らず都市の心臓部のみすぼらしく、狭くるしい暗い路地裏に、ごちゃごちゃと群れをなす古い建物内にあり、しかも大聖堂や市の建造物に隣りあっていた。市庁舎やさらにはパレロワイヤルに隣接しているようなパリのいくつかの地区は、相当に長い歴史を持ってきたことを示す良い例である。

ところが、首都の中心部は大きな変化を蒙り、古くからあった売春地区はすでに消滅しはじめていた。中世以来パリの売春の中心地であったシテ島およびサン＝ルイ島は、オスマンのパリ改造によって「浄化」されていた。リヴォリ通りの延長と、ルーヴルの役所および商店街建設によって、フロワマントー通り、ピエール・レスコ通り、ビブリオテーク通りからなる売春の主要地が消滅していた。

昔からの、市内のいくつかの売春中心地区のほかに、当時新たに三地区への集中化が始まったことが認められる。パリの例を引きながら説明するとしよう。(1)制限選挙王政期以来、大手の娼家が、その後商業中心地となる大幹線道路に隣接する、人通りの多い通りに店開きしていった。マドレーヌ寺院、オペラ座、わけても証券取引所通り近くの娼家の存在は、売春が、高級品店の増加と人通りの増加とに結びついて発展するものであることをよく物語っている。例えば、シャバネ通りの売春宿は、当時すでに国際的に有名であった。(2)都市の拡大と、時には要塞ラインの建設とが、これはもちろん第三共和政期以前のことであるが、都市化前線に沿った淫売宿の増加をうながした。パリでは要塞の建設にともなって、売春の「新しいフォークロア」[95]が生まれ、市内の伝統的地区と肩を並べる勢いとなった。売春宿は城壁と城外の大通り《ブールヴァール》とのあいだに開業された。より正確には、一八四〇年以後、警視庁はもぐり売春の巣窟となっていたキャバレーに正式に許可を与えたのである。また行政当局が、娼家の女将に居酒屋を同時経営する権利を認めたのも、これを機にしてであった。これを嫉視した都市部の女将たちにも、続いて認可することになる。しかしはっきりさせておかねばならないが、これらの地区ではもぐりの娼家の方が公認のそれをはるかに上まわる数であった。(3)交通の要衝地区《ターミナル》は、交通の発達と商業活動の変化につれて多様化していった。売春宿はしたがって駅や市場や新たに開港された港の近くに設けられた。このような新しい要因は時によっては、中央市場がパリに設置されたときがそうであったように、旧来の売春地区をいっそう繁盛させることになる場合もあった。(4)最後に、軍隊の駐留とそれに伴う多数の兵舎の建設が、娼家を引き寄せた。娼家は駐屯地をもつ都市と宿営地の周辺に増えるのである。知っての通り[96]、エドモン・ド・ゴンクールに『娼婦エリザ』の中のもっとも見事な文章を書かせたのは、兵学校近くの売春宿の存在であった。

加えて強調しておかねばならないことは、以上述べてきたような娼家の地理的分布は、路上で客引きをする街娼と、もぐりの売春婦たちの売春コースには必ずしも当てはまらないばかりか、大きくズレているということである。細かい動きをみせる彼女たちのコースについて把握したあとでなければ「売春圏」全体を定義したことにはならないであろう。

娼家のタイプは、一般に、売春の地勢図《トポグラフィー》に照応する。この点ではパリの場合がもっとも顕著である。ランク付けの頂点には、他の何にもまして豪華さと慎み深さとを求める貴族あるいはブルジョワを客とする、一級と二級の娼家がある。オペラ座界隈の大手の娼家。これについての描写は、売春宿に触れるあらゆる作品が華麗な一章を捧げている。客の異国趣味や倒錯趣味を満足させるための風変りな家具調度、装飾(97)についてはさしあたっては触れずにおいて、この種の娼家の内部をざっと描写するにとどめよう。各部屋にはベッドがひとつ一面を壁につけて円柱と垂れ幕に囲まれて置かれている。ベッドにはシーツが敷かれてあるだけで、天井をみると天蓋があるか、大きな鏡が嵌め込まれている(98)。大理石の洗面台が部屋の一隅に据えられていて華やかな香水壜がのっている。暖炉の上には半獣神やバッカスの祭女のブロンズ像、ベッドのわきか続きの小室に長椅子か寝椅子があって、客の性的気まぐれを満足させるために使われる。光は窓ガラスを通して柔らかく射し込み、あるいはまた暖炉の上に置かれたガス・ランプが効果的に照らしだす。

廊下、階段、サロンにはすべて厚い絨毯が敷かれ、やたらとあちこちに鏡とブロンズ像が置かれている。天井と壁は神話を題材にした絵で飾られている(99)。異国の植物とたくさんの花々が、室内装飾が醸しだす官能的な雰囲気を煽りたてる。寝椅子か低い腰掛けが隔壁に沿って置かれている。「あたりいっぱいに、米の粉と地下室の黴《かび》のような、吐気を催させる香水の匂いが漂っている。重厚な雰囲気のなかの癖のある香りは、マッサージ用の蒸風呂の匂いのように耐えがたい(100)」。

貴族とブルジョワの快楽の館である大手娼家のサロンでは、静寂と慎み深さがあたりを支配している。下級の淫売宿では、騒音、ざわめき、歌声、ダンス、アルコール、煽情的な部屋着などが、さらには、肉体の興奮そのものが官能をかきたてるのである。これに対して高級娼家では、全裸に近い姿、美しいプロポーション、暗示的なポーズ、遠くから誘うような眼ざしと仕種、そしてまわりの豪華さといったものが、秘めやかな雰囲気のなかで欲望を煽るのである。ドガが娼家を題材にした一連の傑作のなかで描いたものは、きまってこのようなものであった。静かで控え目なこの雰囲気は、裸体は別にして、トゥールーズ＝ロートレックの「サロン」の作品にも見られる。

三番目にランクされる娼家も、さらに広範囲の客を相手にするという違いはあるものの、やはり何をおいても控え目であるように仕組まれている。(101) 巧妙なシステムによって、客同士が顔を合わせることは絶対にないようになっている。客は小さな待合室に通され、そこで敵娼《あいかた》を選ぶことになる。各階にいる見張番の女中と、呼び鈴を使って手落ちなく事は運ばれるようになっているので、少しも心配はない。サロンの多いことがこの種の娼家の特徴である。部屋には低いベッドが鏡に囲まれて置かれている。絨毯が秘めやかさを守る。

いわゆる「街の《カルチエ》」娼家は、プチブル用である。常連たちは、鏡をとりつけた壁沿いに赤いビロードの寝椅子が並ぶサロンで、平気で互いに顔を合わせる。(102) 部屋には壁に嵌め込まれたベッドが帳を垂れ、羽根ぶとんに覆われて置いてある。街の娼家は、ブルジョワ相手の食事付ホテル《ベンション》を思わせる。共同応接間と個室の他に、泊まり客のための食堂と「レストランにあるようなテーブル」(103) がある。

一般大衆を相手にする売春宿は多種多様であるとはいえ、それにしてもまことにさまざまである。多くは「居酒屋付き娼家」である。この種の売春宿の内部の設備は、鏡が多いこと、ガス燈がより工夫を凝らしたものであることを除けば、通常の居酒屋のそれとほとんど違わない。(104) 喧騒とたばこの煙りと酒気のなかで、濃い化粧をし、肌着と尻が隠れるか隠れないかの短いスカートの、まるで大きな赤ん坊といった衣裳か、あるいは肩や腕、乳房、絹の靴下をつけた脚などが透けて見える化粧着をまとっただけの女たちが、個室にあがるまで客と飲んだり食べたりしている。ここには慎み深さなどない。殴り合いの喧嘩はしょっちゅうのことである。そこで「娼家の給仕」が用心棒をつとめることになる。客は選んだ女を連れていくまでに、ビールで酔っぱらってしまう。個室の調度は安ホテルのそれと変らない。

兵舎や港に近い娼家のいくつかは兵隊用のものである。[105] 実際、兵士が主な客ではない一般の娼家では、制服姿の兵士を受け容れることはめったにないのである。エドモン・ド・ゴンクールとモーパッサンの残した、こうした兵士のための、あるいは水兵のための売春宿の活写は、忘れられないものである。

最下級の淫売宿は、モンルージュやシャロンヌの城壁近くか、あるいはまた、たとえばモベール広場のような中心地にあった。このような淫売宿は、酒を飲ませる場所とテーブル、木のベンチのある共同サロンが隣り合っている。女たちの多くは年をとっているが、[106] 少しでもシワを隠そうと白粉を塗りたくり、ビールやアブサンを飲み、鉄製のベッドに藁《わら》のマットが敷いてあるだけの部屋で身をまかせる。「ショート・タイムの娼家」も同じようなものだが、ここまでくると、女はもう、ビール一杯の値段である。グルネル界隈の兵士用の何軒かでは、北アフリカのマグレブの淫売宿と同様に、客は五〇サンチームで順番の番号札を受け取る。[107] 地方でも、人夫たちの大挙して押しかける夜にはこの方法がとられた。[108]

以上、大急ぎで辿ってきたが、絵画的描写をすることが目的ではないのであるから、パリの娼家がいかに多様であるかを見るにはこれで十分であろう。この多様さは、社会的ピラミッドの広がりそのものを反映しているのである。地方都市では娼家のランク付けはもっと大ざっぱである。それだから、一九〇二年、トゥーロンの行政当局は、公娼施設を二種類に分類しているだけである。金持ち階級と海軍・陸軍の将校の出入りする「高級娼家」と、「労働者、水夫、兵士の出入りする一般娼家」[109] の二種類である。ブレストでは、市長の報告によれば、「娼家の格と設備において差異はほとんどない。客扱いは同列、料金もまた然り」[110] である。ランベルヴィリエでは、[111] セールスマン、店員、事務員、それに肉体労働者が若干、ウィークデーと日曜日の午後に出入りしている。『テリエ館』[112] の舞台になっている町フェカンがそうであったように、事実、ブルジョワ階級の男はサロンに通され、一般大衆の客は、酒場の方で迎えられるということがあった。小都市では、ブルジョワのクラブが、時として一般大衆の出入りするカフェの階上にあったので、これを真似た区別なのである。娼家という施設は、ブルジョワのサロンと、大衆向けのキャバレーとを手本として着想されたものであるから、中心都市の娼家の典型を描くこの文学作品は、当時支配的であった社交形態をよく反映しているといえる。

2　さまざまな客

売春宿を定義づけるものは、何はさておきそこに出入りする客たちである。ところで、客が実にさまざまであるということは、娼家が果たす機能がさまざまである、という事実をもってしか説明がつかない。売春宿は若者の性入門の場であると同時に、性的欲求不満に悩む者の発散の場であり、また、夫婦関係以外の性生活を夢みる夫たちの慰めの場でもある。また、娯楽の少ない地方都市のブルジョワの男にとっては、クラブでもあるし、快楽に飽きた男や「倒錯」の男、あるいはもの珍しさからブルジョワ夫婦のあいだでは禁じられている凝ったやり方に、ただ好奇心を抱くだけの男にとっては、エロチスムの殿堂である。そして最後に、観光客や巡礼者の単なる、行きずりの気晴しの場ともなりうる。彼らは旅を利用して、普段の性生活とは違う変化に富んだひとときを味わおうとするのである。

このようなさまざまな機能の多くは、十九世紀後半になって目に見えて変化していった。これから見ていくように、売春宿は性入門の場であり、アウトサイダーの性欲解消の場ではあり続けるにしても、既婚者や、ブルジョワの独身者の興味を、徐々に惹かなくなっていくのである。彼らは以後、別の形の売春に引き寄せられていく。こうした状況のなかで、娼家は年々、「倒錯の聖堂」(113)になっていった。ただし小都市における娼家は、挑発的との誹《そし》りをおそれずに言えば、社会文化的と呼びうるような役割を拡大していくのである(114)。

高級娼家の客の実像を、われわれは摑んでいないと認めざるをえない。ドガの何枚かの絵が、影とかシルエットの形でスケッチしているもの以外には、小説家も画家もこの種の客を描いていないのである。[115] トゥールーズ＝ロートレックの「サロン」では、男の姿が描かれていないだけに、あたかも雄の欲望を満たすためだけに存在しているかのような女たちの、じっと待機している気配がひしひしと伝わってくる。普段は威厳に満ちて生活していて、たまたまこっそり立ち寄るにすぎないこの種の客は、なかなか人の目にとまらないのだといえる。売春宿における大ブルジョワは実際人目につかないのであるから、当時の文学や絵画にはほとんど登場してこない道理である。このことから、大ブルジョワにとってののぞきは、大いなる誘惑であるとの説明がつくかもしれない。こっそりと他人の秘事を覗くことで、エロティックな力が生まれるのである。[116]

反対に、街の娼家、小都市の淫売宿、大衆相手の売春宿についての事情はかなりはっきりと摑めている。こういうところでは、女も客もいっしょくたであり、売春婦を描こうとすれば、同時に客側の男をも描かないわけにはいかないほどである。規則によって、未成年者を受け入れることは経営者に禁じられていた。一九〇四年当時実施されていた二九四の市条例中、一八一までが、未成年者と中学生《コレジアン》の娼家への出入りを厳しく禁じている。[117] だが実際には、彼らは迎え入れられていた。しかも、プチブルジョワ、さらに中流ブルジョワの子弟の多くが初めて気晴しをするのが、この淫売宿のベッドの上だったのである。[118] この点に関しての証言は豊富にある。ポール・ブールジェは書いている、「ほとんどすべての童貞が摘み取られるのは、警察の保護下にある、快楽の僧院のなかである」[119] と。木曜日の中学校の中庭を描写して、彼はこうつけ加えている。「この片隅には、いつもわれわれがまるでアルプスを仰ぎ見るように眺める仲間が、誰かしらいたものである。彼はそこへ行ったのだ！ ……どこへ？ 場末のあそこへだ！ 縦列をつくって散歩するとき、われわれは例の路地をたがいに指さし合ったものである」。パリの高等学校《リセ》に進学したとき、彼は首都でも事情は同じであることを知る。ただ、つぎの指摘は重要である。「哀れにも地方の男たちは、あまり値段の高くないきれいな女を求めて、自分の町のたった一ヵ所へ巡礼を続けるのだが、パリの男たちは、アヴァンチュールを追いはじめていた」[120]。そして、青少年の性生活について作家が、罪と恥辱と、そしてしばしば病気のなかでなされる、このような性入門が生むかもしれない計り知れない結果を強調するのも、故ないことではない。「このような奇妙な青春をもった若い男は、女性に対してどうしても色褪せた考えをこれからも引きずっていかざるをえないだろう」[121]と彼は書いている。

それでもやはり、娼家の根本的機能は、性生活からはじきだされている者、締めだされている者の欲望を、満足させるところにあることに変りはない。遅い結婚が珍しくない階層では、売春宿への出入りは、オナニズムと並んで、長びく独身生活の取りあえずの性生活となるのである。これは、ひとりの娘をわがものにしておくことも、あるいはただ単に結婚を夢みることさえできない貧乏な店員、ホテルのボーイ[122]、または事務員にとっては、一層切実な現実であった。

こうした客に加えて、社会の片隅に追いやられているあらゆる男、すなわち、出稼ぎ、移住してきたばかりの者たちがいる。彼らは都会にまるで溶けこめないまま、ある者は貧しすぎるがゆえに、ある者は時間がないために、またある者は女が彼らを拒否するがゆえに、他に性の欲望を処理する手だてがないのである。このことから、外交員[123]が地方都市の娼家の主たる客になっていることの説明がつく。同じく地方の大学生もしょっちゅう群れをなして売春宿へ繰りだす。「ハートのエース」[124]、つまり女と部屋にあがることを賭けてトランプをするだけであるにしてもである。ただ、こうした大学生層は、その後別の形の売春に目を向け、娼家にはだんだん出入りしなくなっていったと認めざるをえない。小都市に住む家庭の息子は、売春婦のところへ行くにはあまりに顔を知られすぎている。しかしそういう彼らでも、近くの大都市の娼家には足を運ぶ[125]。徴兵検査の日とか、あるいはそこで祭りがあるからというだけで、近隣の若者が「登楼」[126]するのは伝統であった。

大衆的な売春宿では、日雇い労働者、人夫、土方、掃除人夫、屑屋[127]、それに、妻や婚約者を郷里に残してきて職場にもとけこめない、たいていは安ホテル住まいの出稼ぎ労働者[128]や外国人労働者のような、社会の底辺層の男が客である。船員と兵士の場合はもっと明快である。公認売春宿で欲望を処理することを奨励するような伝統や軍隊の意向があったからである。[129]ただしこの層にあっては、傭兵制度がなくなってからは、急速に行動形態が変化していくことに注目したい。[130]

無産者階級のなかには、愛情から疎外されているあらゆる男、[131]すなわち不具、あるいは容貌の醜い無産者階級の男を加えるべきである。彼らは、街娼からももぐりの売春婦からも拒否される憂き目に会うが、しかし娼家の女は彼らを受けいれざるを得ないのである。つまり、欲望を満たそうとすれば、個人性などほとんど要求されない娼家に行くより他に、まず道はないのである。

いつも性的欲求不満の状態におかれている底辺の男たちに満足を与えてやること、これは、われわれがここで扱っている時代を通して公娼制売春のもっとも基本的な機能であり続けた。このような機能は、パラン＝デュシャトレと彼以前の規制主義者たちの考えであって、つまりアウグスチヌス的展望に立った、社会の要請する公娼制売春の目的でもあった。くりかえしていえば、これは、娼家の活動をここに限定したいと彼らが考えていた機能そのものである。

実際には娼家は、日常の性生活に亀裂の生じた既婚男性の、欲求を満足させる役割も果たしていた。これに反して、継続的な婚外交渉を望む夫というのは、街娼やもぐりの売春婦の方を好むようになるか、または女を囲うことになる。このような感性と行動の変化については、のちほど立ち戻って検討しなければならない。田舎から首都へ、数日間だけ上京する地方の男にとっても、またパリに滞在する外国人にとっても、売春宿詣ではひとつのしきたりになった。[132]レジャーとしての、また旅のついでの女買い、いわば「社会からの一時的遁走《フーガ》」こそが、人も知るように、真にこの産業を成立させるのである。一八七八年、一八八九年、一九〇〇年の万国博覧会開催中の大手娼家の大繁盛が、このことを証明している。売春業の景気は、なによりもこういう類いの催物があるかないかに左右される。行楽列車が、売春宿で愉快なひとときを過ごしたいと思っている田舎の男たちを、近隣の都会へ運んでくる。ベルジュレ博士が書いているように、このようにして、アルボワの「放蕩者」たちが「遊覧旅行」と呼び、ブザンソン、ディジョン、リ

マルセイユの売春のリクルートエリア

風紀課に登録された3,584人の娼婦の出生地

（フランス人2,513人，外国人及びアルジェリア人1,071人）

（ミルールによる）

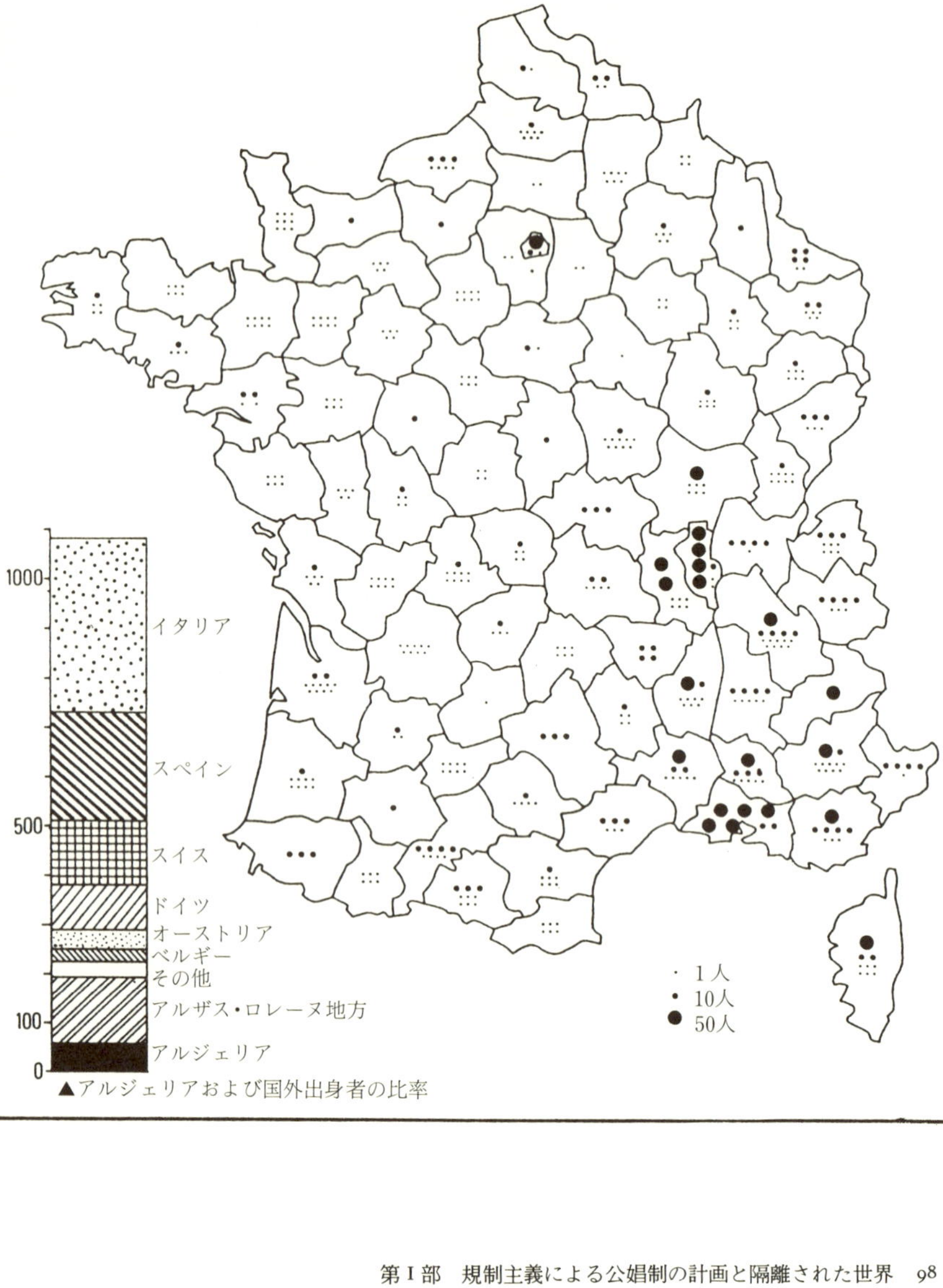

▲アルジェリアおよび国外出身者の比率

ヨンでは「慰安旅行」と呼ばれる旅行団が組織された時代であった[133]。市の立つ日に、中都市の娼家が農民の客でごったがえすのも、同じ事情からである[134]。

3　企業とその幹部たち

娼家はひとつの企業であり、利潤追求を旨とする。トップに立つのは女経営者である。いくつかの地方都市では、規則によって男の経営者を認めている場合も稀にはある[135]。大手娼家の経営者の多くは、金を貯めることに成功した、むかし浮名を流した女である。そうでなければ、女将のあとをついだ副女将である。かつて公娼であったものもたまにいる。稀ではあるが、前任者の娘とか姪であるという例もみられる。最後に、娼家の女将は、立派な事業達成を目標に娼家経営を決心した名誉あるブルジョワの女事業家であるとか、もしくは、客の少ないホテル経営を続けるよりは売春宿に変身した方が有利だと考えたホテル所有者である、ということもある。

一九〇八年から一九一三年までのあいだにマルセイユで開業許可を受けた一七人の女経営者の台帳を分析すれば、かなり時代が下った時期のものであることは否めないにしても、娼家の女将のポートレートを正確に描写、記述することができるにちがいない[136]。彼女たちのうち一六人の年齢がわかっており、それは二十六歳から五十二歳にまたがっている。三人が二十六歳から三十歳まで、六人が三十歳から四十歳まで、六人が四十歳から五十歳、最後のひとりは五十二歳である。一一人の出生地が台帳に記載されている。マルセイユ生まれは二人だけで、ロワール県二人、ブルターニュ二人、パリ一人、ジュラ県一人、ランド地方一人、ピュイ＝ド＝ドーム県一人、そして最後の一人はイタリア生まれである。

娼家経営の許可を受けたこれらの婦人のうち九人は結婚しており、三人が独身である（内二人はかつて娼家の使用人であった）。残り四人（内一人は未亡人）は同棲している。このうち三人の「擬似家庭」の堅実さは立派なもので、一〇年、一二年、一七年の実績をもつ。夫あるいは同棲相手の職業は、実にさまざまである。果樹の袋かけの仕事をする者一人、かつては波止場の人足で年金を受けている者一人、船員一人、修理工一人、宝石行商人一人、街頭飲物売り一人、元ブドウ酒販売業一人、ビリヤード教師一人を数えることができる。彼らのなかの一人、自称レストランのボーイは、実は娼家出入りの配達人であった。女将たちが開業できたのが、こうした男たちの財産によるものだとは思えない。むしろ彼らはヒモのようなもので、彼らの「マルミット」〔鍋の意だが、男を養っている淫売婦、スケを示す卑語〕である女が上手に年をとって、職業的にのし上がったのである。

マルセイユで許可を受けた経営者の中で、これが初めての職業であるというものは、実際ごく稀である。このことは唯一主要な特徴である。四人はこの町の公娼として登録されていたし、二人は後に登録を取り消してもらったものである。さらに申請者のうち三人は娼家の副女将の仕事をしていた。許可されたうちの八人は、すでに娼家を一軒持っていた(マルセイユに五人、トゥーロンに二人、リオンに一人)。六人が安ホテルの経営者、四人がバーを開業していた。台帳を調べてみると、七人は初めはもぐりの売春宿を経営していたと考えられる。一人だけはこの商売に初めて入ったもののようである。彼女はそれ以前は手芸材料と仕立の仕事場《アトリエ》を持っていたというが、これはおそらく表向きであっただろう。[137] 最後に一七人中四人の経営者は、窃盗、殴打、傷害、未成年者の不品行に手を貸したなどの科で罰せられていた。しかしこれらのことは認可を受ける妨げにはなっていない。

総計中、自分のところに軽犯罪を犯した女を数名かかえて、すでにアウトサイダー化していた者が一名と、もぐりの経営者数名がいる。彼女たちのためには、あらためて認可を与えるなり罰金を科すなりの措置がとられる。というのは、今後、彼女たちは規則に従い、監視という自分の仕事を通じて、行政当局に協力していかねばならないからである。

理論上は、経営者は出資を他人に仰いではならない。「いかなる場合も、娼家の営業は第三者の利益のためになされてはならない」と、一八七四年にルクールは書いている。[138] とはいっても商事裁判所も登記所も、また公証人ですら実態は知り得ないことなので、これらの企業についての研究には、例外的な困難が伴う。それでも少なくとも地方では[139]、経営者が数軒の娼家をもち、支配人に運営をまかせていたというのは確かであるようだ。カオールの女将ジャンヌ・サラベールの母親は自身でも、市内に一軒とコンドンに一軒もっていた[140]。さらに絨緞業者、室内装飾業者、および金持ちの個人が、この種の事業に投資している。彼らは娼家が開業されている不動産の所有者となって、女将に必要品、家具などを買う資金を貸しつけるということもある[141]。カルリエは、一八七〇年のパリの主な娼家の所有者リストを作成してさえいる[142]。

娼家が入居している建物の所有者が女将であることは稀であり、多くは年金生活者、自由業あるいは商業に従事するものであることに気づくであろう。パリでは娼家を開業するためには、建物の所有者と主な借家人の許可証が必要不可欠である。彼らは女将に対して莫大な賄賂を強要し、平均をはるかに上まわる家賃を課す。女将たちが、その抱えている娼婦たちから搾取せざるを得ないのも、しばしばこうした法外なかれらの要求があるためである。警視庁の公認台帳授与は無料であるが、結局は建物所有者がこの産業の一番の受益者となる。時の経過とともに、ついには台帳は、娼家の個人に対してではなく建物に対して与えられることになった。女将は警視庁の許可を無料で手に入れるが、しかし、施設の家具調度類を買い取らねばならないし、新たな賃貸借契約を結ぶためには、所有者の要求に応じなければならない。

第三共和政にはいると、娼家の賃貸料は法外な高値に達するものもでてくる。理論上は[143]、家屋の購入価格、より正確には「建物に付随している設備」——というのも問題になるのはこれだけなのだから——の購入価格を定めるのは常に行政である。ところが実際は、賄賂のやりとりで売手と買手が同意するのが普通である。カルリエによれば[144]、一八六〇年から一八七〇年の一〇年間の譲渡の平均価格は、パリで、一万フランであった。最高額はそれぞれ一五万、二六万、三〇万フランに達している。最も安い娼家で一五〇〇フランであった。一九〇一年には地方の娼家で、平均二万五〇〇〇から三万フランのあいだであると、サンリスの市長は評価している[145]。一九〇二年のセーヌ＝エ＝オワーズ県はまさにこのケースに当てはまる。[146]ところが、ヴァール県では同年「並みの娼家」で六〇〇〇フランにしか達していない。[147]ブレストでは施設は「一般にそれほど高額ではなく、最高で三万フランというのがあった」と、副知事は書いている。[148]しかし、もう一度くりかえすが、ここで問題にされているのは「建物に付随している設備」の譲渡だけなのである。女将はこの上さらに高額の家賃を支払わねばならない。トゥーロンで一九〇二年当時、「格式の高い娼家」、したがって第一級にランクされる娼家の家賃は、年額四〇〇〇フランであった。「並みの娼家」で一五〇〇フランから二〇〇〇フランである。ラ・センヌでは[150]二七〇〇フランにのぼっているし、ブレストでは平均二五〇〇フランである。[151]私文書分野を専門とする代訴人事務所と弁護士事務所とが、これらの問題に介入して大きな利益をあげたことはいうまでもない。[152]

最初に必要とする資金は大きいが、利益もまた莫大である場合が多い。その利益はもちろん娼家の格と「お泊り」、あるいはショート・タイムの料金次第である。兵舎周辺で料金が〇・五フランという低さのものもあったが、これはあくまでも例外である。下級娼家で二フランから三フラン。[153]一級、二級にランクされる所で五、一〇、二〇フランといったところであるが、これには娼婦の「手袋代」と副女将へのチップは含まれていないので、これを加算すると料金は倍になる。[154]ブレストの市長の報告では、ひとりの女は「一日平均一〇フランの収益を娼家にもたらす」が、これに対して「住み込み娼婦ひとりの一日の費用、すなわち食費、維持費、部屋代は三フランに見積られている」[155]という。

そのうえ忘れてならないのは、大衆的な売春宿では、利益は特に居酒屋経営あるいは個室で消費される飲物代からあがる、ということである。[156]普通は、女が客と飲まないままで部屋にあがってはならないことになっている。そしてひとたび部屋にあがると、女はパートナーにもう一杯「おごり」を求める。女将によっては月末に、最も多

表8　1870年のパリの主な娼家の所有者

金利生活者	97
司法関係の職業（弁護士、代訴人、公証人、行政官）	6
株式仲買人、代理人	4
商人	4
娼家の女将	22
職人の親方及び小売店主	6
その他（囲われ女、運送業者、製糸工場主、下宿屋主人）	4
総数	143

く飲ませた女に特別手当の札《ジュトン》を与えることもある。この札は娼家内部で本物の貨幣として通用するのである。マルセイユ、リヨン、クレルモン＝フェランでは、三〇〇フラン分の札《ジュトン》を集めると絹のシュミーズを受け取る権利がある。[157]公娼制廃止論者たちが誇張気味に強調していることであるが、女将にとっては正真正銘の金のなる木といえる常連をもっている娼家がある。その証拠に、サランという小さな町のある娼家で、数年間で全財産の四万フランを使い果たした独身の男がいた。[158]だから、この娼家の女将が一部の客に示した心遣いもなるほどと頷ける。「子弟に金のないとき、女将はチーズ一片、あるいはブランデー大瓶一本を代金として受取っていた」[159]と市長は書いている。

次のグラフは、カルリエ[160]とフィオー博士[161]が、それぞれ一八六〇年から一八七〇年と、一八七八年から一八八八年の、一〇年間のパリの主な娼家が得た利益を表わしたものである。前者は概算、後者はより厳密な算定結果である。

たしかに、これらふたつの算定に批判の余地はあるが、非公式の保存記録が少なく、われわれが用いられる総合的資料はこれだけなのである。それでも、これらの表から、当時の動向がはっきりと摑める。すなわち、多くの弱少娼家が姿を消し、その内のあるものは連れ込み宿に、あるものはもぐりの営業へと転身して、その結果、大手の娼家に莫大な利益増加をもたらすことになった。この二つの時期のあいだに、公認売春は様相を変え続け、世紀末にはその変貌ぶりはいっそう加速度を増すに至った。

だがここで、規則上の手続に話を戻そう。ある婦人が首都での娼家経営を思いたった場合、既婚者であれば夫の同意を得たうえで、建物所有者と話し合いをつけ、さらに警視総監に書類申請をする。第一部局第二課の係官が申請者の身元調査を行なう。その結果、前歴に問題がなく、また特に本人自身は今後は売春に従事することがないと証明されたなら、台帳が渡される。女将はこれにお抱えの娼婦全員の名を書き込み、検診の結果を記録していかねばならない。行政当局は、いつでも娼家を一時閉鎖する権利、あるいは台帳を取りあげる権利を保有し、また経営者を破産に追い込むこともできるわけで、行政当局は全的支配力をもっているのである。つまり、これは認可された施設というわけではなく、黙認されている企業なのである、という点をよく理解しなければならない。

経営者が盗難、あるいは詐欺にあった場合でも、警視総監に訴願できるだけである。実際のところ、法は人間の肉を扱う商売を認めてはいないのである。娼家における取引は事実上は不正行為であり、民法典一一三三条は、「公序良俗に反する事由による債務はすべて無効である」としている。したがって女将は、金をくすねた娼婦や無法な振舞いをした客を起訴することはできない。同じ理由から、女将は営業税を払っていないし、またその営業は商事裁判所に登録されていないのであるから、破産申告をしたり、破産手続きの開始を請願したり、資本を抵当に入れることもできない。理論上、経営者は動産しか所有していないことになっていることを忘れてはならない。だがまた、これは議論の余地のあるところだが、警察は経営者の利益を侵した者からそれを取り戻させる仕事を、しばしば引受けているのである。規制制度のなかで経営者は施設内において行政当局を代理する者である、ということを思いおこさねばならない。

地方での手続きは町によってさまざまである。一般には行政はそれほど厳しくない。といっても市当局はつねに娼家の開業及び営業について主導権を握っているし、閉鎖させることもできる。一九〇四年当時施行されていた四四五の条例中[162]、娼家について触れているものは二九四だけである。二九〇が予め許可を受けねばならないと定めており、四条例が届出だけでよいとしている。二四九条例が、女将が台帳を管理すると定め、二〇〇条例が、娼婦が辞めて店を出る時は警察に通知しなければならない、としている。また、九三条例が、外国人女性を雇ってはならないとし、一四六条例は、未成年者を住み込ませることを禁じている。

パリの条例では、女将に対して夫または愛人と売春宿内で同棲することを禁じている。この禁止事項の理由は明白である。さらに召使いとしては男性しか雇ってはならない。しかし、大手の娼家では毎月サロンの清掃をするので、住み込み娼婦の数以上の洗濯女、裁縫女、部屋係り、料理女といった下働きの女を使っているのである[163]。

女将の夫は、無職でないとすれば、近所でカフェか安ホテルを経営している場合がある。これはもぐりの売春に携わりやすい職種である。よくあるのは、女集めをして、妻の経営する娼家に送り込むということである。多くの女将

パリの娼家年平均純益と決算額

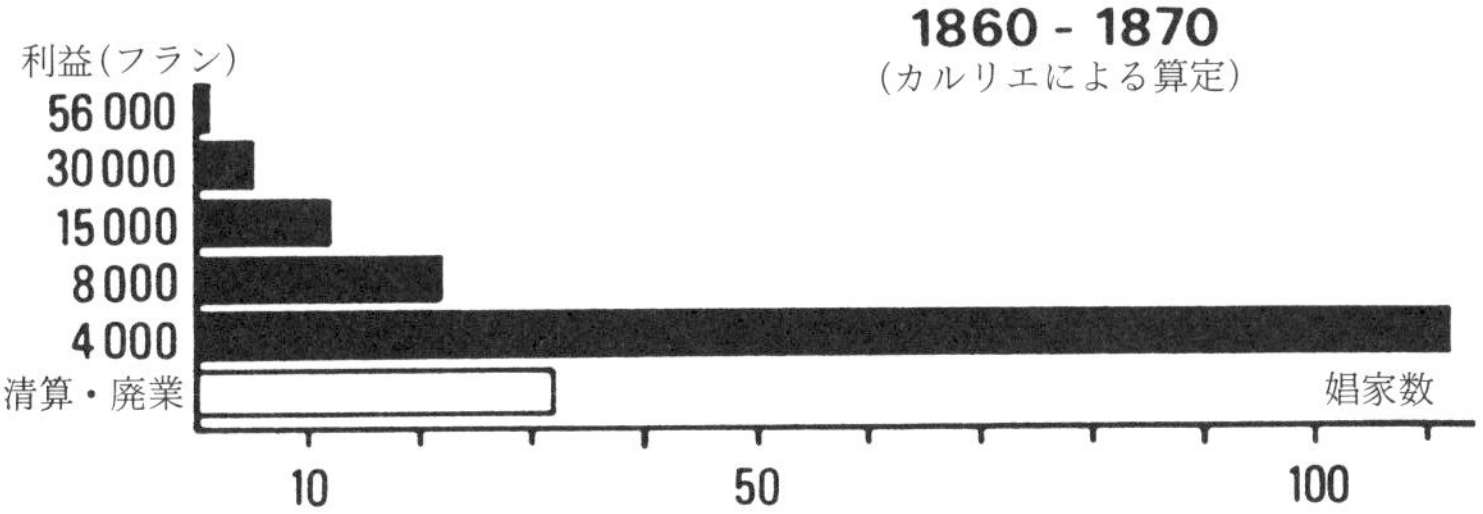

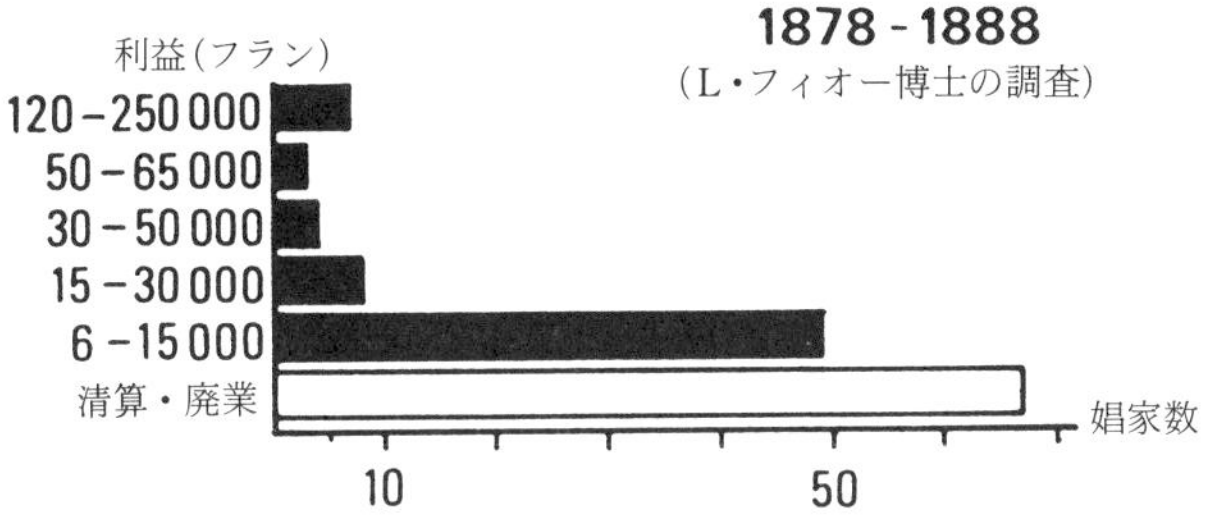

が同性愛者である、ということも忘れてはならない。このため、娼家内に激しい嫉妬騒ぎが起こることもある。

最高クラスの娼家の女将は、日常の運営を副女将にまかせて流行《はやり》の温泉地へ出かけてしまう。このような娼家のあげる利潤は、女将や地方の男性経営者が隠居する身になったときでも、恥ずかしくない生活をするのに十分足りるほどのものである。一八九〇年七月二十五日、ムーランの経営者エメ・プリュヴォは、彼の名を冠する養老院設立資金一〇〇万フランをパリ市に寄贈している(164)。

したがって、副女将の存在の重要であることが、よりいっそう理解できる。副女将は、三十歳をこえたかつて登録娼婦だった女か、非常に稀ではあるが女将の縁者であるが、彼女は、ドアの覗穴から客を確めたうえで自らドアを開けて客を迎え、女たちをサロンに集めて、客の女選びを手伝う。客をみて料金を決められるのは彼女である。概して副女将は男を見る目をもっており、選ばれた女が客の病的な嗜好に不安を抱いて彼女を呼んで相談したりすると、仲をとりなしたりするのである。娼婦たちは、女将に対してと同じように副女将に従順でなければならない。おおむね、副女将の給料は低い。フィオー博士によれば[165]、中級の娼家で月二五から四〇フランであり、ロイス博士によれば[166]、衣食住つきで二〇から三〇フランである。それでも大手娼家ではこの給料が総計二四〇〇から六〇〇〇フランにも達するのである。客に葉巻き、ボンボン、石鹼、避妊具などのこまごましたものを売ることで、副女将はこのうえさらにいくらかの利益を得られるのである。またこの上に、客からのチップと、自分を客の相手として選んでもらおうとする娼婦たちから贈られるプレゼントもある。

4　企業の業務

「処女売買[167]」に反対する感動的なキャンペーンがあるにはあったが、娼家入りする女が初心者であることはめったにないと確信できる。多くはもぐり、あるいは街娼として経験をつんできている[168]。したがって労働力確保に問題はない。特にパリでは容易なことである[169]。多くの女将にとっては、自分からやって来る女を採用するだけでいいのである。しかしながら、絶えず効果的な入れ替えが必要であるし、ひとたび借金を返済してしまうと、女たちは街娼になることを望んで出入りが激しいし、病気は頻発するしといった理由で、女将たちは時に人員確保の問題を抱えることがある。こうしたことは地方の娼家で特に生じるケースである。パリでも、女主人が娼婦たちを我慢できないような条件下に置いておくとき、同じことが起こる。また、女たちを編成する術《こつ》は店の評判を高める。やり手の女将であれば、女の半数以上を金髪で揃え、しかし栗色も置き、さらに少なくともひとりは、赤毛の女も提供できるようにするだろう。彼女は、「民族学的ヴァラエティーを配慮して[170]」、体質や性向のさまざまなものを取り揃えるよう気を配るであろう。「程よい大きさの乳房をもつ女」や「不良中学生のような体つきのやせた女……フラマンの女の隣りにはポルトガル出身のユダヤ女を、ボルドーの女かマルセイユの女がレバノンの女になりすまし、その横にはパリ近郊の小娘が並ぶ(171)」。有色人種も忘れない。民族学的ヴァラエティーは精神面にも現れねばならない。「歯をむき出していつも高笑いしている陽気な女が、夢見がちな女に混じっているのがよい。気取った女、もったいぶった様子の女が、おそろしく皮肉っぽい野性的な女と並んで居るのは、ちっとも女将の気に召さなくはない(172)」。要するに、多彩であるべく心がけるこの技術は、時代の求める幻想がどのようなものであったかをよりはっきりさせるためにも、体系的に分析される価値があるだろう。また、この多彩さを求めて絶えず女集めが必要となるのである。特に客が常連化しているとき、これは地方都市で見られる現象だが、常連を飽きさせないために絶えず女を新しく入れ替える必要がある。ということは、女集めのための大規模なリクルート網が存在するということである。

女衒たちは、女をかき集めるという秘密の商売を支えるために、職業紹介所(173)、病院あるいは無料診療所へ頻繁に足を運んだり、監獄の出口で売春婦の出所してくるのを待ちかまえたり、駅で田舎から上京してくる娘を狙ったりする。娼家の女将はもっと直接的な方法をとる場合が多い。といっても、個人営業の女ブローカーに頼ることもある。ボルドーの女将たちは(174)、無料診療所へ直接女を仕入れに行くことさえしている。トゥールーズの女将、ジャンヌ・サラベール(175)は、労働取引所《ブルス・デュ・トラヴァイユ》で雇ってきている。彼女の同業者のなかには、ホテルやレストラン、カフェなどのボーイ、クラブの支配人、あるいはもっと手軽に馬車の御者をブローカーとして使っているものもいる(176)。ヴェルサイユの娼家に住み込む女たちは、パリの城壁外の大通りに店を構えるブドウ酒業者たちに送りこまれた女たちである(177)。女集めが(178)、直接警察の手で請け負われることすら起こり得る。一九〇八年六月五日、行政当局はドラギニャンの一娼家の閉鎖を決定した。警察署長は、それまで住み込んでいた娼婦たちが散りぢりになって個々人勝手に売春するようになることを恐れ、「アンティーブの一娼家に彼女たちを送りこんだ。そこの女将が旅費もちで、彼女たちを引き取ることに同意したのである(179)」。

しかし普通は、女将の夫か愛人が募集係を務める。一九〇二年のラ・センヌでもトゥーロン(180)でも、そうであった。

女集めの目的で、彼は国中を回り、娼家を訪ね、自分の妻の娼家に来るよう女たちを説得し、女将たちには巧妙な交換を申し出る。時に募集係は外交員を装っていることもある。[181] さもなければ、女将は、周旋人を抱えている代理店に依頼することができる。代理店は新聞の三行広告欄を通して商品を提供する。その品質は広告に的確に詳細に描写され、これら「小荷物《コリ》」の販売は、国外での婦女売買が拡大するよりはるか以前には、実り多い商売だったのである。この、国外での婦女売買については後ほどじっくり考察しなければならないだろう。ブレストの女将たちは「女口入れ業者」に頼り、求める娼婦が土地のものか他所から来るものかによって、五フランないし六フランの手数料を払う。[182] 仲介を好まない女将は、女将仲間と直接交渉をする。この場合の小荷物の値段はほぼ女の抱えている借金の額に相当し、したがって、娼婦は前の女将に対してそうであったように、新しい女将に対しても、そのいいなりにならなければならない。

このような取引は、情報、推薦、商品の技術的長所、健康状態などさまざまな細部に触れた膨大な通信文を残すことになり、公娼制廃止論者たちの大いに利用するところとなった。[183] 最終的な取引は行なわれずに、需要の変動に応じた一時的な貸借が行なわれる場合も時にある。たとえば、予備兵たちが到着すると、臨機応変、ムーランの娼家の女たちがフォンテーヌブローの娼家へ、あるいは逆にフォンテーヌブローの娼婦たちがムーランへと、どっと流れこんだのである。もと予審判事であったデュマは、[184] パリ市議会の委員会のメンバーたちにむかって、このように指摘している。

「仕入れ」先、あるいは交換先は、地方によって異なる。パリの娼家はフランス全土、さらには外国からも女集めをしているのに対して、例えばブレストでは、[185] ナント、レンヌ、ロリアン、カンペール、モルレ、ルーアン、ル・アーヴルから仕入れ、ラ・センヌでは[186] マルセイユ、エクサン＝プロヴァンス、ニーム、モンペリエの娼家から集めている。古い記録が保存されていたリヨンの三軒の娼家の台帳を分析してみると、[187] 女たちの動向を正確に把握することができる。[188] つまりここでは、パリからの供給と、地方での女集めが重要であることが示されている。それ以外では、多くの女がローヌ河の中心地からさほど遠くない中都市から集まっている。すなわち、ジュネーヴ（四六人）、サン＝テチエンヌ（四一人）、グルノーブル（二六人）、マコン（一九人）、ヴィルブランシュ（一三人）、ロアンヌ、ヴィエンヌ、サン＝シャモン、シャンベリ、である。遠隔地からやって来て住み込みになる娼婦は比較的珍しい。一五人がマルセイユから来ているが、リヨンにおける売春規模の大きさからみれば、これは少ないものである。リヨンの三軒では、ローヌ地溝と中央山岳地帯から娼婦を集めている。首都は別にして、ロワール河以北の地方からは数人しか来ていない。[189] 以上のことはみな、マルセイユの場合とは異なる一典型である。というのは、マルセイユの女集めは地域的なものであると同時に、港と港をつなぐ線上にあるからである。

娼婦たちがどこから来て娼家に入り、そこを出てどこへ行くのか、この出所と行先を正確に対比してみることはむずかしい。彼女たちの一部（六一人）は、われわれが行方をつきとめることができないまま姿を消している。[190] パリとの交流比がマイナスであるのに対して、地方都市との交流比は断然プラスであるようにみえる。このことから一本の道筋を描くことができる。そしてこの道筋は、当時の集団的離村による必然的な移住の道筋と部分的に重なっている。たとえば、リヨンの売春宿は近隣の町の娘たちを引き寄せるのである。彼女たちの多くはいつかは出身地へ帰っていくのが事実だとしても、またこれが売春界の移動の特徴ともなっているとしても、それでも、ある者はもぐりの売春に入っていき、ある者はパリの魅力に引き寄せられていくのである。こうしてみると、リヨンはひとつの中継点であるように思われる。まったく同様のことは田舎生まれの娘たちについても言えることで、彼女たちにとって近隣の大都市は旅の一里塚となるのである。そうでない者にとっては、身の落着き先の地理的分布は、リクルート圏にそっくり呼応している。

娼婦たちの入れ替えは絶えず行なわれているものなのか、それとも季節ごとに行なわれるものなのかを知る目的で、娼婦たちの移動の月別分布を分析してみたが、これは興味深いことであった（一一二頁のグラフ参照）。まず、これら分析の対象となった娼家は落ち目の娼家でないことに注目したい。この期間はどこも欠員なしの営業が続けられていた。移動は春の終りと夏の初めに特に多いことを除けば、ひっきりなしであるとの印象を与える。住み込み娼婦が書き入れ時に娼家を去るような危険を冒すことは多くないし、また客の方は、夏休み明けに新しく入れ替えられた女と顔を合せるのを好むと思われる。冬は比較的移動の少ない時期であるようだ。気候の悪い時期であることが、娼婦たちの出て行きたい気持を抑えたものと理解できる。募集活動がもっとも低調なのが二月であることははっきり確認できる。これにはおそらく、四旬節*も影響していると見るべきであろう。

＊　キリスト教の復活祭を迎える前の四〇日間で、キリストの受難の苦しみをしのんで断食や精進につとめる期間。

同一娼家での滞在期間は場合に応じて相当に異なる。それでも全体的には、娼婦たちの大半は頻繁な移動ぶりを示している。このことは表を見れば明らかであるが、これらの表は、一九〇二年、ヴェルサイユの娼家で働いていた娼婦たちが同一娼家にいた平均滞在期間と、トゥーロンの娼家に就業中の女の滞在期間を表わすものである。(191) ブレストでは、市長の報告書によれば、娼婦たちは同一娼家に平均一五ヵ月留まっている。(192)

古記録の残っているリヨンの娼家三軒に一八八五年から一九一四年までに登録された娼婦五七三人中、(193) 八二・二％に当たる四七一人はその娼家に滞在したのが一度だけ、七六人（一三・二％）が二度、一一人（一・九％）が三度、六人（一・二％）が四度、五人（〇・八％）が五度、四人（〇・七％）が五度以上の滞在である。

一度限りの滞在期間（一一四頁のグラフ参照）と、何度も滞在をくりかえした一〇二人の最初の滞在期間とだけを検討してみると、(194) 次の三つの様態を見てとることができる。

——五六人（九・七％）は一週間以下の滞在である。その理由としては、この商売に馴染めない、店の習慣に適応できない、客の好みに合わない、短期間の代理としてやって来ただけである、といったことが挙げられるだろう。

——一六九人（二九・四％）は七日から三〇日までの期間であり、また、一一一人（一九・七％）は、三〇日から六〇日のあいだそこで働いている。全体の半数が、したがって移動組であり、彼女たちの入れ替えによって客の欲望に応じるのである。一九〇人（三三・一％）はこれより定着度は高いが、それでも彼女たちの滞在期間は一二ヵ月を越えることはない。

――逆に、どこの娼家も少数の長期滞在者を保護しているが、彼女たちの役目はおそらく、娼家のスタイルを持続させること、常連たちに永らく安定した店であるという印象を与えること、そして女将にとっては古参の彼女たちの力を借りることで、移動組をより支配しやすくする、ということであろう。一九〇〇年から一九一四年までのあいだで、四〇人が店を変えずに働いているが、その期間は一年から五年に及んでいる。五年以上という者が五人おり、そのうち一人は一〇年以上もその娼家に留まっている。さらに、その娼家には何度目かの滞在である娼婦のうち数名は、事実、その店の支柱となっている。彼女たちは不定期に何日かの休暇を取っただけである。客にはエステルの名で呼ばれていたセレスチーヌ・Bは、一九〇一年五月八日に娼家シュヴィヤに入った。彼女は一九一九年三月五日までここを出ないでいる。この一七年と一〇ヵ月のあいだに一一回出入りをしている。六回は、おそらく彼女の出身地であろうモンタルジへ数日間出かけている。彼女が一九一九年ついに引退して落着いたのもその町であった。四回はパリへしばらくのあいだ行っている。あとの二回は長期で、一九一一年四月二十五日にオルレアンに向かい、首都発で戻ってきたのが、やっと一九一二年六月二十五日であった。一九一五年にはモンタルジとパリに七ヵ月滞在している。マリー・……は一九〇九年三月二十五日同娼家に入り、一三回出入りしたのち一九二〇年三月八日最終的にここを去った。もっとも、慣習は売春宿によって異なるという点に注意しなければならない。つまり、娼家シュヴィヤの娼婦たちは、他の二軒の女たちよりも腰を落着けていたことは確かである。

一軒の娼家に留まっている期間が平均して短いといっても、多くの女たちの公娼としての経歴が短いわけではない。一九〇二年当時のヴェルサイユの娼婦たちの就業年数と、同時期のマルセイユとトゥーロンの住み込み娼婦が出たり入ったりした娼家数とを示すグラフを見ると、このことがよくわかる。(195) ブレストの娼婦たちは、当時平均六年住み込んでいたことも付け加えておこう。(196) 一九〇二年にトゥーロンの売春宿にいたL・……は一五年来住み込んでいる。彼女は十五歳のとき、周旋人によって、偽許可証を持たされ、ヴェルサイユの娼家に送り込まれてから一二軒の娼家で

リヨンの2娼家の台帳にみる
登録数月別分布　1902-1904年

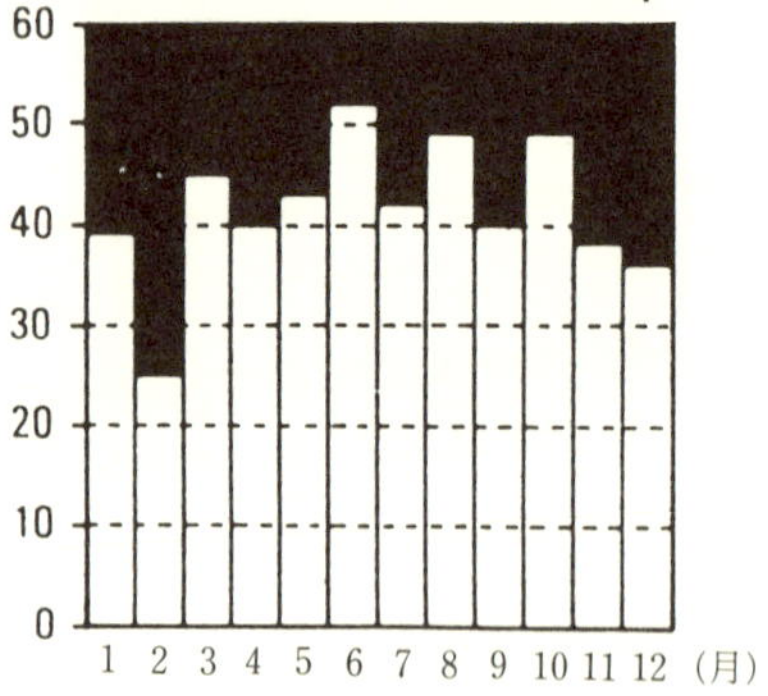

娼家を去る数の月別分布

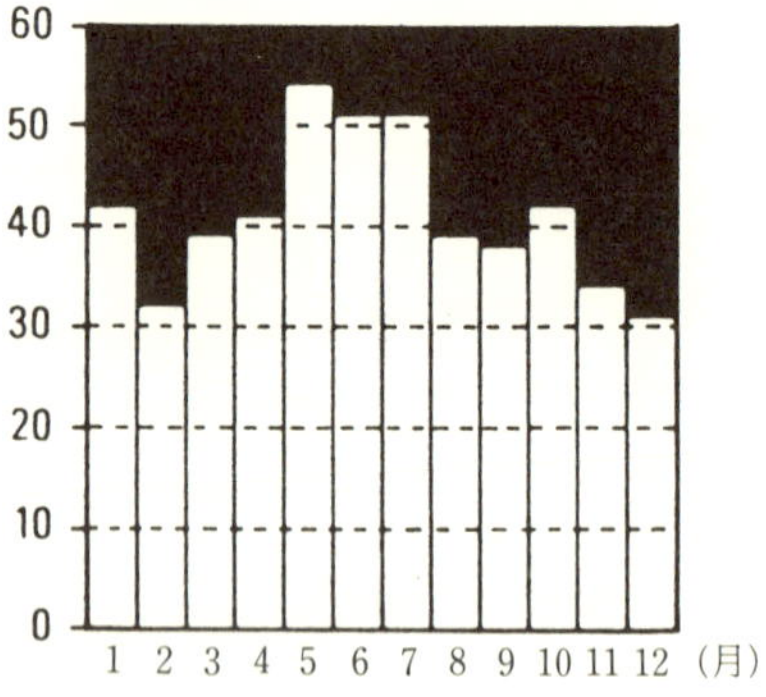

働いてきている。

一一五頁のグラフBは、住み込み娼婦の移動の激しさのもうひとつ別の側面を知らせるものである。つまり、こちらの方は渡り歩いた娼家数ではなく、マルセイユの娼婦たちがかつて働いたことのある都市の数を示している。時として住み込み娼婦は、互いに遠く離れた土地を転々とすることがある。一九〇二年当時三十三歳の娼婦P・……は、シャラント＝アンフェリウール生まれで[197]、お針子の仕事をしていたが、娼婦になって二〇年以上が経つ。彼女がトゥーロンの娼家に入ったのは六年前で、それ以前はボルドー、ポー、トゥーロン、パリ、ヴェルサイユ、ル・アーヴル、マルセイユで住み込みをしていた。逆にトゥーロンの女たちで地中海地方を離れなかったものもいる。ラシェル・M三十歳は、カストル生まれで、アイロンかけを仕事にしていた。娼婦になって一〇年、バスティア、アジャクシオ、モンペリエ、ニーム、タラスコン、マルセイユ、セット、トゥーロンの娼家暮しをしてきた。

結局、くりかえすが、娼家に忠誠を尽すのは住み込みの娼婦たちである。寡婦となった帽子屋のマリー・Bは一九〇二年には同一娼家に一七年いたことになる。フィル・Gは一三年同じところにいたが、ここが彼女の働いた唯一の娼家になった。

娼家に入ると女は自分の名前を失う(198)。以後は源氏名をもって生きる。多くの場合は、この仕事を続ける限り、娼家を変えてもこの名前で通す(199)。この分野での人名研究には教えられるところが多い。リヨンの三軒の住み込み娼婦の名前と源氏名(200)を比較してみると、第一に、もっともよくつけられる洗礼名マリー、ジャンヌ、ルイーズ、ジョゼフィーヌ、アンナが源氏名リストには見られないことに気づく。逆にもっとも多い源氏名（カルメン、ミニョン、スザンヌ、ルネ、アンドレ、マルセル、シモーヌ、オルガ、ヴィオレット、イヴェット、ポーレット）は洗礼名の方のリストには見当らないか、あってもほんの少しである。ベルトとブランシュは別にして、洗礼名と源氏名は別々の個有名詞系列をなしている。

二十世紀初頭《ベル・エポック》におけるリヨンの娼家の女たちの源氏名の種類はそれほど多くない。もっとも人気のある源氏名はどの娼家にもみられるものである。それらが選ばれるには、文学と音楽の影響がある。カルメンとミニョンがもっとも多いし、マノン、カメリア、ファンティーヌも同じ影響によるものである。さらに「エット」の指小辞付きの名詞が数多いことにも気づく。（ヴィオレット、イヴェット、ポーレット、ブリュネット、ブロンディネット、オデット、アルレット、ジョルジェット、リュセット、マリネット、ニネット、源氏名の六五％がこれに属する）。これはたぶん、娼婦の若さを強調するためであろう。そしてこれは二十世紀初頭に顕著であった、売春に若さを求める傾向を物語っている。逆に、サフォーを除くと(201)、ことさらエロティックな意味合いの名前や、いかにもプロを思わせる名前、倒錯的な名前はまるで見当らない。ここに、公娼に一致して認められる慎み深さのあかしを見るべきかもしれない。というのも、客は売春宿に性的刺激を求めると同時に、ブルジョワ的な、親密《アンティミテ》な雰囲気も持ちこまれていることを望むからである。また、異国情緒の香り高い名前（カルメンは別として）や、聖書の中のエロチスムに由来する源氏名は非常に少ないことに驚かされる。さらにスザンヌの存在は、老人の覗き趣味を彷彿とさせる絵画のテーマに結びつき、またあからさまでこれみよがしな純潔を描いたエロティックな戯画の存在に結びついていることにも、驚かされ

娼家の住込み娼婦．滞在期間

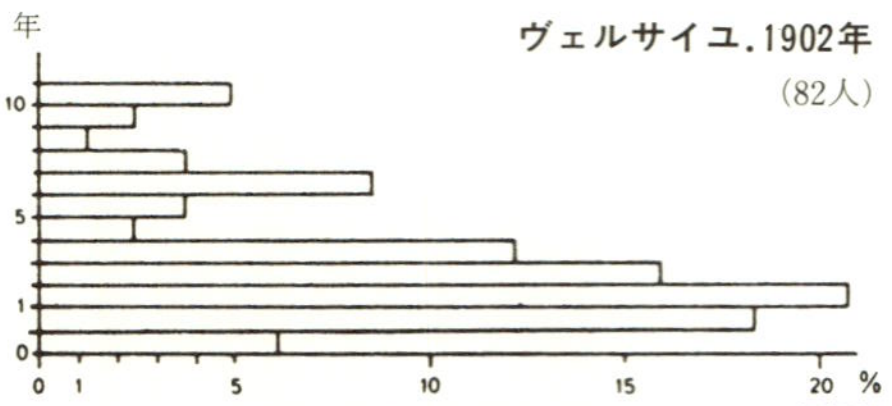

平均滞在期間(算定)

A)1902年のヴェルサイユの娼家に住み込んでいた娼婦らの同一娼家への平均滞在期間(1902年の調査の際に見られる算定。県保存資料)

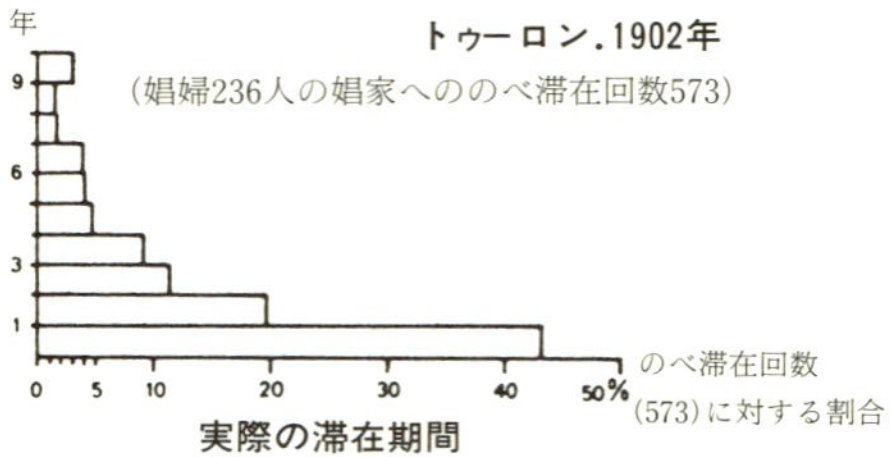

実際の滞在期間

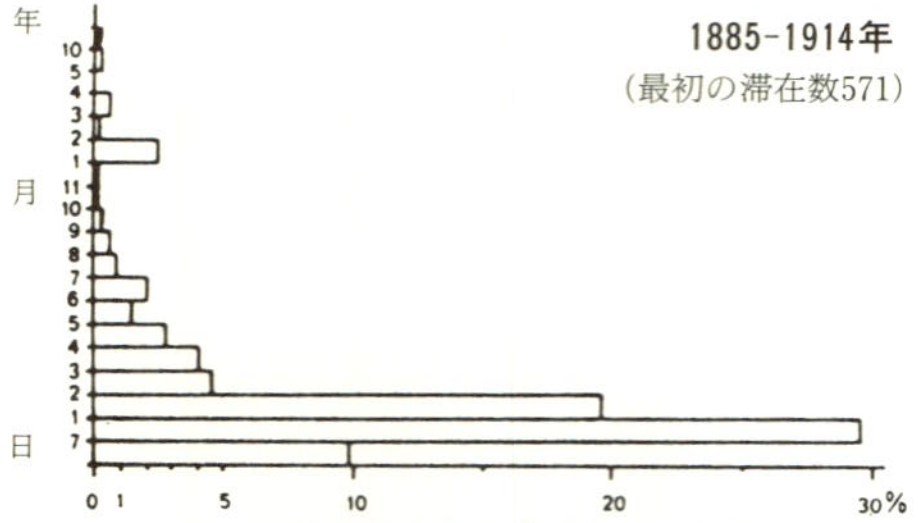

リヨンの3娼家に最初に滞在した期間

C)娼家の帳簿記録(1885-1914)から見たリヨンの3娼家住み込み娼婦の滞在期間。数回にわたって滞在した時は，最初の滞在日数をとっている。A)B)とC)とのあいだに見られる相違は，もともとの方法が異なっているからである。前者の場合，調査は一定の期間に限られて行なわれており，後者は最初の滞在の総てが算入されている。この通時的な方法によって，一定の期間に限って行なわれる調査では不可能な多くの短期滞在を算入することができる。つまり，前者では筆者が流星と呼びたいものの大半がもれてしまう。

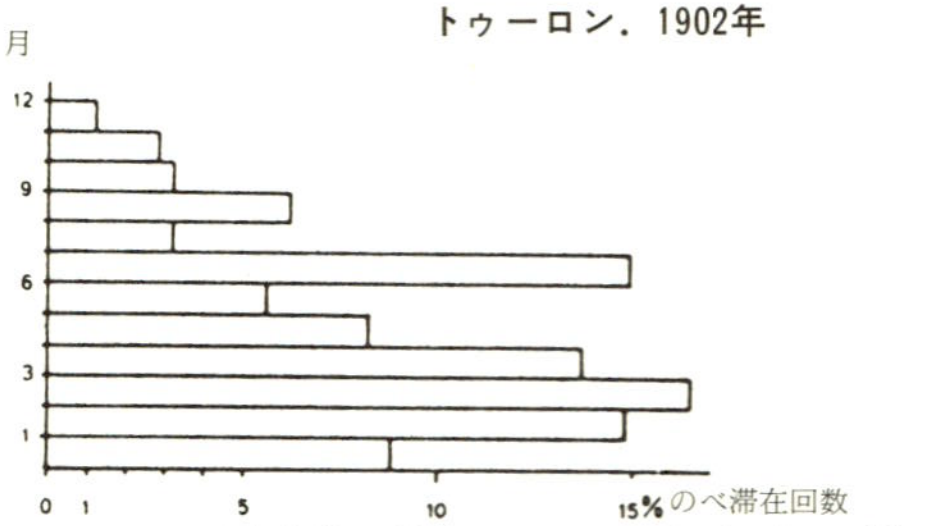

1年未満の娼家へののべ滞在回数(249)の滞在期間分布

B)1902年にトゥーロンの娼家で働いていた娼婦たちがよく出入りをくりかえした各娼家あたりの滞在期間(県保存記録)

住み込み娼婦——1902年

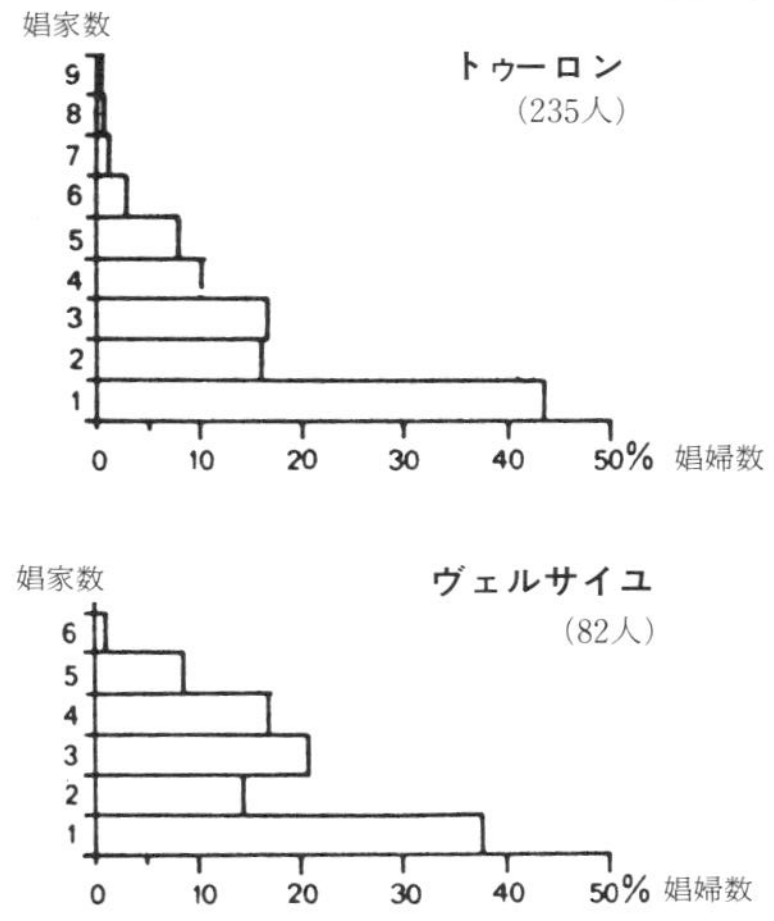

A)1902年当時トゥーロンとヴェルサイユの娼婦が就業したことのある娼家数(県保存記録)

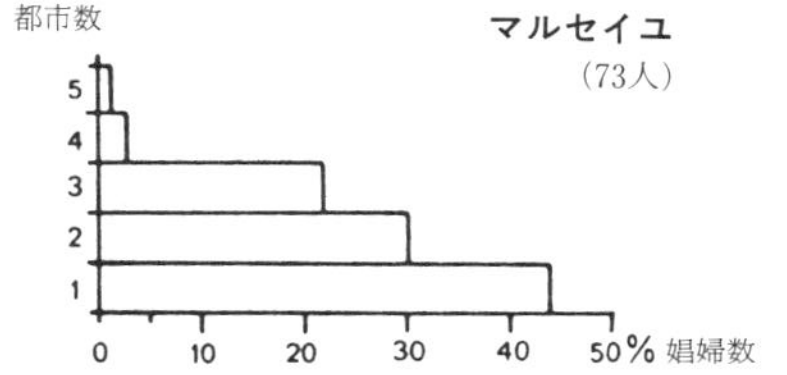

B)1902年当時マルセイユの娼家に住み込んでいた娼婦がそれまでに公娼として就業していた都市数(県保存記録)

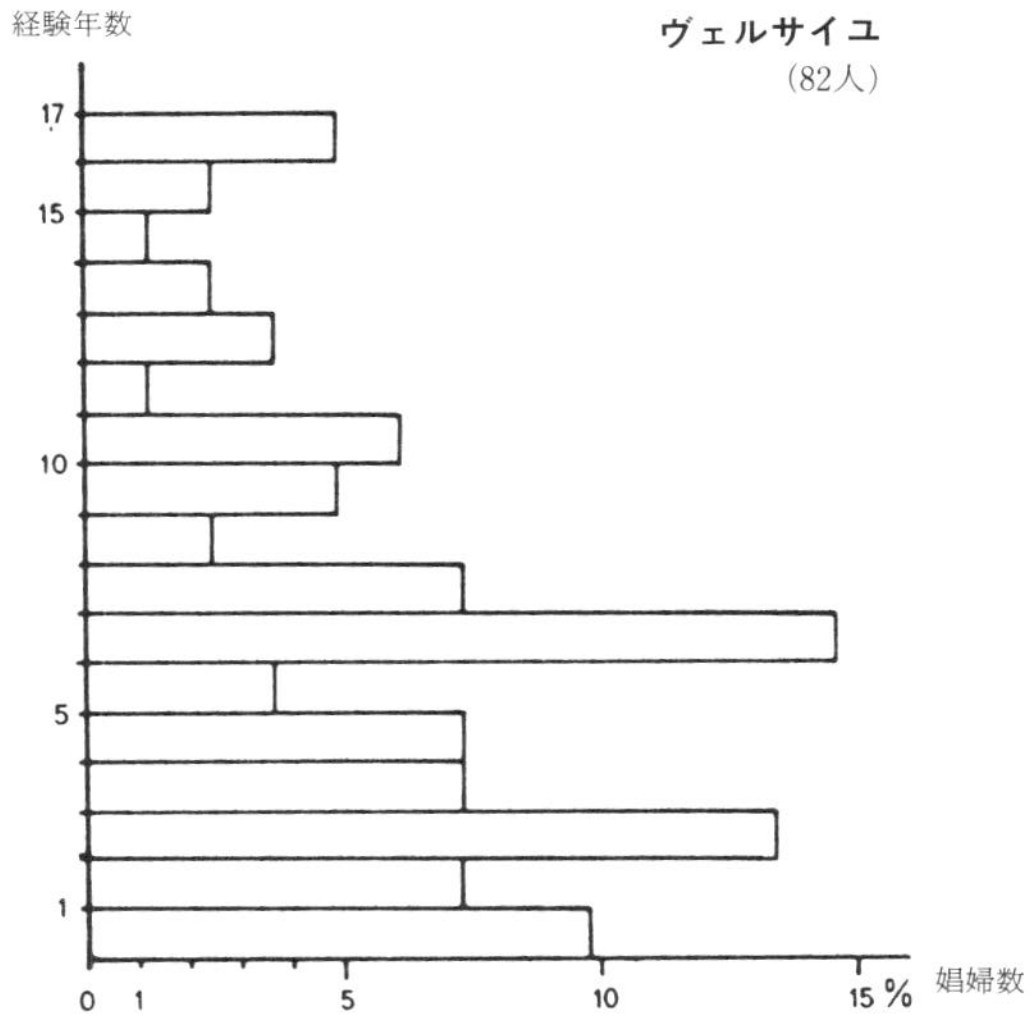

C)ヴェルサイユで就業中の住み込み娼婦の経験年数(県保存記録)

る。

娼家内では、売春婦たちは規則に従わねばならない。これは公娼制度の理論におのずから含まれていることである。この規則は各娼家に独自のものであり、これによって女将は娼婦たちを支配できるのである。最初の日にすぐ、女将と住み込みとなった娼婦のあいだで複式簿記が作られる。理屈の上では、女将は娼婦の衣食住費、光熱費、洗濯代をもたねばならないことになっている。それに対して、少なくともパリでは、ショート・タイムと泊まりの料金を受け取るのは女将である。したがって「愛の雇われ女《フィーユ・ダムール》」は「手袋」、すなわち客からの贈りもので我慢しなければならない。しかし娼婦が単なる「寄宿人」である場合は、ショート・タイム料金の半分を受け取るが、店によって一ヵ月九〇フランから二〇〇フランにおよぶ宿泊費を経営者に払わねばならない(202)。勘定は札《ジュトン》を使って行なわれる。これによって女将は、売春婦たちが「ピンハネ」と呼ぶところのことをしてごまかすことも時にはできる。地方では女たちは住み込みであってもなくても、普通は客の支払った額の半分を受け取る。一九〇二年当時ヴァール県では(203)、大衆相手の「並みの娼家」の女で一日五フランから六フランを手にすることができた。ブルジョワを客とする「高級娼家」の女で一日平均一五フランであった(204)。

女将の手腕は何といっても、雇っている女たちに借金をさせるように仕向けることである。実際のところ女たちは、最初から余裕などない状態である。周旋屋に払わねばならない手数料、旅費、旅行中の「着替え」あるいは衣裳の賃貸料、それに部屋着の賃貸料も女の借方に記入されるのである。その後は、召使いへのチップ、髪結との定期契約料、ペディキュア、マニキュアの定期契約料、医師の診察料、薬代、追加の洗濯ものの代金、高級娼家では宝石類の賃貸料、女将経営の店で買うさまざまな食料品の代金、これらが借金を増していく。外出はめったに許可されないので、娼婦は事実上女将のところで、煙草、香水、化粧石鹸、蠟燭、それについ欲しくなる流行の小物を、それも法外な値段で買わねばならない。サロンや食堂でその日特別に注文するご馳走やシャンペン、リキュール類はすべて娼婦の負担である。女将は、彼女たちにありがちの欠点、浪費癖を冷やかしながら、巧妙に消費へと仕向ける術を心得ている。

ここで思い起こさねばならないのは売春婦たちの気質、なかでも彼女たちの連帯意識の感覚である。このような女性の共同体では、極めてあからさまな人づきあいの形がとられる。各人が「順番で」ブルゴーニュ産のブドウ酒やシャンペンをおごる。勝負ごとに敗けた女は同輩たちをもてなさねばならない。自分の誕生日を祝うとき、仲間のひとりと格別に仲良くしようとするときも同様である。一年に何回かは、とりわけ女将の洗礼名の祝日〔洗礼名の同じ聖人の祝日〕には、みんなで女将を贈りもの攻めにしなければならないのである。最後に、規則に違反したときは、罰金を払わねばならない。食卓につく時間に遅れたり、女将に無礼をはたらいたり、あるいは、これが一番よく起こることであるが、客を親切にもてなさなかったりしたときである。

借金で首がまわらなくなって、娼婦が逃げ出そうとすれば、警察は女将が借金を取り戻せるよう配慮する。一九〇七年当時でもまだ、バニェール＝ド＝ビゴールの女将タラザック未亡人が、四五フランの借金のある女が娼家を去ろうとしたとき、身分証明書と衣類の引渡しを拒否したのに対して、法務大臣(205)は女将にその権利あり、と認めている。だからといって、売春婦が力ずくで娼家につなぎとめられていると想像すべきではないだろう。そういうことは公娼制廃止論者の書くメロドラマにまかせておこう。ある程度快適に、明日のことを心配せずに暮せる保証がある、飲みもの食べものは比較的豊富である、朝寝ができ、長い午後の時間をゲームやお喋りをして過ごせる、こうした気楽な生活が、結局は娼婦をこの制度にしっかりとつなぎとめることになるのである。借金は、たとえ娼家を変えることがあっても、必要とあれば、こういう生活を続けることの保証になるものなのである。

女将と共に外出することは、地方のいくつかの都市を除いて、ほとんど行なわれなくなっている。パリでもマルセイユでも流行らなくなった。その後は、多くの場合は二週間に一度、好きなように町を散歩する許可がおりるようになった。娼婦は「情夫」に会いに行き、そうしなければならないときには、細ぼそと倹約して貯めた金を男に渡してくる。娼婦エリザが恋人の軍人を殺すのは、こうした外出のある日のことであった。夕方、女は女将には花束を、主人《ムッシュー》には葉巻きを土産に持って帰る。

一般に、といってもパリの場合だが、検診は娼家内で行なわれる(206)。地方のいくつかの都市では、これはリヨンでもそうであることを見てきたが、住み込み娼婦は全員揃って、あるいはいくつかのグループに分かれて風紀取締り警察の無料診療所へ足を運ぶ。イヴ・ギヨに、閉じ込められている売春婦の解放のため一身を捧げようと決意させたのは、子どものころにレンヌ県で目撃したこういう彼女たちの行進の光景であった(207)。

客集めと娼婦の労働

パリの大手娼家の客は、縁故関係で募られる。鎧戸に囲まれていなければ、ここが昔は「遊び家」と呼ばれた娼家であると通行人にわかるような外観上の目印はほとんどない。逆に、街の売春宿と大衆的な淫売宿はそれとすぐにわかる。パリでも地方でも、角灯と周囲に高さ六〇センチメートルに達するようなナンバー札があることで、そこの商売の性質は一目瞭然である。一九〇四年当時(208)、二二の市の条例が角灯と大きなナンバー札を義務づけている。また六九条例が、娼家の入口と階段は、日没と同時に灯りで照らされるよう定めている(209)。郊外ではそのうえ壁がけばけばしく彩色されていることが多い。

マルセイユでは、女たちが当番で入口や廊下に立ち、同時に女中が戸口に立っている。一八七八年までパリでは、「客引き《マルシューズ》」となった元売春婦が店の前に陣取り、客になかでどんな楽しみが待っているかを売り込んで誘い込もうとした。女中を案内役に使うことはジゴ条例で禁じられたが(210)、思うに、知事カメカスの黙認によって、その後徐々に復活していった(211)。娼婦が当番で店の前の歩道を往来して客引きをするというのも見られる。もっともこのやり方は、第三共和政期になると姿を消す傾向にあった(212)。

行きずりの客は、そうしようと思えば、『レラン年報、フランス、アルジェリア、チュニジアおよびスイス、ベルギー、オランダ、イタリア、スペインの主要都市の社交の館(すなわち娼家)の住所録』を引いて、自分がいまいる町の、各タイプの娼家の所番地を知ることができる。売春宿の所番地と女将の名前のほかに、この年報の広告欄には、売春業に依存する出入り業者や、さまざまな関連商売の案内が見られる。

女将は、キューピッドや裸女の美しい絵入りの、店の内容と住所を書き込んだカードを街頭、ホテル、駅で配らせることもする。カフェやレストランのボーイ、ホテルのポーター、辻馬車の御者、時にはそのためにわざわざ雇われた者が、気のありそうな客に情報を与え、必要とあれば売春宿の戸口まで連れてくる。連れ込み宿に多いことであるが[213]、新聞の三行広告欄にもっとも設備の整った宿の住所とセールス・ポイントが堂々と載ることさえある。

娼家の女たちの仕事ぶりを推測することはもちろん難しい。それでもあらゆることから、街娼やもぐりの売春婦よりもはるかに苛酷であると考えられる。経営者は利益をあげることだけを考えるのだから、娼婦たちにはどんな客でも受け容れるように、どんな要求にも応じるようにと命令する。客の帰り際に二、三質問することで、女の客あしらいぶりを知ることはできるはずである。月経中でも仕事をするのが普通である。客にそれと気づかせないようにするために、女将は巧妙な粉飾手段をとる。副女将はこうした粉飾の専門家であり、その粉飾は彩色した牛や羊の腸膜の一部を貼りつけたり、淋病や梅毒に罹っている女の性器に赤色染料カーミンを塗ってごまかす、というものである[214]。妊娠中の娼婦も仕事を休むことはない。それればかりか、妊娠中の女がことさら求められることさえあるのである。

パリ市委員会のメンバー、ルベル博士は、娼家の女は一日平均七回から八回の性交渉をもつとしている[215]。一九〇二年、ラ・センヌの娼家の住み込み娼婦たちは一日平均五人のショート・タイムの客をとっている[216]。実をいえば、この平均値はあまり意味をもたない。なぜなら、多くの女は平日は休業同然で、土曜、日曜、謝肉祭、市のたつ日、徴兵検査の日、さらに博覧会の開催中などにたくさんの客を相手にしなければならないからである。フィオー博士は記録を調べた結果、娼婦の一晩に迎えいれる男が四人以下であることは珍しいと断言している[217]。多くの場合は七人、八人、一〇人あるいは一二人を迎えている。彼はこうした娼家の住み込み娼婦ローランドの例を挙げている。彼女は一晩に一六人の男を引き受けた[218]、と。娼婦街のありふれた娼家と大衆的な売春宿では平均はもっと低いのが普通である。客の集中するときがあまり一定していないからである。勤め人と労働者はおもに月初めに、それも土曜と月曜、彼らの給料日にやってくる。そういうときのショート・タイムの客数は一日に一五、二〇、さらに二五人まで達し得る、とイヴ・ギヨは推計している。[219]「月の十五日以降」は逆に「成績ゼロの夜が多い」[220]。これらの売春宿の月別にみる活動状況は、性犯罪の月別発生度に敷き写しのように一致している。すなわち、もっとも活況を呈するのは、五、六、七、八月であり、沈滞期は四旬節の期間内にある二月である。

実は、ショート・タイムと泊まり客の相手をすることは、娼家の女たちの仕事の一面にすぎない。サド－マゾ行為、女性同士の擦淫、活人画〔扮装して、絵のなかの人物のように、ポーズをとり客に見せるもの〕がだんだんと高級娼家の主たる活動内容になっていくのである。これはすでに二十世紀初頭にはみられるようになった[221]。

5 娼家の女の日常生活

一九〇四年当時、パリと一二四都市の条例が[222]、一部屋にふたりの娼婦を就寝させることを経営者に禁じ、また女たちに居室を整理整頓させておくようにと定めている。実際にはこうした命令が遵守されることはめったにない。あらゆる証言が一致して、しかも一九一四年当時まで、屋根裏部屋に設けられた汚い「犬小舎」「鶏舎」「蓋つき大箱」を最大限陰気な色調で描いている。ここで娼婦たちはふたりずつ折り重なって寝る。

南京虫のうようよしている藁マットを敷いた鉄製ベッドひとつ、木のテーブルひとつ、藁を詰めた椅子ひとつ、これが、娼婦たちが「犬小舎」に住んでいるわけではない場合に、自由にできる部屋の家具のすべてである。窓はすべて閉めたままでなければならない。一九〇四年当時でもまだ、一九九の条例が、窓には格子をはめるよう定めている[223]。さらに七九の条例は、戸口や窓から娼婦が姿を見せることを禁じている。この点では、一流の娼家の女たちも、大衆的な淫売宿の同業者たちより恵まれていたとはいいがたい[224]。

女たちの朝は大変遅く、普通は十時から十一時のあいだに起床する。一日のはじまりは、入浴、身仕度、結髪にあてられるが、この結髪のややこしさが娼家付の結髪師の手間をとらせる。次に化粧のときがくる。すなわち、顔を極端に白く、あるいはバラ色に塗り、肌の透明感を装うために細く青い静脈を描きこむ。下級娼家では、年をとった売春婦たちが、自分で不器用に髪を結ったあと、魚膠《にべ》〔海魚ニベの鰾《うきぶくろ》から作られる膠《にかわ》。粘着力が強い。〕を主成分とする下塗り(225)でしわを塗りこめることで我慢する。

昼食後は、果てしないお喋りと、煙草の煙りのなかのトランプ、または福引遊《ロト》びにあてられる長い午後がはじまる。この時間に、音楽の心得のあるものはピアノを弾き、あるものは小説を読む。会話の内容は変化に乏しい(226)。フィオー博士によれば、会話はおもに仕事の実際面にかかわる事柄である。地方の娼家では一般に庭を開放している(227)。女たちはここでいくらか散歩することができる。

食事は品数も豊富で量もたっぷりである。食事は女将が同席して、ブルジョワ風の威厳に充ちた雰囲気の中で摂られる。女将が入ってくると女たちは起立して、一般には静粛を保たねばならない。失言、無作法、騒がしい会話だけでも、ブルジョワ風の娼家では叱責の対象となる。この食事時間は普通の家族的なホテルのそれとはかなり異なる。パリのブルジョワ風娼家(228)の女たちは、一日四回の食事をする。十一時か正午の一回目は三品にデザートとブドウ酒半壜。二回目の夕食は五時か六時に用意されるいちばんたっぷりした食事で、一回目の品数にポタージュとコーヒーが加えられる。さらにマセによれば午前零時と五時に、ロイス博士によれば午前二時だけだが、冷肉とサラダにブドウ酒つきの夜食が用意される。

夕食が終ると、客を迎えるまえに女たちはそれぞれの部屋に上って、夜の化粧をし、仕事用の衣裳に着替える。すなわち、「刺繍がしてあるか透かし模様の白、バラ色あるいは黒の絹のストッキング、ひどく華奢《きゃしゃ》で踵の高い靴、いやに透けて見える黒あるいは白のレースか紗《ゴース》の部屋着《ペニョワール》または肌着《シュミーズ》」(229)などである。ブルジョワ相手の娼家の場合、女たちはこれにブレスレット、指環、ネックレスで身仕度を仕上げる。大衆的なところでも一日の運びはだいたい同じようなものであるが、ただ食事の質と住居の贅沢さは別である。

地方では、開店時間は都市によってまちまちである。[230] いくつかの条例は、たとえばアミアンの例にみるように、午前零時の閉店を義務づけている。逆にパリの大手娼家では、十一時から朝の二時までが活況を呈する。したがってサロンで客待ちをする時間はそれだけ長くなる。「カモ」、すなわち客が来ると、主客間に通される。そこにはそれぞれ決められた順番で娼婦たちが二列に並んでいる。彼女たちは誰もが、自分を選ぶよう口に出してはいわないが、目くばせや笑顔で、あるいはまた舌を動かしたり挑発的なポーズをとることで客の気をひこうと努める。自分の好みの女に手を差しのべたあと客は、副女将にともなわれて客間を出て娼婦と一緒に部屋に上り、女が身をまかせる前のみそぎを済ませるのを待つ。大衆的な淫売宿では、女遊びは酒場内で行なわれる。娼婦たちはひとりひとり順番に客を誘う。交渉相手が承諾すると女はその客と飲みはじめ、愛撫によって、客が部屋にあがって関係をもつ気になるように仕向ける。

娼家の女たちの生活は、その単調さにおいてかくのごときものである。女将と一緒に外出する習慣がなくなってからは、毎日の単調さを破る機会は彼女たちにはめったに訪れない。それでも、二人の娼婦の「結婚」とマダムの祝日と、後になっては七月十四日の革命記念日のイリュミネーション見物に出かけた例を挙げることができる。[231]『テリエ館』に描かれている聖体拝領のための休業、住み込み娼婦たちのエスケープなどは明らかに、眩しい文学的想念でしかないのである。

さて、娼婦たちが監禁状態を打ち破るために、ときに「姿をくらます」ことはあっても、[232] 暴力を用いることはなかった、と認めざるを得ない。抗議は口頭によるものに留まる。われわれが知るかぎり、暴力的反抗はただ一件、一八六七年にあっただけである。それは、パルトネーのある娼家の女たちが、自由奪還のために店に火を放ったものである。[233] 公娼たちの反逆の舞台はまず第一に病院であった。[234] ここは監獄になりうることはあっても、[235] 彼女たちの仕事場ではない。売春婦たちを暴力的な抗議に立ち上らせるものは、彼女たちから仕事を奪うということなのである。

包み隠しがないという点で、公娼の売春宿は、ある観点からすれば、反《アンチ》＝いかがわしい店、反《アンチ》＝陋屋《ろうおく》、すなわち、もぐりの売春宿が象徴するものとは正反対のものである。なるほどここは、G・ド・モリナリが、人類が生き残るうえで必要不可欠なものであるとみなした漲り溢れる性欲を放出させるところではあるが(236)、しかしまた同時に、グループ・セックスの禁止、乱交禁止を明示してもいる。すなわち、条例にしたがって、一組に一部屋をあてがうことによってブルジョワの家庭的雰囲気を反映させているのである(237)。この点で、一世紀ものあいだ観察者と行政官の怒りの対象となってきたのは客を迎える個室のことではなく、仕事時間外に娼婦たちが詰め込まれる「蓋つき大箱」の方であったことが明らかになる。無秩序な肉体の混淆、もっと悪いことには同性による無秩序な肉体の混淆がここに生まれるからである。

二　鑑札もち娼婦——過渡的地位

鑑札をもつ娼婦、すなわち街娼は、ミルール博士の言葉を借りれば(238)、登録し公認された売春婦のなかの貴族である。なるほど、彼女たちの存在は行政当局によって正式に公認されているのであるが、行政側としてはこうすることで、素人の女工などが時たまする売春と、多くはもぐりの売春をより一層取り締まることを目指しているのである。しかしここで急いで付け加えねばならないが、「鑑札もち娼婦」を認めていない市条例もあるのである。例えばドラギニャンのそれは、一八七四年の段階では、娼婦に対して娼家以外のところに住むことを禁じている(239)。

街娼は強制的な臨検を受ける(240)。パリでは、理論上は、彼女たちが家具付きの部屋を借りることを禁じている。したがって、彼女たちが一部屋かあるいはアパルトマンを借りようとすると、家主や室内装飾業者のいいなりになって家具を入れねばならないことになる。[241] 家賃の高騰で彼女たちは次第に町の中心から周縁地へと追いやられる。しかし注目すべきは、警視庁は街娼に公認の娼家で売春することを認める場合もある、ということである。娼家は、彼女たちにとっての連れ込み宿の機能をも同時に果たしているのである。[242] 一八七八年当時、一二七軒中三六軒がそのための認可を得ていた。

ボルドーの規則はさらに複雑である。行政当局は、第二のカテゴリーに入る街娼に対して、下級売春に当てられている地区内の娼家の家具付部屋に間借りすることを強制している。彼女たちはこうした娼家の一階にあって道路に直接面している部屋に住む。戸口の敷居に腰かけ、昼間はずっと、そして夜も何時間か客引きをするのである。ボルドーの街娼のなかの最高級クラスのものになると、これとは違って、売春宿や連れ込み宿に出入りすることが黙認された。[243]

マルセイユの街娼は、理論上は、指定地区に居住しなければならない。しかし実際には、彼女たちは年々この囲いの外へ出て行く傾向をみせはじめる。鑑札もちの娼婦の仕事場として行政当局が認めているわけではないのだが、いわば第二の指定地区が自然発生的に形成されている、と一八七二年には市長が、[244] 一八七六年には中央署署長が[245] 書きとめている。[246] この地区の六〇軒が当時あきらかに連れ込み娼家《メゾン・ド・パス》であった。さらに同市の五五の家具付安ホテルが街娼に貸し与えられ、多くはもぐりの売春婦も一緒であった。一九〇二年の時点で、[247] この傾向は進み、鑑札もち娼婦七〇〇人中四四八人がマルセイユの一七〇の家具付部屋、ホテル、あるいは、それぞれ誰かが彼女らのために借りた部屋に「内密に」居住していた。

市条例は街娼の行動を厳しく規制している。パリでは、街頭あるいは公共の場で、夜七時以前と十時または十一時以後は、客引きはおろか姿を見せることすら禁じている。煽情的な化粧や歩き方をしてはならないし、「無帽」でなければ、歩きまわることはできない。町なかでの客引きに対して規制主義者たちの抱く危惧はしつこいほどのものであり、たとえただの通行人にでも体が触れるようなことがあってはならないし、みだらなしぐさや言葉で気をそそること、とりわけ窓から招くことを禁じているところにも、それは窺える。

一九〇四年、エンヌカンは鑑札もち娼婦に課せられていたあらゆる禁止事項を分析しているが、その分析結果は彼女たちが強いられる厳しい暮し方を浮き彫りにしている。また行政は娼家の外で仕事をすることをしぶしぶ認めているにすぎないということをよく伝えている。同年の三五一の条例は、カフェに入ることを禁じており、三二九の条例が公道、それもとりわけ高等学校《リセ》と兵舎近くで立ち止まることを禁じ、二四七の条例が窓から姿を見せること、五一の条例が聞きとれるようなみだらな言葉を発すること、六二の条例が自宅で子どもを世話することをそれぞれ禁止している。三三四の条例が、出歩ける時間をはっきりと定めている。一七の条例が幌なしの車で外出すること、あるいは車で男性と出かけることを、一三の条例が許可なく劇場に出かけることを禁止している。ラ・ロシェル[248]の一八八六年の条例では、警察署長が指定した劇場内の座席に座ることを義務づけている。一八七四年以来ナンシーで施行されていた条例は、「街娼の住むアパルトマンの窓はすりガラスをはめ、南京錠のかかる鎧戸を備えていない限りつねに閉めておき……住居内にあっては、あらゆる物音、騒ぎ、喧嘩、および一般に他の住人や通行人の耳目を引くようなことは控えること[249]」と明確に定めている。

これらは理論上の禁止事項であって、とても守りきれるものでないのはいうまでもない。これらの禁止事項があるので、警官はその気になれば、規則に違反したとして街娼のだれかれを逮捕することができるのである。実際は風紀課はまったくのジレンマに立たされていた。つまり、客引きに従事する街娼は自分の仕事の内容を「貞淑な妻たち」、とりわけ若い娘や子どもたちに悟られるようないかなる破廉恥な態度も慎まねばならない。しかし同時に彼女は、売春相手の客に対しては、それとはっきりわかる態度を示さねばならないからである。

実際のところ公認の街娼は、大勢のもぐりで働く街娼にまぎれこんでいる。その行動も、何度も描写されてきたもぐりの売春婦のそれとあまり変わらない。鑑札もちの娼婦はいってみれば、規制主義者の理想とする娼家と、大都市にはびこり多くの場合は金銭ずくに帰着するところの広汎なもぐりの売春との中間に位置している。「街娼」は、いくらかでも自由を取り戻そうと決意した、かつては娼家に住み込んでいた女という場合もある。(250) また、登録娼婦の多くはかつてもぐりであり、鑑札もち娼婦の大半は「姿をくらまして」しまってもぐりの側に入っていく。すなわち、このふたつのグループは絶えず循環しているのだ、ということを記憶しておくべきだろう。鑑札もちの娼婦との交渉を避けるブルジョワ階級の男もいるので、鑑札もちの娼婦がもぐりを装うこともある。ブーローニュの森やシャンゼリゼで客を引く多くの「遊び用の女」がそのケースであった。

鑑札もちの娼婦は、客たちによる合資会社とも呼べるようなものを作ることがあった。それは、知人同士の紳士たちが共同で彼女のサーヴィスを買うことにして、訪問日を割りふり合うといったそういうグループを、娼婦が特に優遇するというものだが、鑑札もちの娼婦は行政当局の許可を得ているため、その分もぐりの売春婦よりも実行しやすく、それだけにかなり多く見られた。紳士たちのこうした一種の結社は、性病に罹る危険性を著しく減らす利点があったということを示している。(251)

嫉妬の念から鑑札もちの娼婦ともぐりの娼婦のあいだに激烈な緊張関係が生まれることがある。この場合、もぐりの売春婦の方が同業者による密告の犠牲者となることが多い。それもそのはずである。なにしろ、風紀取締り警官の監視の目が十分に届かない街区では、客がもぐりの売春婦の方に流れがちであることを、公娼たちは身をもって知っているからである。

「街娼」が登録簿に記載されているからといって、行政当局の支配に全面的に服しているとする見方は、やはり行き過ぎであろう。彼女たちはもぐりの売春婦と同じく、たいていはヒモの支配下に置かれているのだし、後で述べる素人の臨時売春の場合と同じことが、多くの場合鑑札もち娼婦についてもいえるからである。彼女たちは、規制主義者が望んでいるような囲いを越えたところで商売をしているとはいえ、だがしかし、やはり警察の絶えざる監視、病院への強制入院、投獄への恐怖などを免れるものではないのである。

三　病院

病院に関しては、規制主義の理論に適う二つの側面での進展が見られる。ひとつは、公娼の健康管理が強化され、それも七月王政初頭以後著しく改善されたということである。一般病院に売春婦のための特別病棟が設けられたこと、あるいはまた売春婦を収容する監獄に病室が設けられたこと、大都市では風紀取締り警察と医療機関が緊密な連繋をとるようになったこと、より頻繁でより監督の行き届く検診を義務づけたこと、婦人科診察の状況改善、なかでもカルテ、関係書類の系統的分類法が確立したこと、これはときに念入りすぎることもあったとはいえ、これらの事が、診察技術の進歩は別にして、健康管理の向上と確立を促進することになった。このような医療面での管理体制は同時に、風紀取締りを目的とする行政当局の売春婦監督・支配をさらに容易にすることでもあった。すなわち、規制主義の計画はますますはっきりと現実化されていくわけである。

他のひとつは、その代わりに、ときを同じくして、性病患者の治療をまるで懲罰を科すような形で行なう旧来のやり方が減少したということである。「下品な病い」の犠牲者はルネサンス期以降、暴力的な治療の対象になり、また、しばしばその不品行を罰し、肉の快楽を償わせる目的で公衆が折檻を与えてきたことは、思い起こすまでもないことである。鞭が姿を消し、独房の使用は減り、一定の時間に食物を与えないとか最低限の設備を怠るといった肉体的虐待は、大都市ではかなり速やかに前向きに放棄されていった。これらのことはとりもなおさず、考え方と懲罰方法とが全体的に大きく変化したことを物語っている。この二面の進展は、行政にたずさわる者たちの、道徳的な側面を第一に考える立場から、次第に保健衛生を考慮する方向へと変化していったことの証拠である。この進展はまもなく、新規制主義の出現を招き、性病に対して男性側が強い不安を抱くようになるという形で現われる。とはいえ、こうした認識面と実践面での変化は、地方によってまた都市の規模によって遅い早いの違いがある。その違いの大きさには驚かざるを得ない。いくつかの大都市、特にパリやリヨンでは、性病に罹っている売春婦と「性病に罹っている一般市民」を区別している。そのこと自体が、一層売春婦をアウトサイダー化することにつながる。売春婦は病院か特別のサーヴィス機関で治療を受ける。そこでは彼女たちも人間らしい治療を受ける恩恵にあずかるが、だからといって、行政当局が以前にも増して彼女たちを厳しく監禁することを妨げるものではなかった。反対に中規模の都市の多くでは、一般病院は性病患者の治療を拒否し続ける。[252] 同様に共済組合の大多数の規定が、普通は組合によって認められている特典も、恥ずべき病気の犠牲者には適用されない、としている。[253] このような地方都市において性病に罹っている女性といえばまずは売春婦であり、彼女たち用の病室に他の病気の女を入れる場合があっても、たいていは入院患者を一括して全員、旧態依然の厳しさでとり扱っている。南京錠のかかる柵、格子窓、土牢が、いくつかの地方では、第一次世界大戦まで普通に使用されていた。

1　保健衛生管理の進歩、あるいは「御上《おかみ》のペニス[254]」

衛生管理は、公娼の活動と生活状況全般にわたって行使される全面管理の一要素であると同時に、これによって監視を可能にする、特にすぐれた方法でもある。実際、真の機軸、あるいはロイス博士の表現を借りれば、さまざまな事実のなかに示される規制制度の「大黒柱[255]」は、無料診療所なのであって、監獄病院なのではない。

検診は公娼たちの最大の関心事であり話題の中心である。[256] このことをよく理解するためには、女性器の診察を羞恥心を傷つけるもの、さらにはほんとうの強姦とさえみなしていた時代の偏見を考慮しなければならない。このような偏見は公娼制廃止論者の書くものに常に見られることである。[257] 検診に関してはコチコチの規制主義者ですら大きな悩みと感じていた。ミルール博士は検診は必要であるとしながらも、これをやはりひとつの「烙印」、「卑しい行為」、「人間の尊厳を傷つけるもの」[258]と考えている。また、一八五九年、破棄院〔フランスの最高裁判所〕の検事総長デュパンは、娼婦の投獄を検診より重大なことと考えていなかった。

公娼の検診の展開に関するいくらか総合的な図表を作成することは、地方によって状況が著しく異なっていることを考えれば、残念ながらむずかしいことである。一八八〇年代末のパリおよびナントでは、街娼は二週間ごとに検診を受けている。大都市の多くが週に一度の検診を規則で義務づけている。マルセイユ、ボルドー、リヨン、リール、アミアン、ブザンソン、ランス[259]、ブレスト、レンヌ、トゥールーズ、モンペリエ[260]がそれである。ディエップ、ディジョン、アングレーム、シャロン、ダンケルク、ラヴァルの街娼は月三回受診しなければならなかった。一九〇四年当時、登録娼婦は検診を受けねばならないと定めている三二二の条例中二〇八条例が、毎週の受診を、五五条例が月三回、四六条例が月二回としている[261]。一九〇四年といえば、新規制主義が発展して、すでに衛生管理が強化されていた時であるのは事実である。

パリとその近郊では、娼家住み込みの娼婦の検診は娼家内で行なわれた。各娼家は診察器具、子宮鏡、ピンセットなどの必要器具を備えていなければならない。風紀課嘱託の一五人の医師のひとりがそこで週一回の検診をする。診察結果は経営者の台帳に記入される。病気と診断された娼婦はサン=ラザール医療刑務所に送られる。次の検診日までのあいだに娼婦が発病した場合には、女将は無料診療所で診察を受けさせる義務がある。新しく雇い入れた女についても同様でなければならない。実際には経営者は、すでに見てきたように、病気の女の病変を隠そうとするのが普通であった。そのうえ、あまり長いあいだ仕事を休ませないために、どうしても町医者に治療させる道をとりがちである。つけ加えれば、街娼で自分から出向けないものは、風紀課の嘱託医に自宅まで来てもらって治療を受ける。マルセイユやリール[262]でも、娼家の女は娼家に医師を迎えている。

首都では、無料診療所の検診は日曜日を除く毎日、十一時から十七時まで行なわれている。街娼と客引きの現行犯

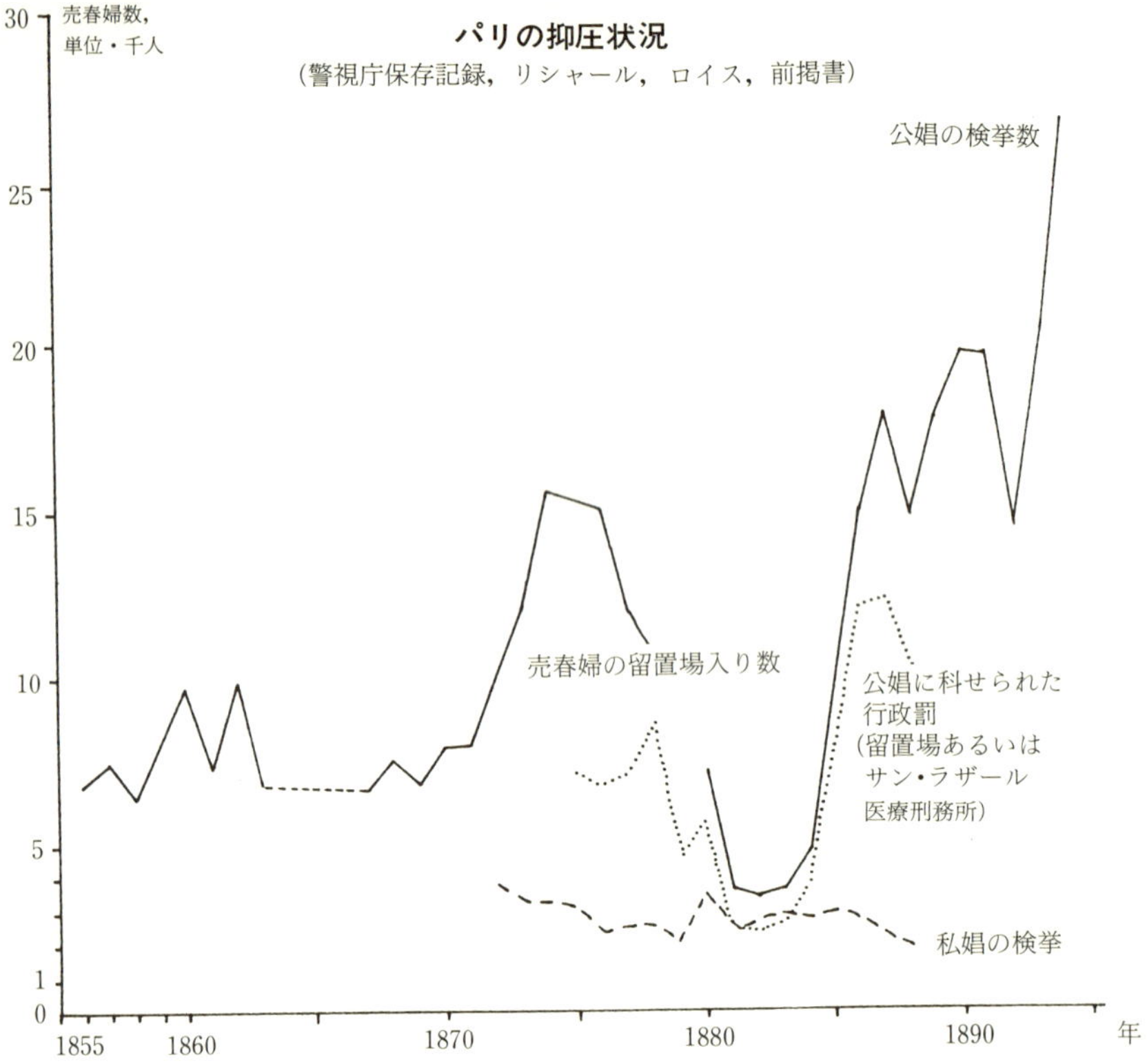

で逮捕されたもぐりの売春婦は、ここで検査される。さらにサン＝ラザール医療刑務所に入院していて、そこの医師に完治を認められた売春婦も、ここで管理のための検診を受けることになっている。

パリの売春婦に課せられていた検診税ははるか以前に廃止されていた。自治体保健衛生業務の支出をカバーしてきたこの種の営業税は、道徳に反するとして激しい批判を浴びたからである。しかし第三共和政初期では、さらにはもっと後までも、検診税をとり続けた町は多い。一八七三年ブレストで娼家の女たちの保健業務が徴収した税金は「一万四四〇〇フランにのぼる」[263]。これは経営者側に大変な不満を生じさせた。マルセイユでは「娼家の種類、格式、等級」[264]によって、また「街娼の身なりの豪華さ程度」[265]によって税率が異なる。街娼は理由書を貼付した請願書を提出して「区分」を変えてもらうことができた。検診税は一フラン、二フランないし三フランに分かれる。一九〇四年でもなお[266]、この点に関する規定をもつ一六八条例中八六の条例が税の徴収を定めている。他の八二の町では完全に無料にしているか、あるいはごく貧しい売春婦を無料にしている。一八七九年に国務院《コンセーユ・デタ》がその違法性を宣言してから後この税徴収は、自治体の予算に計上されることはなくなった。エンヌカンによれば、衛生管理は、非常に多くの場合、自治体にとってはひとつの財源だったのである。

リヨン同様、ボルドー、ルーアンでは[267]、第三共和政初頭にはより緻密なシステムをとったことで、登録娼婦のあいだに自然にいくつかのグループ分けができた。すなわち、無料で検診を希望する娼婦たちのために一定の時間が当てられ、その他の娼婦は税金を払わねばならないのである。後者の女たちは、混みあう時間を避けられるこのシステムをよしとする比較的金銭に余裕のある娼婦たちである。

クロワ＝デ＝プチ＝シャン通りに設置されていたパリの無料診療所は、一八四三年以後オルロージュ河岸の警視庁の中庭に置かれ、風紀取締り警察の留置場、二四時間窓口、行政部局に直接隣接していた。同じようなタイプの構造はリヨンにも見られたし[268]、また、このように一ヵ所に集める構造は規制主義者のもっとも切実な願いに適うものであることもわれわれは知っている。マルセイユは一八二一年以来、保健衛生無料診療所[269]を持っていた。それは監獄通《リュ・ド・プリ》り《ゾン》にあって留置場と同じ建物内にあった。ラヴァルのそれも、「監獄に隣接する特定施設」となっている[270]。

衛生管理に携わる医師は、規制主義の計画に賛同したうえで、警視総監によって任命される。これは一八八八年まで続いた。これらの医師は、もぐりの売春婦の管理と検診を専門とするチーフの医師の配下に置かれる。同じようにして、マルセイユの保健機関の検査官＝医師は、知事が市長によって提出されたリストをもとに任命している。

パリの無料診療所の機能のあり方は、非常に早い時期から激しい攻撃の対象となった。規制主義の制度の軸として、もっとも激烈な異議にさらされ続けることになる制度なのである[271]。実に多くのさまざまな事実が批判をよんだといわねばならない。検診は極端に早いテンポで進められる。一人の医師が二四時間で診る人数は四〇〇人に達する、とクレルク博士は断言している[272]。そういう彼自身、ひとりの娼婦を三〇秒で検診できると自慢している[273]。すでにカルリエ[274]が第二帝政期に、受診者数は平均一時間に五二人であったことを証言している。

一八八七年まで、二回に一回は「小検診」しか行なっていない。すなわち、リヨンやマルセイユの場合と違って子宮鏡を使わない検診である。最も基本的な衛生管理すら守られないままよく洗浄されていない子宮鏡は、伝染媒体になるとして非難されることになったのである[275]。その後、迅速な検診を可能にする特殊器機が開発された。ボルドーの無料診療所のジャンネル博士が創案した、創意工夫に富んだ肘かけ風椅子はその一例で、これは身長のまちまちな娼婦にも、いちいち調整せずに用いることができ、また、衣服を着たまま、あまつさえ帽子を被ったままでも検診できるというものであった[276]。しかしパリでは一八七一年の警視庁の火災以後、ドニの寝椅子と呼ばれた診察台は、リールの売春婦たちが[277]「計量台」と渾名することになる子宮鏡台に席を譲った。これは何を猥褻と見るか、その分岐点の変化、考え方の変化を語る革新的なものだったのである。

パリでもマルセイユでも医師は、与えられた短時間で、陰門、膣、子宮頸管、陰唇、それに口のなかを診る。病気の娼婦が検診を受けに来るまえに行なってくる洗浄や粉飾の効果が薄らぐまで、診察を長い時間待たせておかねばならないこともあった。こうした用心をしても、「潔白を装ってくる」性病の娼婦の診断はむずかしいことを考慮に入れると、多くの病気の女が医者の目をすりぬけていたのはいうまでもない。

検診が生みだす関係書類や記録類の作成は次第に完成されていった。第三共和政初頭にはこうした記録類の数が増え、正確には八種を数え、医学的配慮だけからこうした仕事がなされたわけではないことがよくわかる。無料診療所にはひとりひとりの公娼の「個人カード」が保管されており、それには受診した日付が記入されている。これは娼婦がいつ頃姿をくらましてしまったかを知る手掛りとなる。さらに各人の「統計表」がチーフの医師の机の中にある。この記録をもとにして医師は娼婦の健康総合評価をするのである。

病気と診断された娼婦は、ベッドの脚にさげられる「プラカード」を持たされてサン＝ラザール医療刑務所に送られる。以後、無料診療所は病気の経過が記入されるこの患者の「観察カード」を保存する。この記録をもとにして、梅毒患者は特別監視の対象になる。街娼が娼家入りを希望したとき、または娼家の女が店を変えることを希望したときは追加検診を受ける。その結果は「移動ないし健康状態報告書」に記入されて無料診療所から行政機関に報告される。これに加えて「不合格特別簿」があり、これには診断の結果、性病の疑いありとされたものが、すなわち合格しなかった娼婦全員が、書き込まれている。

さらに忘れてならないが、街娼は要求されればいつでも提示しなければならないカードを身につけていて、これには従わねばならない保健衛生上と行政上の義務事項が書き込まれていた。最後に、娼家内で実施される検診結果は経営者の台帳に記入されるだけでなく、専用の公式報告書にも記入される。

リヨンの保健衛生組織は、異なる点はあるものの(278)、少なくとも一八七八年までは、前記のパリの場合と同じ程度に微に入り細をうがった複雑なものであった。検診に風紀取締り警官が立ち合うこと、また、複雑なシステムを記号(札《ジユトン》や文字)を使って調整することによって、医師は担当する各娼婦の正確な状況と過去の健康状態とを知ることができるようになっている。

要するに、これらのことはみな、性病学における統計学的努力が大きいものであったことを示している。ただしこの努力は、規制制度の失敗、すなわち、公娼ともぐりの売春婦が絶えず入れ替るという事情によって、結局は無駄骨に終ったのである(279)。関係者の粘り強い仕事ぶりにもかかわらず、健康管理体制はあまりにも不備であった。しかしそれでもこれがあるために、行政機関は公娼たちの動きを、少なくとも姿をくらましてしまうまでは、監視することができたのである。

それにまた、公娼と現行犯で逮捕された私娼の発病率に関する統計結果はまるで無用というわけではない。これらによって病気の年ごとの変化ばかりでなく、季節ごとの変化もはっきり知ることができるし、さらに、売春婦が梅毒に罹ったときの年齢(280)もおおよそわかるのである。保健衛生機関の医師、あるいはサン＝ラザール医療刑務所の医師た

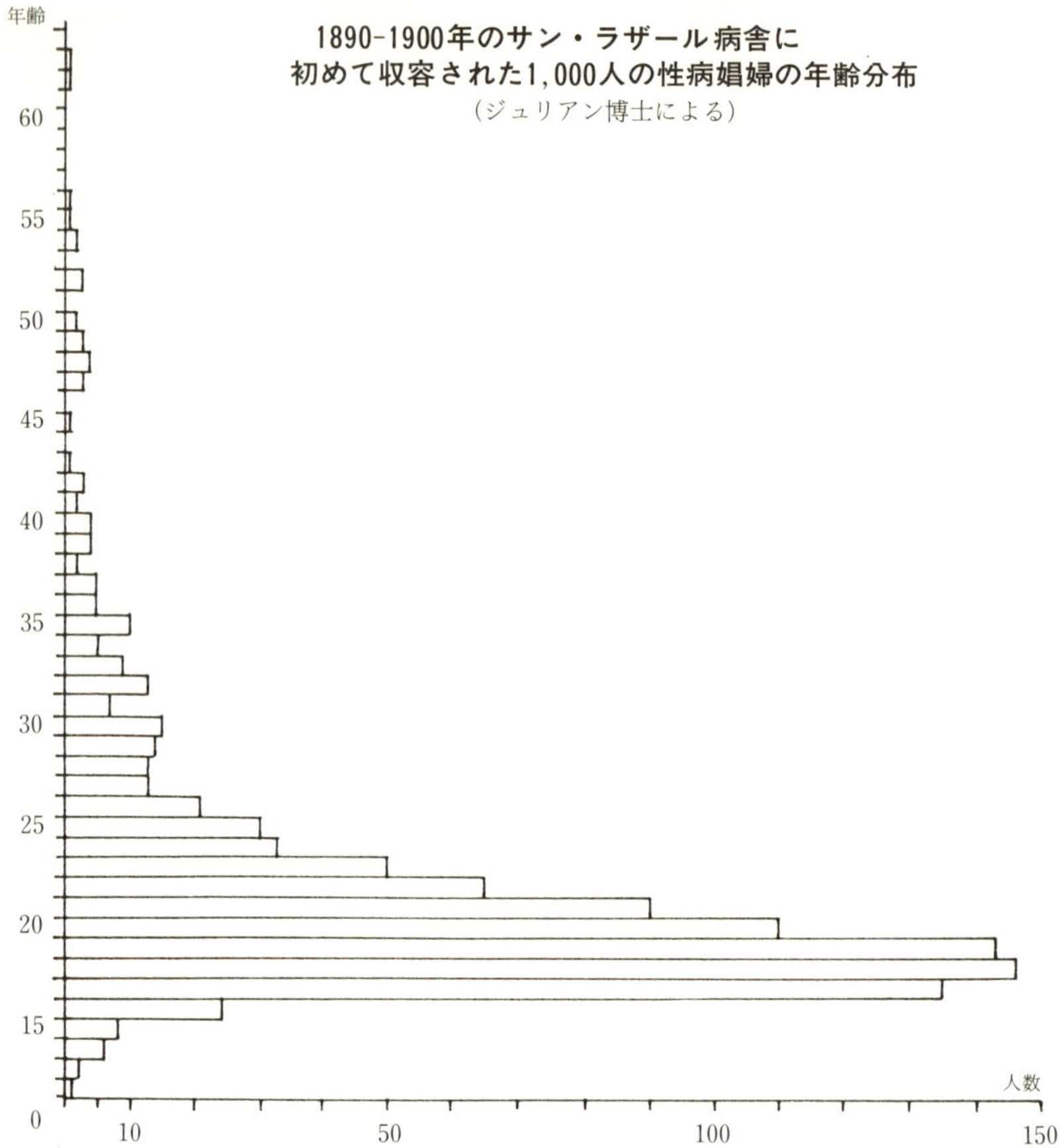

1890-1900年のサン・ラザール病舎に初めて収容された1,000人の性病娼婦の年齢分布
（ジュリアン博士による）

ちが行なった調査結果は、残念ながら一致しているわけではないが、若年者に発病率が極端に高いことを強調していることでは同じである。マルセイユの中央警察署署長、M・ディエーツは、[281] 一八七五年と七六年に登録した二一四人の若い娼婦のうち一一二人が性病に罹っていることに注意を促している。なかには十五歳ないし十六歳ですでに何回か治療を受けていたものがいる。メロー博士は一三五人の売春婦を観察した結果、一八八四年に「どの売春婦も売春をはじめた翌年に梅毒に罹っている」[282]との結論に達している。もっとも、彼の研究は細部において例外的なケースをも採りあげているのが事実である。さら

に厳密な調査結果はジュリアン博士のものであるが、これはメロー博士より後のものである。この調査結果は、サン＝ラザールで初めて博士の治療を受けた千人の入院患者に関するものであって、公娼が一七七人、私娼が八二三人であった。私娼は逮捕されたうえでのことであるから、回復後は直ちに全員公娼になるべく宣告を受けている。[283]

これによると、性病（ここでは淋病六五一人、梅毒四二一人、軟性下疳三六人）が、特に二十歳以下の売春婦を冒していることが目につく。ジュリアン博士が言っているように、十九歳は、十八歳と二十歳をわずかに抜いて運命的年齢というわけである。*

＊　著者かグラフ作成者ジュリアン博士のグラフの読み違えであろう。グラフ通りならば十八歳が十七歳と十九歳をわずかに抜いて、運命的な年齢である、ということになる。

この調査結果は同時期にバルテルミー教授が得た結果[284]とは、際立って異なっている。後者はいわゆる梅毒だけに対象を絞っていることと、その調査方法があまり厳密とは言えないのが実情である。一五三人の売春婦について調べた結果、二八・七％が売春の世界に入ったその年に、四一・一％は「一年から三年後」に、二〇・二％が三年から五年後に、七・八％が五年から一〇年後に、わずかに一・九％が一〇年以上を経て梅毒に罹っている。このことから教授はつぎのような売春婦像を作りあげた。すなわち、十六歳半で処女喪失、十九歳半で売春をはじめ、二十三歳で梅毒に罹り、二十七歳か二十八歳で、彼の表現によれば、病気を伝染させることをやめる。一九〇九年にル・ピルール博士の観察結果が公表されて[285]、むしろジュリアン博士の調査結果を裏付けることになった。サン＝ラザールで博士が治療した五千人の性病に罹っていた娼婦のうち、二八・七％が十八歳以下であり、六三％が二十一歳以下である、という結果だったからである。

2　「監獄療法[286]」

パリで、性病に罹った売春婦たちが治療を受けていた病舎は、サン＝ラザール刑務所のまさに一角だったのである。

そういうわけだから、この病舎を本体の環境から切り離して取り扱うのはいささか不自然なことである。パラン＝デュシャトレが望んだ獄舎と病舎の密接な連繫は、規制制度の絶頂期であった七月王政の制限選挙時代に実現した。一八三四年、留置場内に病舎を建設する予算を市議会が可決し、一八三六年二月に建設がはじめられた。条例は一八四三年七月十一日に発布され、一八八八年に改正されるまで実施された。施設全体に関する一八七五年八月二十九日の条例は、前条例を適用し続けることを定めている。

サン＝ラザール病舎は、サン＝ドニ通りのかつて修道院であったところに設置された。ここでは売春婦だけの治療が行なわれた。「一般市民」である婦女子はルールシーヌ病院で、男子はミディ病院で治療を受けた。サン＝ラザール刑務所とその病舎をめぐる描写は、第三共和政時代の売春を描いた文学で、尽きることなくとりあげられたテーマである。この施設は公娼制廃止論者とさらには新規制主義者までをも、伝統的な規制主義者に対立させた論争の的となったものである。したがって、現実を客観的に描写することは困難である。マクシム・デュ・カンの牧歌調の描写も、一八七七年に病舎を視察したイヴ・ギヨの陰鬱なる記述[287]も、論戦家の作り物であるにすぎない。しかしながら、サン＝ラザールの病舎が、当時治療レベルにおいて首都の他の大病院に劣るものであったことは否定しがたい。

患者は総数四〇〇床を数える共同病室に割りふられる。これらの共同病室は、マリー・ジョゼフ修道会の修道女たちが効果的に監視できるように、また、表向きは夜間の乱行を防止するために、明かり取りの小窓のついた仕切りで二〇床ずつに分けられている。公娼たちは二階を、私娼は三階と四階を占める。未成年者は別途に治療を受ける。彼女たちはここにやって来ると病舎の制服を着せられ、判別しやすいように縁なし帽子《ボンネ》を被せられる。ここで治療を受ける売春婦には強制労働は課せられていない。食事の貧しさはずいぶんと批判されたが、実際のところは、その内容は当時一般の病院で配膳されていたものより劣っていたとは思われない[288]。内容とは逆にその食事時間は、病室向きというよりは監獄の食事時間を思わせるものである。実際、一八七五年十一月二十九日条例は相変らず、「第二セクション（売春婦の病舎）の配膳は、朝六時半、午後は一時十五分、そして四時にはスープを追加する」と定めている。

公娼制廃止論者たちの非難が向けられたのは、とりわけこの点についてであった。

病舎で治療を受ける売春婦たちは、もちろん、サン＝ラザールの他の受刑者と同列の囚人である。彼女たちは完治を証明する所長の許可証を手にしたときでなければ出所はできない。さらに無料診療所の医師が行なう再検診で完治が確認される必要がある。また患者はほとんど全面的に外界から遮断されている。面会は「格子のはめられた面会室で」、火曜日と金曜日の正午から二時まで、修道女の監視の下で行なわれる。文通は厳しくチェックされる。これらの規則は、ヒモに対して治療中の彼らの情婦、すなわち「マルミット」と交渉させないようにすることと、周旋人が勧誘に面会室へ来ることができないようにすることを目的としている。病舎の女たちには一日二時間の散歩が許されている。他のグループとの接触を避けさせるために、公娼の散歩（十時から十一時までと十五時から十六時まで）と、私娼の散歩（十一時から十二時までと十六時から十七時まで）とに時間帯を分けている。

サン＝ラザールの梅毒患者は水銀あるいは沃化カリウムによる治療を受ける(289)。実際のところ、治療期間は限られているし、治療効果は疑わしいものである。そのうえ、ブルヌヴィル教授が一八八〇年に市議会に提出した報告書のなかで強調しているように、病舎の衛生状態は当時ひどいものであったから、なおさらのことである。洗面台と局部洗浄器《ビデ》が設備されるのはやっと九〇年代になってからである。それまでのあいだ患者はからだの清潔をはかることができなかった。「風呂もなく洗面台もない。伝染病患者にとっては立派な病菌媒介物となる共用の注射器。タオルもない、ハンカチもない……(291)」とイヴ・ギヨは視察後に書いている(290)。

ロイス博士によれば、平均治療期間は公娼で六週間、私娼で三ヵ月である。イヴ・ギヨ(292)と後にはコルリエ(293)が、警視総監の文書を引用しているが、それはつぎに掲げる一八七九年度の梅毒患者の滞在期間を報告するものである。

二七人の売春婦が三ヵ月以上滞在。

八八人が二ヵ月から三ヵ月滞在。

一二七人が一ヵ月から二ヵ月滞在。

七七人が二〇日から二九日間滞在。

一二三人が一〇日から一九日間滞在。

平均治療期間は、したがって、三〇日を超えることはまずないが、ルルシーヌでは[294]、年度によって五八日から六五日のあいだに位置づけられている。実際、後に公娼制廃止論者たちが飽くことなくくりかえすことになるように、患者は出所する時が来ても、それはただ単に「白と判定された」からにすぎないのである。

性病を病む売春婦のための、専門施設をもっている大都市の状況は、どこもほぼ同じようなものであるようだ。リヨンでは、県の条例によって一八七八年に保健衛生業務の運行が禁じられるまでは、アンチカーユ街の特別地区に売春婦用に一〇〇床が用意されていたが[295]、これも平均治療期間は二一日ないし二二日であった[296]。マルセイユの、聖マドレーヌ修道会の奉仕するラ・コンセプシオン病院では、患者である売春婦たちはみな灰色の粗布のユニフォームを着せられて、規則に従って手仕事をしなければならなかったのであるから、理屈のうえでは、これは極端に苛酷な制度であったといえる。しかしこれも、一八八二年にミルール博士が著作を刊行したのを機に[297]、このような規則は適用されなくなった。売春婦が治療を受ける特別病棟は各二九床の病室が数室と、その他に食堂と中庭があって[298]、他の患者から売春婦たちをあらゆる面で隔離できるものであった。サン＝ラザール同様、手紙は検閲され、二時間が散歩に当てられていた。秩序を乱す売春婦に対しては、ブドウ酒抜き、パンと水だけ、独房入り、といった一連の罰則が定められていた。また、反逆に対して行政当局は、警察の出動を要請することができたのである。一八七一年から一八八一年まで、性病の売春婦の年平均滞在日数は二三日（一八八一年）から二五日（一八七八年）までの間におさまっている[299]。町には性病に罹った「一般市民」婦女子のための施設は全くなかったことを、つけ加えておかねばならない。

ボルドーでは、第三共和政初頭、ランド博士によれば[300]、「性器の病気、子宮の病気」は性病でなくても、サン＝タンドレ病院内の「〝流し場〟近くの、便所近く」に追いやられていた。一八八七年頃になって、町の性病患者のための専用施設の建設が計画された時ですらなお、建築家は一連の地下独房を設計内容に組み込むことを命じられている。

中規模都市の大半で、性病患者の治療には時代遅れの考えがしみ込んだままであった。[301] こうした都市では、売春婦と、性病である以上はふしだらな女であるとみなされる一般の婦女子は、同列に扱われ、施される療法は暗に懲罰の性質を帯びていた。ナンシーの例はこの点で特に意味深い。つまり、サクレ＝クールの旧修道院内のイポリット＝マランジュ病院に売春婦を移すことになる一九一四年まで、彼女たちは施設メゾン・ド・ボン・スクールの、胸の悪くなるような劣悪な状況下で治療を受けていたのである。[302] 明かりとりの窓のほとんどない建物の灰色の正面と側壁が、本物の監獄さながらに道路に面していた。この刑務所的印象は、建物への立入りを禁じる鉄格子の門によってさらに強められている。外側に窓はなく、明かりは内庭回廊から取っている。回廊は内庭として女たちの世話のために使われる。回廊の一辺に沿って独房が並び、それぞれ鋼板で覆われた扉がついている。なかに入ると、木製の簡易ベッドが壁に嵌め込まれて置いてあるが、家具はこれだけである。小さな格子窓から光がもれる。

メゾン・ド・スクールの性病患者たちは、「明かりの間」か、薄暗く換気の悪い仕事部屋に集められ、縫物か刺繍の仕事をさせられる。狭くて陰気ないわゆる運動場は、高い壁に囲まれてまるで陽が射さない。礼拝堂では性病患者は特別席に隔離される。六〇人用の共同寝室に一〇〇人から一二〇人が詰め込まれている。[303]

一八八〇年はそこに医学部が皮膚および梅毒の診療科を開設する年であるが、この年までこの施設は全面的に知事の権限内にあって、知事が科の医長を任命していた。その後も衛生状態は、公娼の週検診も行なわれるところであった治療室を描写したものが証明しているように、平均以下の状態にあった。[304]

売春婦たちが「煉瓦《ブリック》」の監禁――彼女たちはメゾン・ド・スクールをそう呼んでいた――に対して抵抗を示したこともよく理解できる。一九〇四年当時でもなお、彼女たちによって中庭は完全に荒らされ、警察が介入せざるを得なくなり、数人の売春婦が投獄される事態となった。「あちらこちらで、ひどく興奮した乱暴な何人かの女が小さな暴動を組織した。そのとき行政当局は風紀取締り課の警官の出動を要請し、違反者を独房あるいは懲罰室に移した」と、一九一四年スピルマン教授は、この施設の最後の数年の頃の模様を書いている。[305] 一九一三年には懲罰室に閉じ込められた二人の女が、「格子を壊し、マットレスとシーツを引き裂き、フォークの柄で板張りの壁をはがし、漆喰いをはがし、窓を解体して」(306)、一晩で懲罰室をめちゃくちゃにした。このような状況をみても、一九一四年に新しい病院に性病の売春婦たちを移転させるにあたって、行政当局が暴動を予想していたといっても驚くにはあたらない。

ナンシーの現実は少しも例外とは言えない。それどころか、性病の売春婦の治療を引き受ける病院をもっている地方都市の治療状況を、そのまま代表するものであるように思われる。ブルヌヴィル教授が一八八七年に実施した調査と、この調査が引きがねとなった『医学の進歩』誌上の論争は、このような現実を白日のもとにさらすことになった。(307)

サン＝テチエンヌの市立病院における性病売春婦の扱いはあまりにもひどい。「後から来た女たちはタイル張りの階下の部屋の藁蒲団に寝かされている。そこは雪が積ったままの監獄の中庭に向かって、吹きさらしのところである」(308)ドアはきちんと閉まらず、戸外よりも寒い。中のテーブルもベンチもガタガタで座りが悪い。その年、怒りを爆発させた女たちは「彼女たちが便所の導管の詰まりを取り除くのに使っていた鉄棒でドアを壊し、窓を破った」(309)。そして「ある者は高台《ラ・テラース》まで、またある者はリヴ・ド・ジエまで脱走していった」。このような脱走はここでは珍しくなく、特に告解火曜日《マルディ・グラ》〔四旬節に先立って行なわれる謝肉祭の最終日〕と復活祭の頃にはよく起こった。同じ年、リヨンのアンチカーユの女たちも、ブドウ酒と食事の一部が、全員にカットされたことに対して暴動を起こした。(310)ただし、彼女たちは脱走するかわりに一室にバリケードを築いて籠城し、四〇〇フランにのぼる損害を与えた。

このような反逆はひとつの伝統であった。思い出されるのは、一八三〇年および一八四八年に(311)、サン＝ラザールに収容されていたパリの売春婦たちが、民衆の支援を得て反乱を起こしたことである。以上のような病舎内での反抗が、市側がこれを食い止めるもっとも基本的な人道上の措置を講ずることもないままに、第一次世界大戦前夜まで続いたということは、性に対する世論のあり方を端的に示すものである。

ここで、ブルヌヴィル教授が一八八七年、東部の病院について行なった調査をめぐって述べていることに戻るとしよう。シャトー＝チエリーでは性病の売春婦の数はかなり少なかったが、彼女たちは「ぼけ老女の部屋」に同室して治療を受けるという扱いを受けている。最初の頃は彼女たちを精神病患者の「監禁室」近くの病室に収容するつもりまであった（この露骨さは意味深い）。ここは、他の患者から遠く隔離され、修道女たちが「屍衣室」[312]と呼ぶものの上階にあった。エペルネイの市立病院の性病の売春婦たちは、他の患者から遠く隔てられていた。バール＝ル＝デュックでは彼女たちが治療を受ける病室は屋根のすぐ下、すなわち屋根裏部屋であった。窓には「細い網目状の格子がはめられていて」明かりはぼんやりとしか射さず、ドアには錠と閂《かんぬき》がかけられている。「隣りには、必要不可欠の独房がひかえている[313]」。サン＝ディエの民間・陸軍併用病院でも格子と施錠による、性病売春婦の隔離がみられた。サン＝モーリス・デピナルでは隔離対策はさらに大がかりである。病院の中庭の壁はその上をさらに柵で囲ってある。この病院では、性病の女たちはベッドではなく、藁蒲団をあてがわれるだけである。独房は便所の隣りにあって、頻繁に利用された。ベルフォールの市民病院では、一二床が性病の女用に当てられている。「設備は不十分、洗面台、注射器具はなし、空気量不十分、格子戸、金網等々[314]」とブルヌヴィル教授は記している。グレイでは、性病の女用の部屋は清潔であるが窓にはやはり南京錠がかけられている。地方の他の病院では相変らずこの種の病人の治療は拒否され続けている。ショーモンの性病患者はブザンソンに送られ、バール＝スュル＝オーブの女たちはトロワに、リュネヴィルの女たちは警官によってナンシーの施設ボン・スクールにつれていかれる。

このような状況は東部に限ったことではない。ブレストでは一八八一年でも相変らず、病気の売春婦は施錠して閉じ込められ、外部と接触することはできなかった[315]。ディナンでは性病の女も単なる膣炎の女も、病人としてではなく囚人として扱われた。第二帝政期、シャトー＝ゴンチエの病院の修道女たちは、性病の女を受け入れることを拒否していた。そのため女たちは治療のためにラヴァルの監獄に送られそこに閉じ込められた[316]。ブーローニュの実態はもっと変化に富んでいる。すなわち、「一般市民」の性病の女と私娼は人間的な看護を受けたが、逆にはっきりした公的機関から認められた「許可証もちの」公娼の病人の方は、「鉄格子のはまった[317]」窓の病院に鍵をかけられて閉じ込められていたのである。

オルレアン病院の元研修医《インターン》は、市の性病の女たち用の病室のさらに陰惨な模様を、ある観点から記述している。[318]二重勾配の屋根裏にあるその部屋に備えつけられているものといえば、ベッドと壁の棚とガタガタの椅子だけである。門をかけたドアは日に一回、一時間庭を散歩するときにしか開けられることがない。独房は相変わらず使われていた。またその数年前までは、性病の女の食事はまだブドウ酒抜きであった。この病院では年間約一〇〇人の患者を受け入れているが、売春婦を受け入れる用意はなかった。リールのサン＝ソヴール病院では、一八八六年から「梅毒売春婦のための市の事業」が専用病棟を確保していた。ここは「監獄と同類のもの、あるいは監獄の病舎に似たものである」と、一九〇二年にパトワール博士は書いている。[319]売春婦たちは病気が治らなければここを出られない。また極端に厳しい規則と監視に縛られてもいた。[320]モンペリエの性病の女たちは、一八八二年当時まだブドウ酒を与えられなかった。[321]ランスでは一九〇二年まで、ということはこの業務のチーフであったラングレ博士が新規制主義的改良主義に学ぶまで、公娼は特別に割当てられた病室、エルベチウスの部屋で治療を受けていた。当時でもまだ「格子窓、二重扉に頑丈な門」が見られ、「面会なく、仕事なく、書物なく」[322]、しかし独房はある、とラングレ博士は、ランスの病院責任者であるウィエ博士への公開状の中で強く述べている。ウィエ博士は、ラングレ博士が性病の女を一般診療室に受け入れていることを非難したのであった。一八八七年のクレルモン＝フェランでは、性病の女の世話は、「屈強な守衛」の監視下でなされた。「そこには中庭もなく、回廊もなく、遊歩場もない……膏薬のしみやら何やらがついたシーツは、月末でなければ取り替えられることがない……この病室の隣りには『矯正室』がある」[323]。カステルノダリー、サン＝カンタン、ラングルの各市で一九〇四年当時施行されていた条例では、病気の売春婦は監獄の留置場で治療すべし、と明示している。[324]

これ以上多くの例をあげる必要はない。公娼制廃止論者のキャンペーンが活発化した後も、また、新規制主義者たちが人間らしい看護をすべきだと主張した後も、行政当局が命じた性病患者治療は、多数意見と一部の医師たちの暗黙の示持を支えに、相変らず病人を閉じ込め罰しようとするものであった。しかも、性病がどれほど危険なものであるかがますます論議されるようになって、ある面で、この姿勢は強化されることにもなった。

しかしながら、公娼の衛生管理の向上と、性病患者に対して至るところで見られる前近代的な姿勢とのあいだのズレは、一八八〇年代になると医師団の大多数の目にもはっきりと映るようになった。この認識から改善が生まれ、新規制主義の勝利がもたらされたのであるが、新規制主義が人間的治療を推奨するのは、性病娼婦の衛生管理と隔離の必要を、世論にいっそう強く認めさせるためなのである。

小都市の性病患者の扱いに前近代性が明らかだとはいっても、パリと主要都市における規制主義の試みの一貫性を見失わせるものではない。パラン＝デュシャトレが著作を進めていた時代からずっと、風紀取締り警察と衛生業務の結びつきは、あらゆる面で強化されてきた。病院と専門機関は監獄制度を全面的にモデルとし、多様化してきた。このような隔離施設内部では、七月王政期の規制主義者たちが提唱した仕切り方針《コンパルティマンダージュ》は、サン＝ラザールの病舎の例にみるように、往々にして厳しいものであった。無料診療所の仕事に携わった医師たち（ジャンネル、オモ、ガラン、マルチノー、コマンジュ）、あるいは性病娼婦の治療にあたった医師（ジュリアン、バルテルミー、ビュット、ル・ピルール、コルリュウ）など、規制制度の支持者であった医師たちの書いたものを読むと、彼らの仕事がどれほど「監獄療法」的なものであったかがよくわかる。ところで、この同じ臨床医たちの名前は実際には梅毒学発展史のどこにも見出せない。この領域での進歩は、実のところ、主として「一般市民の」性病患者を診る病院で働いた医師たち（リコール、モーリヤック、フルニエ）の仕事によるものなのである。

「強制収容病院」における治療が劣悪であったのは、こうした病院を生じさせた制度に原因がある。すなわち、風紀取締り警察と衛生管理機関が密着していたため、あまり有能でない医師、それも患者を違反者としてみる傾向の強い医師が、知事によって任命されるということが行なわれていたのである。相も変らぬ隔離と苛酷な規則が、治療の質の向上を妨げ回復を遅らせる。そのうえ医学の進歩は、「監獄療法」では梅毒の売春婦を本当には治すことができないということを、徐々に明らかにしていった。付け加えるならば、扱いの厳しさゆえに、性病の女たちは、一種の拘禁といえるものを免れるために、自分の病気を隠そうとする。公娼制廃止論者たちに最強の論拠を与えることになったのが、この衛生管理の失敗であった。

四 監獄

1 理論的な正当化

浮浪、乞食とは異なって売春は犯罪ではない。この点で、刑法三三四条は、公然猥褻罪と風俗犯罪にしか関係するものではない(325)。したがって売春婦は違警罪裁判所の管轄にも、第一審裁判所の管轄にも属さない。ところが、彼女たちが市条例、あるいはパリ、リヨンの警視庁の発する規則に違反した場合、行政当局は罰金または一定期間の拘留を科している。このような措置の違法性はまぬがれない(326)。公娼制廃止論者たちはこの点を自分たちの主張の論拠のひとつとし、新規制主義者たち自身もその批判を正しいと認めるのである。両者ともに司法権の介入に抗議し、売春婦を普通法に帰属させようとした。しかし、規制主義者たちは論争を巧みに避け、警視庁に対する攻撃がことのほか強まる一八七二年から一八八二年までのあいだに、彼らは一連の法的論拠をかざして敵に対抗したのである。この点をわれわれはただちに検討してみなければならない。

道徳秩序時代の警視庁第一部局を指揮し、批判者には精力的に立ち向かったルクール同様に、規制主義者たちはその最高の論拠を立法の沈黙に置いた。実際、アンシアン・レジームの時代から司法権力は、売春を認めさせられることを回避して、この問題に関しては意志表示をしないままできた。共和暦第Ⅳ年雪月《ニヴォーズ》十七日（一七九六年一月七日）、総裁政府は五百人会に対して、この点に関する法律制定を求めるルーベルの通達を送った。この通達は、売春を犯罪とすること、売春婦に対する特別の訴訟手続きを制定すること、売春婦は懲治刑で罰すること、を強く勧告している。これを受けて五百人会が設置した委員会は、このなかにはデュボワ＝クランセ、トゥルニエもメンバーとして居たが、ついに公娼の定義を明確にすることはできず、また、司法上の手続きと相容れないような手続きを考案することを承知しなかった。革命暦第Ⅴ年芽月《ジェルミナル》七日（一七九七年三月二十七日）、バンカルは五百人会に対し、売春宿、遊戯場、劇場に関する新たな委員会設置を要求した。この提案は議場内に怒号を巻きおこし、デュモラール議員はこのような議題を扱うことは議会にふさわしくないことであると発言した。そのためにこそ警察の諸規則があるのである、われわれは議事日程に上っている問題の審議に移るべきだと主張して、これは多数決で採択された。(327) 議会がこの件に関する法律を制定することは、その後も一度もなかった。(328) 一八七七年五月八日にもまた、元老院は議事日程のなかで、元老院が見当ちがいにも、「この件に関する法律」とみなしているものについては、きわめて慎重に接するのが無難であると、改めて確認している。

ところで、刑法典四八四条は、以下のように規定する。すなわち、法典に規定されていないあらゆる事項に関しては、重罪院および軽罪裁判所、違警罪裁判所が個々の規範の遵守にあたる。この条項に規制主義者が与える解釈は、売春問題に関しては行政当局が正規の権限を有す、というものであった。(329) パリでは、アンシアン・レジーム下の各法令《オルドナンス》と、特に一七七八年のパリ長官代官ルノワールの法令、および一七八〇年十一月八日の法令XIVに準拠して、彼らは現行の訴訟手続きを正当であるとした。この世紀のあいだ一貫して中央権力はこの件に関する規則作りを市長にゆだねている。(330) 市町村法は一八八四年、刑法四七一条の批准によってその位置をさらに強固なものにした。

規制主義の支持者たちによれば、売春は街路と公共の場の品位・秩序維持に関わるひとつの道路問題である。だから行政当局が売春婦の監視の任にあたらねばならない、とする。いずれにせよ、彼らの目には、(331) 通常の司法手続きに訴えることは、夢物語としか映らない。そんなことをすれば、裁判所は売春の訴訟事件でごったがえすことになるであろうし、判決までに時間がかかりすぎ、なによりも保健衛生業務が滞るであろう、というのである。そこで行政当局が司法官の肩代りをするのであるが、それは判決や刑の言渡しをするためではなく、罰を科するためである。

この間、何人かの法律家たちが他の方法をもって行政の介入を正当化しようと試みた。破棄院の検事総長デュパン[332]は、一八五九年にこう書いている。「売春は、人がどうしても就かざるを得ない職業のひとつである。この職業は、法から警察に委嘱される自由裁量権下に置かれて、営まれる[333]」。したがって、売春婦に対してある規則を適用することは、軍人に懲罰を科すことや、国境の旅行者を検査すること以上に個人の自由を侵害するものではない。「このような措置は、現実のやむを得ない結果なのであるから合法であり[334]」、「警察だけが取り得る手段であり」、また、「行政府にゆだねられる自由裁量権、すなわち警察が憲法の保証の下に自由に行使できる権力から合法的に生じ得る」措置なのである[335]、という。

登録は、売春婦と行政当局とのあいだの懲罰の合法性を認めることを前提にした、真の契約であるという理論もあった[336]。しかし民法は、その理由が良俗に反するようなものを契約として認めていないことを思い起こさねばならない。より率直なところでは、そしてこの率直な論法は、新規制主義の進展とともに幅をきかすのであるが、行政側の権力行使を支持する人々は、売春の衛生管理の必要性を引合いに出す。彼らは、港に着いた旅行者が検疫のあいだ足どめをくう事実をもちだして、性病の売春婦の強制収容、定期検診を怠った売春婦に科せられる懲罰を正当であるという。彼らの目からすれば、金で売買される恋愛は、産業のなかのひとつの非衛生的な産業にすぎない。したがってこの産業は保健衛生規定に服さねばならない。この理論は、理論どおりであるならば、男子の検診、性病男子の監禁をも意味して然るべきものである。事実、何人かの規制主義者がこの点を検討したことを、われわれは知っている。

規制制度を正当化するために、行政側を支持する人々は、破棄院の出したいくつかの判例をも引合いに出しているが、これらの文書の詳細な検討はわれわれの目的とするところではない[337]。実際、肝心なことは売春に関する司法の沈黙、そのことである。この沈黙は数々の世論運動があったにもかかわらず、二十世紀まで続いた。それは立法者たちがあるジレンマに陥っていたことによる。すなわち、法によって売春婦の存在を認めてこれを監督するか、それとも、これはまったく現実主義に反することではあるが、性の問題と社会的諸条件の関係が売春の存在を必要としているにもかかわらず、これを非合法と断ずるか、のジレンマであった。このような司法の沈黙が行政当局に自由な立場をゆるしてきたのであるし、また、規制主義者たちの法的論拠が薄弱であったにもかかわらず、事実上行政による強制収容を支えてきたのである。

2 娼婦狩りと弾圧の状況

パリでは、くりかえすが、風紀係は当時警視庁第一部局第二課であった。一八八一年まで、この種の問題に従事する六五人の警官が、風紀視察官の名で専門の風紀班を構成していた。一八八一年になって、吹き出した警視庁批判運動の結果[338]、アンドリュー総監はこの班を廃止し[339]、公安係に配属させた。この改善は、公娼制廃止論者たちが指摘するように、これというほどの改善にはならなかった。ただし、この改善は表向きの目的とは逆に、その後、公安担当の警官と、家具付安ホテルを監視する私服刑事に風紀問題に対する干渉をゆるすことになった。すなわち、実際は監視が強化される結果になったのである。

首都の警官は、一八四三年十一月十六日条例を、その後は一八七八年十月十五日条例を守らせることが職務であった[340]。もっとも、後者は根本的には前者と変らない条例であった。彼らの任務は何はさておき、娼家をつね日頃監視することである。そうすることで、娼家内の秩序は保たれているか、女将はリセの生徒、十八歳未満の客、制服の軍人を受け入れていないか、娼婦たちは外出日には、きちんとした身なりをしているか、彼女たちは定められた日課を守っているかを確認するのである。検診の際は、検診を行う医師に同行する。公娼制廃止論者たちはまず私服刑事を、つぎに警察を非難することになるのだが、それも当然で、彼らは最高クラスの娼家には規則を守らせるようにしない。また女将が良き情報提供者であったり、自分が女たちにちやほやされたりすると、その娼家に無秩序が生じても目をつぶるのである。

実際は警官は鑑札もち娼婦の活動、および一八四二年九月一日条例が守られているかどうかをおもに監視している。検診の義務を果したか、「帽子を被って」歩きまわっていないか、公道で挑発的な振舞いをしていないか、グループで客引きをしていないか、酔っていないか、定められた立入禁止場所、禁止時間を守っているか、ヒモが同行していたり、後からついてきていないか、これらのことを確認するのである。貸部屋訪問に際してはこのうえさらに、売春婦が一室に数名で同居していないかどうかを確認する。売春婦たちは警官が街頭で与える指示に対しても、逮捕の構えを見せることに対しても、これにはいっさい反抗してはならない。

街娼に課せられる禁止事項は余りにも多く、単独で合法的に客引きをすることと、公道での挑発行為の区別はほとんどつけがたいものである。また、街娼の立入ってはならない街区はあまりにも広範囲であるというわけで、この不幸な女たちは警官の意のままに従わざるを得ないのである。検挙数の多いことがこぞってこのことを証明しているし、また、警官たちの一方的な権力行使が街娼を「姿をくらます」ことへと追いやるのである。

まさしくこの姿をくらました街娼と私娼とを検挙する目的で、風紀班の私服刑事、後に公安係の警官となった警官は、手入れを準備するのである。おもに大通り《グラン・ブルヴァール》(サン＝ドニ、ポワソニエール)、都市周辺部の大通り[341]、娼婦のよく出入りするダンスホールの出口がこの対象となる。パリの警察ではホテルや家具付安ホテルを手入れすることもある。人々は、『ナナ』の作者が、娼婦たちを震えあがらせ世論に衝撃を与えた、騒然たる手入れの模様を描き出した数ページを、記憶に留めているかもしれない。カメカスの表現を借りると、このような「浄化作業」は、警視庁は曖昧に否定しているものの、白昼でも展開され、いくつか重大なミスを犯し、公娼制廃止論者の憤激をかった[342]。しかし言っておかねばならないが、手入れは多くの場合は住民の、もっと正確には街の商人たちの要求で行なわれたのである。

地方の売春婦に対する警察の取締りも、その厳しさは地方によってさまざまであるとはいえほとんど同じようなものである。リヨンおよび近郊の街の風紀係は、[343]パリの場合と同様に一時廃止されていた市長職が一八七八年に復活した後でも、警視庁事務総長の指揮下に置かれていた。他の大都市では逆に、指揮は中央警察署署長がとっている。ブレスト、[344]ボルドー、マルセイユがそうで、風紀取締り警察は市警察の一専門部局をなしている。[345]警官の業務はどこの場合もほぼ同じである。すなわち何はさておき、医療検診を怠っていないかどうかを監視しなければならない。

パリでは、公娼は誰もが平均して年に数回逮捕、拘留を経験している。彼女たちが「私の田舎」[346]と諢名《あだ》するサン＝ラザールの留置場と監獄は、登録娼婦にとっては日常世界の一部になってしまっている。ギヨは、[347]一八八〇年の一年間で、各娼婦はそれぞれ平均二回逮捕されたと計算している。だが現実には、行政当局の庇護の恩恵に浴して何の心配もない売春婦がいる。その他の者は逆に絶えず追いまわされ、唯一の固定観念、つまり、どうやって警察から逃れるかしか頭にないのである。街娼が娼家の女よりもはるかに頻繁に、罰則の犠牲者になったのは自明のことである。

一三〇頁のグラフを読むと、弾圧の状況は政治的状況とかなり密接に結びついているものであることがはっきりする。一八五六年から一八七一年までの帝政時代と国防政府時代の検挙総数は、比較的一定していて、年間平均六〇〇〇から七〇〇〇である。一八七二年から一八七七年までは弾圧は強化されている。ルクール指揮下の警視庁第一部局は、ティエールとその後継者たちによる、労働運動[348]とあらゆる形態の非行に対抗の姿勢をとる政治に歩調を合わせて、執拗な監視を実行している。弾圧強化はパリ・コミューン崩壊後数週間で早くも現われた。一八七一年六月三日から一八七二年一月一日までに警察は六〇〇七人を検挙していた（公娼三〇七二人、私娼二九三五人）。すなわち、一八六〇年から一八七〇年の平均の二倍を上回る数値である。この弾圧強化は一方で娼家に対しては大いなる寛容を示す結果となった。このような術策をとったため、首都における娼家の減少を数年間は食い止めることができたのである。[349]

共和政の勝利、公娼制廃止論の高まり、個人の自由についてのいっそうの自覚、対警視庁運動《キャンペーン》、ルクールの辞職、ついでジゴと内務大臣マルセールの辞職、そしてアンドリューの任命、これらのことが原因となって、この方面でも、検挙数と懲罰数の激減がもたらされた。[350] この比較的緩和された傾向は、一八八一年から一八八四年まで続く。一八八五年以降は逆にカメカスと次のグラニョンの指揮下で弾圧は再び、それもマセが認めているように、[351] 場末のみじめな娼婦に向けて強化される。この現象を説明できるものとしては、公娼制廃止運動の後退、新規制主義の出現、性病の脅威に結びついた不安の拡大があるだけである。事実は、弾圧強化は全般的な法的弾圧の強化と平行しているのである。ということは、売春婦こそ、あらゆる常軌を逸した形で行なわれる、ますます厳しい取締りの犠牲者になるということを意味している。

弾圧は、地方のいくつかの都市でも同じくらい厳しいものであった。例えばランスでは、一八八一年一月一日から八月一日までに、検診に現われなかったり、二十二時以後に外出をしたり、あるいは、彼女たちの立ち入りを禁じている街や場所に出入りしたり、ヒモと一緒に歩いていた、といった罪に問われた公娼に対する警察の報告書が、七五三件作成されている。[352] 一八八三年十一月一日から一八八四年十一月一日までに、風紀取締り警官の起訴を受けて、リールの違警罪裁判所は、二七四四件の刑言い渡しを売春婦にしている。これらの刑言い渡しの内容は、総計少なくとも一万三〇〇〇フランの罰金、四八三〇日の監獄入り、三〇〇〇日の身柄拘束を含むものであった。[353]

売春の弾圧に関して、理論面での抜本的転換がはかられることになる直前の、一九〇二年に実施された要約的な調査では、驚くべき数字を得ている。一八七六年から、マルセイユで一四三件の刑が公娼に言い渡されているが、百件が「長椅子での盗み」に対して、三〇件が警官侮辱、一三件がスリに対してのものであった。とりわけ、二万二二五六件の違警罪の口頭訴訟が、売春婦相手になされているが、その内訳は一万九五四一件（八八％）が検診を怠ったことに対して、一七一四件（七％）が公道での客引きと騒ぎに対して、四九四件（二・二％）がカフェに居たことに対して、四二〇件（一・八％）が戸口あるいは窓からの客引きに対して、六六件（〇・三％）が公共の場での売春行為に対して、二一件（〇・一％）が娼家内の規則違反に対してであった。[354] このような違反が違警罪裁判所の起訴理由となり、一フランから五フランの罰金が、また再犯であれば、一日の監獄入りが科せられるのである。もちろんここにはそれ以前の四八時間から七二時間に及ぶ行政拘留は計算に入っていない。調査が実施されるまでの五年間で、二万一九四三人の公娼がこうして市の留置場に拘留された[355]。トゥーロンでも苛酷さは同様である。一八九七年から一九〇一年までに、一万四三二二件の違警罪の口頭訴訟が公娼に対してなされ、そのうち八二〇件は娼家住み込みの娼婦に対して、一万三五〇二件は街娼に対するものであった。これら違警罪の五二六六件は投獄の刑を言い渡されている。これに一六三件の窃盗、傷害、風俗犯、警察侮辱、偽証明書使用、酩酊、不法立ち入りが加えられる。さらに同時期、女将の違警罪が五五六件取り上げられたことも記しておこう。その結果二四一件が投獄の刑を言い渡され、最終的には、五一人の女将が起訴された[356]。

地方都市の抑圧状況が、われわれが首都について見てきた状況を真似たものなのかどうかを知ることはむずかしい[357]。だが、パリ・コミューン後の抑圧強化は、いくつかの地方ではっきりとした形をとっている。一八七二年の日付をもつ市条例は多いのである[358]。この年マルセイユの市長ギノは対策を強化している。彼は娼家の斜陽化を見てとるとこれを食い止めるために、多くの娼婦が見捨てた娼家に娼婦を引き戻すことと、娼家の数を増やすことを求めたのである。さらに市長は、「売春婦のために監獄、作業場、病院としての機能を果たす専用施設」をマルセイユに創設するよう要求した[359]。この案は、一八七五年に中央署署長ディエーツによって再び採りあげられ、進展をみることになる。ディエーツはその際、公娼のための「懲罰道徳矯正実施方法」の確立を提案している[360]。このような努力は、一時的にせよ、ある程度成功したかに思われる[361]。

3　刑務所にあふれる売春婦

現行犯で逮捕された私娼と同じように、夕方パリで逮捕された公娼は、自分の住む地区の留置場でその夜を過ごし、翌日警視庁の留置場に連れていかれる。逮捕が日中のことであれば、そのまままっすぐオルロージュ河岸の警視庁に連れていかれる。留置場では、[362]風紀課の副課長の尋問を待つあいだ、彼女たちは、四日以内の投獄を言い渡された売春婦と一緒にされる。独房に監禁される私娼とは逆に、公娼は、その数、一日に一五〇から二〇〇人であるが、大きな共同部屋に詰め込まれて、修道女の監視を受ける。[363]彼女たちは身繕いすることもできない。それでも、使い走りの者が、娼婦が皺くちゃにしないために脱いだドレスを住居に持ち帰り、[364]下着、夜着のキャミソールとペチコートを持ってくることは許されている。夜になると、藁蒲団が運び込まれ、女たちは「片隅で折り重なって眠る」[365]。

マルセイユの留置場は五〇平方メートルのじめじめした部屋で、鋼鉄板の扉があり、ふたつの格子窓から明かりをとっている。換気装置が取り付けられるのは一八七六年のことであるから、まだ日は浅い。[366]一角に「便所」、正面に検診を受ける前に身繕いできる洗面台、その傍にずらりと長く衣類掛けがある。一五人から二〇人の女がここに詰めこまれ、食物としてはパンと水だけということもある。ただしここでもやはり、使い走りの者が、拘留されている女の住居から、衣類、シーツ、食料を運んでくることを引受けている。

マルセイユの留置場のなかは、パリの留置場と同じで、娼婦たちは、叫び声と笑い声のなかで、トランプをする、[367]食物を分けあう、壁に猥褻な落書きをする、同性愛に耽る、[368]と、何の規制も受けずに過ごしている。この乱れぶり、この雑居ぶりは監獄の理論と実践の進展にあまり適うものではなく、ミルール博士ばかりでなく、オッソンヴィル伯爵にもショックを与えた。ミルール博士は、いかにも規制主義者らしく、行政拘留をいささかも放棄することなく、だがそのうえで労働と静粛を義務づけるべきであると主張している。要するに、オーバン制*の遅ればせの適用である。

* ニューヨーク州のオーバン刑務所が一八二四年以降に採用した囚人拘禁方法。昼間は囚人たちを雑居させて、ただし沈黙を守らせて作業に就かせ、夜間は独居拘禁に附すというもの。

一九〇二年頃までトゥーロンの留置場は、いま述べたようなマルセイユのそれに非常に似通っていた。ただ、拘留されている娼婦は完全に外部から遮断されている。そのかわり「彼女たちには正午にはスープ、夜には野菜とパンと水が好きなだけ与えられる」[369]。室内は二四時間換気されている。ブドウ酒、煙草、リキュール類はその後禁止された。

パリでもマルセイユでも、一八七八年までは、違反行為をした公娼の刑罰を決定するのは尋問をした警察署長であった。[370]その後ジゴ条例によって、違反者である公娼は決定を不服とした場合、この件に関して開かれる委員会、われわれが登録のところでその役割をみてきた委員会に訴えることができるようになった。いずれにしても、処罰は最終的には、第一部局長が査証した警察署長の申出書に基づいて警視総監が下す。実をいえば、訴えの手続きがとられるといってもそれは理論上のことで、委員会はたいていの場合、警察署長が最初に申し出た刑罰を追認するか、さらに重くするだけであるということを、娼婦たちは経験からたちどころに悟ってしまった。こうして、一八八〇年から一八八六年までのあいだに、委員会は一二四件の処罰を妥当なものとして支持し、四件をさらに重い処罰に変え、軽くしたのは四八件だけである。[371]二課長のグレクールはこの点に触れて、一九〇三年、次のように書いている。「娼婦たちは処罰が正当であることを知っているばかりでなく、毎回決まって処罰されるものでもないと知っているから、決して抗議することはない[372]」。

首都の売春婦に科せられる刑期は、理論上は、一五日を超えることはない。もっとも多い処罰は六日から八日の刑期である。ただし、逮捕の際に警察に反抗したりこれを侮辱したりした公娼には、一ヵ月から三ヵ月の禁錮刑が言い渡される。この点に関して、拘留中の娼婦が病気に罹っている場合は、はからずも医療刑務所で過ごした時間はきっちりと刑期に算入される、ということに注目したい。

地方では行政拘留の刑罰は、一般的には、中央署署長の申出書に基づいて市長が言い渡す。しかし、一九〇二年当時のリールとマルセイユについて先に見たように、まったく合法性を無視して、逮捕された娼婦が違警罪裁判所に引き出されて、司法権による決定で罰せられることもあるのである。

パリでは四日以上の刑期を言い渡された売春婦は、サン゠ラザールの第二セクション、くりかえすがここは売春婦にあてられているセクションであるが、ここへ送られる。彼女たちはここで、普通法の軽犯罪の女たちと同じ義務に服す。ただし、彼女たちは軽犯罪の女たちからは厳重に遠ざけられており、それは第三セクションで特別の規則の恩恵を受ける未成年者から遠ざけられているのと同じである。受刑者となった娼婦は、かつて一度も暖房されたことのない共同寝室で寝る。[373] 日に二度、八時四十五分と十五時に出される食事は、黒パンを日に七〇〇グラムのほかは、週一度の野菜入り粥、[374] 牛肉一片、飲み物としては水、あるいは監獄内で製造されるココナツミルクまがいのものだけである。[375] 一般の女囚とは異なって、彼女たちには自費独房待遇は禁じられていた。

行政拘留の公娼は黒い縁無し帽《ボンネ》を被らされる。ただし刑が一ヵ月を超えないときは、囚人服である黒と青の縞模様の毛の服は着なくてもいい。拘留中の女には、寝巻き《シュミーズ》は生理中であっても、週に一度与えられるだけである。彼女たちはじめじめした作業場で一一時間の労働と沈黙を強いられる。この作業場では、教訓的な作品や小説を読んできかせる修道女の監視を受けながら、厚い布袋を縫うことに爪をすりへらす。病気の娼婦もそうであったように、手紙は検閲され、面会人とは格子のはまった面会室でしか会うことはできない。

マリー＝ジョゼフ会の修道女は、一般の女囚によりも娼婦に対してはより手厳しかった。[376] 彼女たちは、特別応接室を使わせてもらえない。[377] 外から衣類も食料も受け取ることはできない。女将が下着類や食料の籠を差し入れさせた昔からの習慣は、[378] 一八七五年の規則が適用されてから姿を消した。休憩時間中に自分のための仕事をすることは禁じられている。尼僧に対する反抗、無礼な言動、労働拒否などをした場合は、食事、面会を取りあげられることに始まって、「何もつけないパンを与えられ、拘束服を着せられて独房入り」[379] させられるまでの懲罰を受ける。このような状況では、娼婦たちが窃盗犯と一緒にしてもらいたくて、こそ泥を働いたと自ら言いだすのも、無理のないことである。[380]

一八七四年にはジョセフィン・バトラーが、一八七八年にはセーヌ県の県会議員たちが視察を行なって以来、サン＝ラザール医療刑務所のあり方は、刑務所の環境をめぐる論争の焦点となった。この施設に対する公娼制廃止論者の烈しい反対運動が起こり、また世論に向けてはマリー・ジョゼフ修道会の修道女糾弾が行なわれ、このようなことを背景に、最終的には一八八七年から一八九〇年にかけて弱腰の改善が着手され、[381] 一八八七年には刑務所は、内務省の管轄するところとなった。行政拘留は、見てきたように、地方都市でもふつうに行なわれていた。一八八七年、ルーアンで投獄された売春婦の数は、監獄の部屋が足りないほどであった。一八八四年から一八八六年の三年間で、当時町には一八五人から二九〇人の公娼がいただけであるのに、刑務所行政当局は四〇三七人の売春婦がボンヌ＝ヌーヴェル刑務所に入所したと記録している。彼女たちの入所総日数は、裁判費用、あるいは罰金不払いのための身柄拘束日数八五七二日を計算に入れないで、三万六八五三日にのぼっている。実は同時期、ルーアンの公娼に科せられた罰金は七万三七七五フランであり、実際に支払われたのは八一九フランにすぎない。罰金を支払うよりも刑務所入りの方を選んでいるのである。(382)

リヨンでは、三日から二一日の拘留罰はサン・ポール矯正院で与えられている。(383) マルセイユでは一八七八年の規則が適用されて、売春婦は留置場かレ・プレザンチーヌ刑務所で刑に服する。一九〇四年、(384) すなわち、新規制主義が広く浸透した後であるが、九六市の条例がなお、検診を怠った売春婦の監禁を定めており、このうち八七条例は監禁期間を制限していない。四三市で処罰は署内の留置場で、八市が市の監獄で、一一市が警察の保護室で、七市が拘置所で執行している。したがって、この六九市では行政拘留と刑事被告人あるいは被疑者の拘留との区別が混同されているということである。一五市だけが、刑罰に付す売春婦を救済院、病院、無料診療所、私立診療所〔当時は精神病専門〕、女子感化院に送り込んで、拘留から懲罰的性格を一掃していた。

＊＊＊

規制主義の公娼制度とは、社会からあらゆる類いの逸脱者を排除、周縁化、隔離し、また、拡散する不法行為を取締ろうとする、総合的計画の一環にほかならなかった。娼婦は、なるほど乞食や浮浪者とは異なる扱いを受けたが、それは、売春には社会的役割があるとして、これを黙認する制度を作らざるを得なかったからである。この制度は、労働者階級が生命と道徳にもたらす悪影響を恐れた支配階級の不安感から生まれたものであることは、明らかである。

つまり、規則は理論上は売春全体に関わるものであったにもかかわらず、大衆的な売春だけが厳重な取締りの対象となったのである。

規制主義の公娼制度はたちまちのうちに世界的に広まった。十九世紀前半にパリで仕上げられた制度であるため、外国では「フランス方式」の名で呼ばれて広く手本とされた。一八七六年にフランスでは公娼制度廃止のキャンペーンが展開されたが、まだそれほど真剣な再検討に付されたわけではなかった。パリ・コミューン敗退後、この制度はパリおよびマルセイユでいっそう強化された。支持者としては軍・警察関係のトップや医師集団のトップの多数が占めていた。教会は、マグダラのマリア崇拝が広まったときに、この制度を好意的に黙認した。また統領政府以後の司法権力は沈黙することでこれに結果的に保証を与えた。

しかしながら、規制主義の公娼制度の行きづまりは、すでにかなり以前から歴然としていた。第二帝政時代にカルリエによってまとめられた通達文書類は、こぞってこの事実を強調している。また、一八七〇年から一八八〇年の一〇年間に書かれたおびただしい文献はどれもみな、もぐりの売春行為が社会の全体に拡大していく様を目にした者の、強い不安感をにじませている。規制主義的構想が一層推進されていく一方で、梅毒に関する豊富な文献のなかに、規制主義の公娼制度強化のための論証が見られはじめるのも、その行きづまりが、最も忠実な擁護者の目にすら疑う余地のないものになったときである。当時としては抑圧を正当化するための最高の試みであった新規制主義の、その後の成功を約束したものが、これらの論証であった。

以上、この制度の整合性を浮き彫りにすることに努めてきた。また、規制主義の公娼制度が売春婦を閉じ込めることを目指して作った隔離された世界のなかの公娼たちの姿を追ってきた。次の章では、この制度の行きづまりの実態と、この制度に対する批判のありかを同時的に見ていかねばならない。

第II部

監禁から素行の監視へ

モーパッサン『テリエ館』初版本（1881年）のカバーに使用されたイラストレーション。

第1章　規制主義の計画の破綻、あるいは誘惑のイリュージョン

一　公認娼家売春の斜陽化

1　娼家数の減少

首都の公認娼家《エタブリスマン・トレレ》の数が最高だったのは七月王政〔一八三〇―四八〕初期で、それ以後は減少の一途を辿る。一八五六年を境に娼婦の数にも影響が出はじめた。すでに第二帝政の六〇年代にその減少は明白で、一時緩慢であったが一八八一年以後加速された。この動きは当時のセーヌ県以外の諸都市の公認娼家に、より大幅な影響がみられる。大都市のほとんどで一八五六年以後減少が目立ち、一八七七・七八年から一八八五年にかけて急減する。娼家の減少はマル

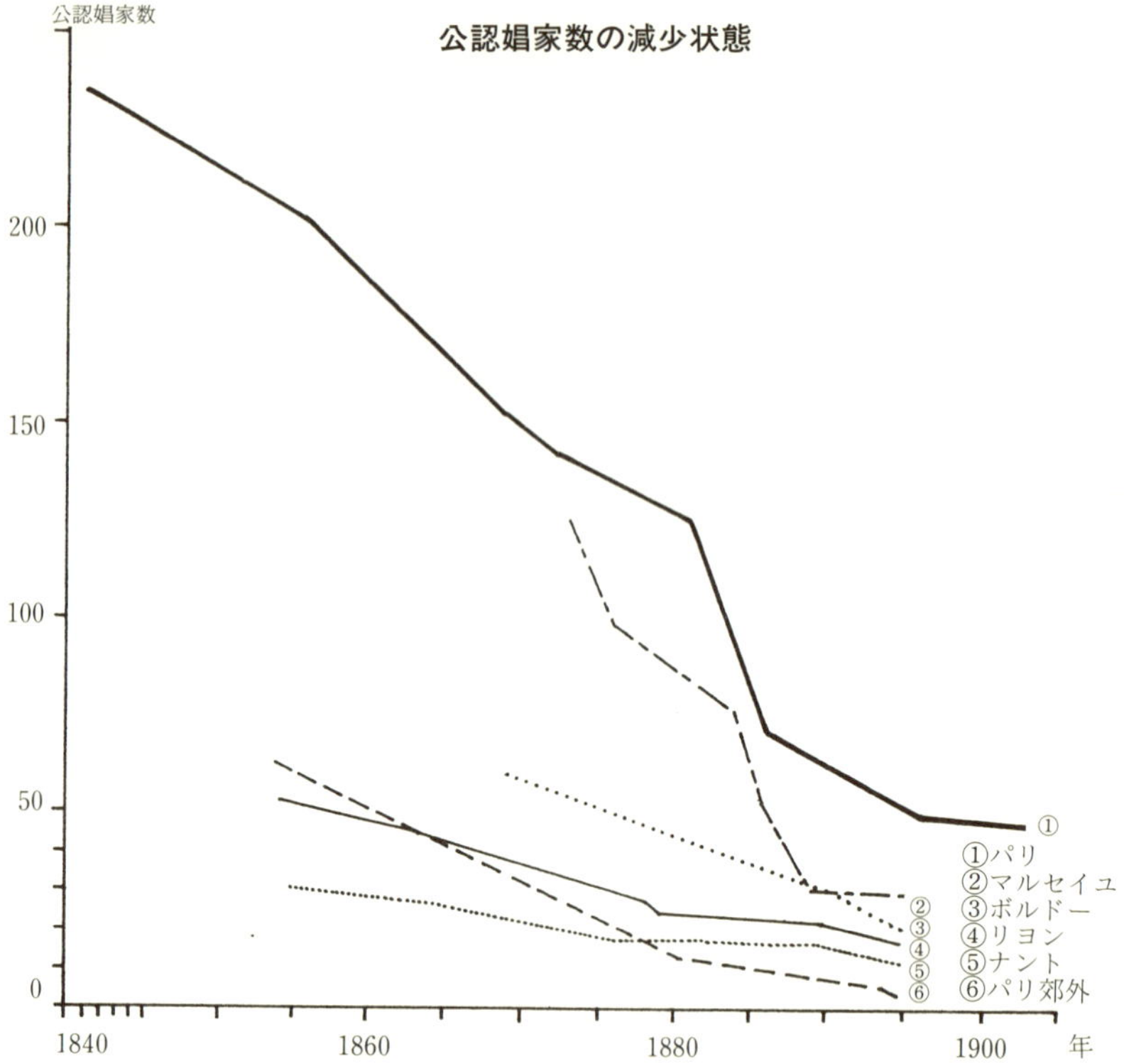

風紀取締制度院外委員会の未公表記録による。フィオー博士の転載を使用（『風紀取締り警察……』第１巻 p.355）

セイユ、ナントおよびボルドーで明らかである（本頁のグラフ参照）[1]。リールでは一八七六年に公認娼家が二三軒あったが一八八八年にはすでに六軒しかない[2]。ルアーヴルでは一八七〇年に三四軒、それが一八九〇年に一二軒だけになった。一八七四年以来、ブレストの郡長は知事への報告書で、公認娼家の不振傾向を強調している[3]。同じ時期に前に掲げた諸都市はそれぞれみな人口数が増加しているというのにである。だから大都市でこんなにはっきり、しかも早ばやと現われた公認娼家の危機は、ヨーロッパ的規模の現象というか、いな、世界的規模とすら言えることに注目したい[4]。

ただし、中規模の都市がその

大部分を占めている全体を見渡すと、主だった九都市[5]を除いて公認娼家および抱え娼婦の数は必ずしも減少したとはいえない。中都市全体に影響が出てくるのは大都市よりずっと後のことでしかないようである。中都市での低下が目につくのは一八七六年から一八八六年の間で、この間に娼家は七三一から七一三になっている。一八八六年から一九〇一年にかけては漸減状態にすぎず、これら中都市では今世紀はじめまだ六三二軒の公認娼家が営業している。例としてとりあげた五県の娼家数の変化を示している**表9**は、同時に二つのこと、つまり、全体的減少傾向と、その状況が地域的にはまちまちであることを示している。

第二帝政期以来[7]、専門家がこの減少の原因をあれこれ詳しく調査してみたが、いずれもその本質を明確にできないでいる。セーヌ県知事オスマンによる都市改造の結果、いくつもの大都市が抱えていた「焦眉の急の」地区の老朽家屋がかなりの数にわたって取り壊しをうけた。それでシテ島とルーヴル周辺地区の売春宿も潰され、代替物は建てられないままに終った。都市の急激な発展の結果、旧来の場所に売春宿を設置しても馴染客の居住地域と結びつかなくなった。彼らは都市からはじき出され、周辺地域に居住せざるを得なくなっていた。このように客の居住区が都市周辺に散らばったことは色街界隈への執着をかなり薄れさせることになる。売春施設が客層の新しい地理的分布に合わせて創られるとすれば、それは家具付安ホテルかもぐり娼家ということになる。

経済面からみても種々のことが旧来の娼家経営にマイナス要因となった。第二帝政時代、すでに娼家経営の認可料がべらぼうに引き上げられ、建物の所有者らが再三再四家賃の値上げ要求をくりかえすなど、営業資金の調達は生やさしいことではなくなった。この時期以来、中小規模の娼家が相次いで廃業していく。もぐり娼家に変身するとか、公認娼家を家具付安ホテルに転用することの方がはるかにリスクは少ないとみられた。なぜならそれらは公認娼家経営ほど大きな資本の負担を必要としなかったからである。さらにつけ加えれば、抱え主を持たない売春婦を相手にする家具付安ホテルの運営は公認娼家経営のような複雑な会計管理を必要としなかったのである。

とくに、連れ込み娼家《メゾン・ド・バス》、メゾン・ド・ランデヴー〔新しい型の娼家。詳細は二三九頁以下参照〕、あるいは窓なし個室付キヤ

表9　五県における公認娼家数の変化(6)

	1856	1866	1876	1886	1896	1901
フィニステール	14	17	15	20	21	12
セーヌ＝エ＝オワーズ	18	21	21	19	17	13
シャラント＝アンフェリウール	12	15	17	18	20	19
エロー	27	33	39	43	20	9
ムルト＝エ＝モーゼル	18	14	16	18	20	19
	89	100	108	118	98	72

バレーなどの経営は登録云々などの問題もほとんど顧慮する必要がなく、その上、一八八〇年以来、公認娼家の女将たちは抱え娼婦を獲得するのにかなり苦労していた(8)。女将らは周旋業者が「小荷物〔セクシーな若い娘〕」の値をつり上げてくるのを知りつつ、みすみす彼らに泣きつかざるを得ない状況にあった。娼家の女将らが新たに直面した種々の難儀は、婦女売買問題が世間に突然浮上したことである程度理解できよう。このような状況のなかで、娼婦らは不満を燻らせず、はっきりした形でいろいろ要求をするようになってきたし、あこぎな女将連中も彼女らを以前のように、何から何まで言いなりにすることはできないようになった。

公娼制度の開始以来、娼家は行政的保護の恩恵に浴していたし、パリでは警視庁が眼を光らせながらも手心を加えていた。しかし、一八七六年以来、パリ警視庁は市会の急進派から烈しい非難を浴びせられ、公認娼家のために、以前ほど大っぴらに保護措置をとることが憚られた。醜聞や新聞のキャンペーンで世論が煽り立てられるのを懸念して、警視庁は娼家の開設許可を躊躇せざるをえなかった。地方でも、若干の市町村が、その数はほんの僅かではあったが、この当時から、娼家の新規開設の許可を渋りだした。サラン、ポンタルリエ、クールブヴォワおよびアミアンの市当局も同じく、暫定的にか、あるいは決定的措置として、それぞれの自治体行政区域内では公認娼家を禁止するまでに至っている。要するに、警察の野放図なやり方に対して首都で抗議行動がおこったり、人権に対する人びとの感覚が非常に鋭くなったこと、さらに現代風に言えば自治体の威信を問う姿勢が世間の常識となったことなど、マルサス主義に反対するいろいろな考え方も含めて、これらのことが公認娼家に不利な影響を与えたのである。

これらのことは、実をいえば、社会の深層で、人びとの性に対する要求の進化がおこり〔即物的なセックスに魅力を感じなくなったことなど〕、それが間接的な形で社会の表面に現われたにすぎないのである。(9) 娼家は客層の大部分を失ったためさびれたのである。大都市、とくにパリでは、大量の都市移住者がその後もあとを絶たず増加の一途を辿ったが、彼らは都会生活のなかで、プチ・ブルジョワの考え方や態度に染まり、大衆の生活態度に様変わりが生じたのである。「精液の排水溝」としての娼家（そこへ人は生理的欲求のはけ口をもとめてやってくる）、そんな娼家に人びとはもはや、いくばくの魅力も感じなくなったのである。それに代わって、誘惑が性を美化し、それへの関心が著しく高まった。プチ・ブルジョワたちの間だけでなくプロレタリアートの場合も同様に、公娼でない商売女の誘惑が日々さかんになっていった。その一方、淫売宿の露骨な女の裸姿や安物の金ピカづくめは、(10) かえって不快感をそそるだけのものになった。娼婦でない自由な娘たちが競って客を求めたり売春の新しいやり方が普及したことで、ある種の娼家は散ざんな目に遭った。地方ですら、「公認娼家は自然消滅の有様で、最後の顧客であった地方回りのセールスマンがそっぽを向きだし、彼らは酒場の下働きの女や女中、あるいは召使女たちと関係を持っている」と、イリアール＝デシュパール(11)は、多少誇張もあろうが、のちに院外委員会で公言している。

女たちを娼家に閉じ込めにしていることに世間は目をつむってばかりはいられなくなった。この世間の目がフェミニズムの発展と無関係でないことは言うまでもない。社会が労働の意義を強調するようになってくると、(12) 売春業を安易にみとめているわけにはいかなくなってくる。そのことは、警察の風紀担当課に寄せられたこれに関する苦情の数を見さえすればよくわかる。(13) 不動産価格の引き下げに関する訴訟と並んで、売春業をめぐってのもろもろの請願が数を増している。カルリエは、すでに帝政末期に自分の覚書をまとめた著書の中で次のように記している。復古王政時代には娼家はそのまわりに群がっている小店舗を儲けさせていたのでまわりから重宝がられていたが、娼家が不振になってくるとそのまわりは空地が目立ち閑散としている、(14) と。このように娼家をめぐる人びとの態度ががらりと変わってきたのは世間がこの種の売春をさしおいて暗黙のうちに別の型の売春に新たに関心を持ち始めたことの反映にほかならない。

さて、公娼制度から新しい売春へ世間の関心の移り具合は、酒類小売営業の自由を認めた法律が一八八〇年七月一七日可決されたことによって急速に目立ってきたことが判る。キャバレーの売春経営が見るまに広まっていった。多くのブドウ酒商[15]が店の裏に窓のない個室を設け、そこで、娼婦の登録証をもたない女たち——女中の場合もそうでない場合もあった——が非合法に客の相手をすることができた。そのような女たち自身が、馴染客相手に売春するつもりで、単独《ひとり》で、あるいは、グループで酒類を提供する小店を開く例がしばしばあった。

十九世紀末、少なくともパリでは、民衆相手、あるいはプチ・ブル向きの公認娼家はもはや商売にならなかった。廃業に追い込まれたくなければ他店がやらないような特殊な呼びもので客を引きつけるか、建物の模様変えをして従来とは異なったイメージをもたせるかしかなかった。レオン＝ジョゼフ・マルブラクという、ラ・シャペル街一〇六番地の一娼家の主人が一八九三年にパリ警視総監に宛てた陳情文の内容は、郊外に設置された娼家のさまざまな困難をうかがわせる。彼は次のように書いている。「手前《てまえ》どものまわりはすっかりもぐりの商売女に占領されて、手前を除いてここでは男はみなカモにされると言っても嘘にはならんでしょう。街の女らは手前の店の前でしょっちゅう、客引きをやっとります。朝から晩まで日がな一日中追っ払われることもなしに……。みんな、というのは『地方人・異郷人倶楽部』の面々ですが、手前の店に来るまでに、そりゃ嫌になるほど何べんも女どもがつきまとい、袖を引いたり、しつこく誘ったりで、そんな目に遭わずにすむことはまずありゃしません。もぐりの女どもは手前の店の客人にその店に行くな、そこはべらぼうに高いぞ、お前さん向きじゃないよ、とか、そこへ行くとひどくぼられるぞ、やばいぞ、などと言いやがります[16]」と。この男の言によると、一〇四番地のホテルはその一階にブドウ酒商の店舗があり、そこは売春婦のヒモ連中の溜り場になっていて、その奥にある店で女たちに客商売をさせ、それ以外に一五〜二〇人の娘たちにホテルを使用させている。一一四番地〜一一六番地のいくつものホテルも売春経営をやっている、という。要するに、「これはまあ、まっとうな八百屋の暖簾の店先で、手押車の手合が、常時安い商品《しなもの》を並べてるようなもんです[17]」と彼は続け、末尾の部分で、自分の同業者が難儀している事情を一度会って直接聴いてもらいたいので機会を設けてほしい、と警視総監に懇請している。さらに彼は、規則ずくめのやり方全般をナイーヴな言葉で問題にしながら、同業者の中に「家庭では善良な父親で、商売人としてはまっ正直で、その上、きちんと真面目に税金を払っている仲間がたくさんおりやす。彼らがたとえ抱え女どものお蔭を多少蒙っているやにしても、警察や世間さまの道徳や良俗を守るためにこれまでほんとうにお役に立ってきやした。不幸にも私めも、こんな商売は金輪際やるまいと思っていやしたが、世のため人のためとひと肌ぬいでこの商売に何がしかの金を投じてもうかれこれ十年にもなりやすか。これで私も世の中の裏表をいろいろて見てきやした。お上が規則を変えなさる折には、しかるべきおかしらのところへ出向くよう私めと同じ多くの仲間にお指図願います。そして詳しいなかみをじかに聴かしていただきてえと私めはおもっておりやす[18]」と彼は記している。

このような陳情は、おおかた察しはつくだろうが、ぽつんと一つだけあったのではない。すでに一八七六年四月二十六日、マルセイユの公認娼家のマダム連中が公衆道徳の名において、娼家に属さないフリーの売春婦およびもぐりの女たちがやっている客引きに、抗議する請願書に連署している[19]。一九〇三年にはサン＝ニコラス＝デュ＝ポールの娼家が、とくにひどい経営不振に陥っていたことが判明している。彼の店は廃業寸前であった。それに転業もままならなかった。というのは、その建物は行政当局の注文通りに「売春用に特別な構造《つくり》になっていて[20]」表通りに面する出入口は一切なく、建物内部の間取りもこの商売向けになっていたからである。その上、この娼家が開設された一八八一年に、経営者は民生局との間で、義務として年二〇〇フランを支払うことを取り決めていた。それを忠実に履行したとして、それに営業税を支払う義務が加重されれば[21]、「俺の生活費をどうしてくれる[22]」と経営者が開き直っても不思議には思われないだろう。彼はさらに、抱え娼婦らが自分の店を見捨ててカフェの女給やもぐりの売春婦になっていると訴え、警察が「本気になって」取締まってくれることを求めている。また、彼の店を出たがっている抱え娼婦らに対し、その都市から追放措置をとってほしいと要求している。娼家の経営主らは医療検査のきびしさにも不平を鳴らし、ナンシーでは、自分たちを破産に追い込んだのは医師のヴィニュロンだと訴え、この医師を非難している。[23]

ところで、娼家経営が危機だといわれながら新規に娼家がいくつも、とくに南フランスで開店されているのが目にとまる。これらの娼家はほとんど客足はまれで、これでは経済的にやっていけないのは確かである。新規開店の娼家が成功しなかった最も特徴のある例は、おそらく一九〇一年にラ・センヌで開店した公認娼家の場合にみられよう。市域の郊外に建てられ「ごみごみした人家の密集地でないところ」[24]で、この娼家は特別に最新の近代衛生学のさまざまな知識をとり入れた構造をもち、従業員はすべて登録済みの公娼であった。内部のきまりは、抱え娼婦らの「居心地のよさ」[25]を尊重することが第一義とされていた。保健衛生検査ではどんな病気も一切発見されたことはなく、このように万事従来の娼家より優れていたのにもかかわらず、この企業の経営はパッとしなかった。しかしながら考えてみると、この例は、理想的娼家を考案してみるという、現実離れしたプランが相変らずなくなっていないことを物語るものである。[26]

2　閉ざされた娼家から出入り自由の娼家へ

公認娼家経営者の相当数は、その建物を部分的に改造して連れ込み娼家やメゾン・ド・ランデヴーの体裁で経営を続ける才覚をもっていた。公認娼家がこのようなかなり柔軟なやり方をとり始めたことは多くの事柄を通じて示されており、この現象は規制一本槍のやり方ではもう駄目だということの表現であった。馴染客が、目当ての女へ贈物をする習慣も珍しいことではなくなってきた。[27]このころからかなりの数の娼家で、次第に、娘たちがかなり自由に娼家の外へ外出できるようになっていき、少なくとも首都では、格子窓に南蛮錠をかける習慣が次第にすたれていった。プチ・ブルジョワ向け娼家の女経営主たちは、より大幅に「寄宿娼婦」を歓迎した。彼女たちは建物からの出入りは自由で、顧客からの金は自分たちの手で受け取り、下宿料を女将に支払いさえすればよかったので、この方式でやると、娼家は公認娼家というよりはむしろ連れ込み宿といった風になった。寄りつかない客足をかり立てようとして、パリの女将連中の中には大通りの繁華街や舞踏会のはねる時刻に、ぬかりなく娘たちを繰り出し客引きをさせるものさえ現われだした。[28]このやり方は娼家の外で行なわれるような宴会場に娘たちを斡旋することにも発展していった。サランでは、女将が「ナチュラリストのダンスパーティー」[29]をひらいているプチ・ブルジョワ連中や、昼下りの気楽な情事を願望しているコレージュの学生たちにまで自店の娘らを世話している。サラン＝ニコラ＝デュ＝ポールの娼家の主人はその町の「宿泊客を売春の客にする」よう店の娘たちを差し向けたりして、なんとか娼家の経営を保っていこうとしていた。[30]顧客の好みが新たに変わってきたことを察知した女将は、しばしば客寄せにあの手この手を用いている。つまり正真正銘の公認娼家でありながら、客に対して、人目を憚かるふりをして女を斡旋し余分の料金をせしめたりするのである。[31]フィオー博士の言及によると、公認娼家の女将らが店を服飾品製造店に改造して、実際にはパリ警察庁に登録されている公娼にすぎない娘たちを、うぶな少女とふれ込んで顧客に提供していた例すらもある。

少しずつ公認娼家はメゾン・ド・ランデヴー風に姿を変え、そのことは大目に見られていた。女将らは旧来の娼家経営を続けながら、そのほかに、馴染客と界隈の女工たちとの出逢いをとりもった。さらにまた、ブルジョワ連中の間で姦通がひろまっていったことも娼家の新しい経営の方策に手をかしたのである。不貞の人妻の多くは、立派なホテルの客室や天井の低い中二階の独身男性用アパートよりも、閉鎖的な公認娼家の方がはるかに安全だということをよく知っていた。それで、女将連中のなかには建物の一部をそれ用の部屋に転用したり、また、隣接の建物、つまり、文字通りの別館であるが、それを「人目を忍ぶ情事」[32]のためにほくそえみながら提供していたものもいる。

マルセイユの指定地区のなかにある娼家が蒙った変化は、旧来の娼家の閉鎖性が崩れたことをはっきり物語っており、もはや元へ戻せるような成り行きではなかったことがよく示されている。だが、この変化の原因を、ビヤホールやキャバレーの女たちが競争相手として身近で競合していたからだと判断するわけにはいかない。つまり、この地区では、そのようなことは全くなかったのであり、娼家の顧客は、おおかたは船乗りで、彼らは娼家や公娼との馴染みを大切にし、彼ら以外の男たちほど私娼に魅力を感じていなかったことが判明している。この地区内では、もぐりの娼家が競合するような現象は全く見られなかった。マルセイユでは行政当局が在来の娼家を保護する立場を捨ててはいなかったし、警察の地位も強いままであった。それに警察の権威もまだジャーナリズムの攻撃などで損われてもいなかった。要するに、マルセイユでは、すべてのしきたりが在来の公認娼家に有利に働いていたのである。ところで、旧来の娼家は、指定地区のその中にありながらも、女将、娼婦、顧客の共通の同意による著しい変化を経験する。つまり、通い娼婦《エクステルナ》で運営する方式が従来の抱え娼婦の制度に次第にとって代わり、娼婦を閉じ込めにしていた旧来の娼家は、当局の黙認の下で連れ込み娼家に変貌した。

ルニョー博士の研究のおかげで、娼家の変貌の過程を詳しく追跡することができる。いわゆる旧来の公認娼家はその数において、一八七三年に一二五店あったが、すでに一八八九年には三一店、一八九七年には一二店しかなかった。女将の大部分は各々の店を「出入り自由の娼家《メゾン・ウヴェルト》」、あるいは「自由な娼家《メゾン・リーブル》」に変えること、つまり、指定地区の中で正式に許可された家具付安ホテルのような娼家にすることを当局に要求していた。その方式にすると娘たちは得をするのである。つまり、彼女らは店の外に出かけたい時は自由に外出でき、女将に部屋代を支払いさえすればよいのである。その部屋代も一八九〇年ごろで、一日に二・五フランか、せいぜい五フランまでである。顧客からの料金は直接娼婦の手に支払われる。ルニョー博士によると、このやり方で娼婦は一日一五から二〇フランまでの額を自分の手許で管理することができる。それは日曜日には三〇から三五フランまでにもなる。[33] もっとも、娼婦は衣裳代ならびに医者への検診料を自分で支払わねばならなくなり、また、部屋代が払えないような場合には女将から追っ立てを喰うおそれがあったのは当然である。

一方、「出入り自由の娼家」の女将の方は、もはや抱え娼婦を集めることにあくせくする必要がなくなり、あるいは周旋屋に世話してもらう必要もなくなる。また女将は衣裳や医者の検診の面倒をみる必要もなくなる。女将の会計面は大いに簡便化されるのである。大金を準備しなくても娼家経営はできなくはない。玄関のホールやサロンもなしで済む。しかも、女将の手にする儲けは以前よりもかなり多い場合が珍しくないのである。「出入り自由の娼家」の場合、娼婦らは家具付安ホテルの玄関先や入口で客待ちして、自分で客を引っ張り込まねばならない。このことは女将の側からいうと、娼婦に付き添う客引き婆さんを雇う必要がなくなる。マルセイユでは各娼家の前の客待ちを許可されている娼婦らに、この客引き婆さんが付き添っていたのである。(34) 出入自由の娼家は顧客の側からいえば、娼家に入る事前に自分で女を選ぶことができるのだから悪かろうはずはない。

ベジエでの売春業のやり方の変化はかなり早期にみられたが、公認娼家の開放性をより強く示している。しかし、ベジエの状況は独特であることを認めざるを得ないし、その街中に売春婦がうようよいたのは他に例を見ないほどであった。二十世紀に入ったころには、ずいぶん以前からこの街の公認娼家はすでに姿を消していたのであり、これを規制していた一八六一年の規則は時代にそぐわなくなっていた。ベジエには「もぐりではない娼家(35)」だが「公娼制規則に準拠していない売春施設」と行政当局がみなしていた家具付娼家があった。「そこを住居とし一定額の下宿料を払っている女たちは、他で客を取りたい時は自由に外出でき、都合によってはその店で客をとってもかまわない(36)」のである。だから公認娼家でも、いわゆる連れ込み宿というのではない。「下宿屋の女将、あるいは、娼家の女将に営業税や間接税納入者名簿への登録手続きの義務があるだけで、市のどんな条例をみても、そのような娼家を閉鎖させるための規定を備えているものはなかった(37)」のである。

3 黙認の館から遊蕩の館へ

旧来の閉鎖的な公認娼家が、とくに、都心部で存続しつづけていたのはすでに触れたが、実際、大手の公認娼家は危機とは無縁であった。したがって、この公認娼家制度はその後も永く生き残っていくが、売春規制計画が本来目論んでいた公娼制――つまり、性衝動の激しい年齢層が、生理的欲望を充たせばよいだけの、派手な豪華さを売りものにしない娼家を整備しようとする——にはもはやそぐわなくなった。世紀末の公認娼家は真の遊蕩の館で、まさに倒錯の性の殿堂とでもいうようなものであった。それは、貴族あるいはブルジョワというような客層の、いってみれば、その多くは外国人からなり、粋な好色趣味を求めて止まない紳士連中を目当てにして、首尾よく生きのこったのである。

要するに、ホテルや家具付安ホテルが立ち打ちできないような豪華な娼家だけが、生き残ったばかりか発展さえもしたのである。そのような娼家は夥しい資本を投じた豪華さと同時に、特殊な装置を操作する技術をもった従業員を必要とするような経営をやっていたからである。一九〇三年、パリにまだ存在していた四七の公認娼家のうち、一八は二〇万から三〇万フランの値がつく第一級の娼家であった。[38]

これらの娼家は金にまかせた装飾、ゆったりした調度という贅をつくしていることで他の店よりかなり高い料金をとっても顧客は納得した。つまり、世紀末の大手の娼家の装飾は人びとの眼を見はらせるものがあったのである。ずい分多くの経営主らが一八七八年、一八八九年、とくに一九〇〇年の万国博覧会の機会を利用してその建物を改造している。

もう一度くりかえすが、ここではその豪華さを生彩に描写するのが本意ではないのだが、ムーニエの報告に基づいてそのいくつかを描いてみることにする。「この世のものとは思われない夢のような洞窟と田舎風の段状のスイス風の岩山、これがシャバネ街にあった娼家の呼び物の一つで、行って探ってみたくなる魅力の一つであった。ばかデカい正面大階段はいかめしい印象を与え、壁といわず天井といわずいたるところに鏡があり、どの部屋もみな分厚くて柔かい、足の埋まりそうな絨毯が敷かれ、そこにもここにも壁掛けがあり、そこら中、電飾がまばゆく輝やき、この愛の神キューピッドの殿堂はどこへ行っても芳香が立ちこめ、裸体の巫女が侍っている」[39]、M街の娼家の一階は「贅の限りをつくしたギリシア風殿堂」[40]になっている。そここにオペラの舞台や東方のパラダイスの情景、ルイ十五世風のもろもろのサロン、カリプソの洞窟などがあった。赴くところすべて「電飾の夢幻境」と、多くの顧客にとっては新奇なものばかりで、フィオー博士は「性的催眠術」や「頭がいかれてしまいそう[41]」なことに一生懸命競争しあっていると非難している。

当時、倒錯とみなされていた要求に応ずるもろもろの装置にも、同様に手のこんだ工作が施されていた。たしかに、これまでやっていたような倒錯趣味をみたすやり方はずっと以前から売春宿で行なわれていたが、工業化と、貴族の好色道楽がブルジョワ階級に広まったことが原因で新しい装置の開発がなされたのである。そのようなわけで、のぞき趣味の装置が完成した。フィオー博士が一八九二年に書いたものによると、四〇年前、その装置は仕切り壁に曲り柄をデザインしてつくった単なる穴だったり、戸棚に穿った斜めの穴とかであったのが、「今日では……入口の扉カーテンや、版画や小さな絵が無造作に掛けてある壁に巧妙な仕掛けがしてあったり、あるいは、仕切り壁をくり抜いて取り付けた円管がオペラグラスや円錐型の音響装置になっていたりで、観客は併設されている小部屋から見たり聞いたりできるようになっている。つまり、豆ランプをつけたそれ用の席が観客に便利なようにつくられている[42]」。ここで「人びとはその席を、まるで演奏会の座席を買うように買うのである[43]」。

一流どころの公認娼家は、このように見世物を次々増やした。それは抱え娼婦らが一糸まとわぬ全裸姿で、肌身の白さを浮き立たせるための黒ビロードの大きな敷物や黒のサテン布を張りめぐらした室内で、同性愛の仕草を演ずるといった、活人画のようなものである。他では、電動装置でまわる回転台の上で娘たちが美しい姿態をとるだけにしているのもあった[44]。ときには、両性具有の性器、肛門など醜悪なものを見せつけられたり、あるいは獣姦の場合などもあった。フィオー博士[45]によると、いくつかの娼家では当時社交界の寵児であったグレートデーン種の犬や、首都の近郊にたくさんいたニューファウンドランド犬の雑種と娼婦の獣姦の見世物を専門にしていたという[46]。

大規模娼家の女将は「性の拷問具なら何でも揃えている武器庫[47]」、とくに鞭打ち器具[48]をみな完備していたし、一連のアイデア商品も一切合切揃えていた。それらは今日ではポルノ・ショップに並べられているようなものだが、当時としてはかなり手の込んだものだったといえる。この分野でも明らかに進化があったのである。「芳香のする革紐を束ねたハタキ様のもの、ギュッときつく締めやすい絹紐、蕁麻《いらくさ》の小さなブーケ」[49]はもうすでに使いふるされたもので、最近はベルギーやドイツの工場が新しい材料を女将らに提供した。すなわち、モンダ博士の送風ポンプ[50]、局所電動装置、あるいはあらゆる種類の予防具。イギリス渡来の張形[51]。「顔をそむけたくなるような男色家[52]」とか社交界の女性たちの同性愛趣味を満足させるために娘たちに持たせる馬具のような人工の鞭一式も含めて。また女将らは燐《りん》やカンタリスなどのチンキ剤みたいないわゆる催淫効果をもつ怪しげな薬を客が自由に使用できるようにしていた。

　金のかかっている娼家の顧客には、いろいろな春画のアルバム集が提供された。その中には日本渡来のものがいくつかあった（女島・男島）。猥褻な写真美術のなかで、独りずつのヌード写真は次第にすたれ、グループでの性行為の絵図や、あるいは修道士や修道女に紛した一対の男女が性戯を演じている場面のものがそれにとって代わった。

　このようなことをやるについては、みなむろん、そのことに通暁した従業員を抱えていることが前提で、彼らは本当の意味での修練を積んだその道の練達者であった。フィオー博士がとくに指摘しているように、娼家の娘たちはしばしば職業的義務感とでもいうような態度で「指先で蜘蛛がはう様に[53]」顧客の身体を触わるやり方を同輩の誰よりも上手《うま》くやることに各自、面目をかけていた。フェラチオや経口交接の方法は一流どころの娼家ではどこもやっていて珍しいことではなかったが、これは当時の世間では道学者連中から、男色とともに他のどんなやり方よりも最も卑しむべきものとされていたことで、リコール教授は当時「陰唇神経異常《フォリ・デュ・ネール・ジエニトラピアル》[54]」と銘打っていた。顧客の証言をもとにレオ・タクシルは、若干の女将は抱え娼婦にそのような技術を習熟させるために「テスト師」をかかえていたという[55]。大手娼家の娘たちは、肛門愛撫つまり肛門のクンニリングスで同性愛の客の要求を充たすことにも応じなければならなかった。このことに関して、証言はみな第三共和政初期の数十年間に社交界で同性愛好みの女たちが明らかに増加していたということを依りどころにしている。ポール・デュボワ博士は一八八一年にシャバネ街の娼家がそれ専門の店になっていたと明言している[56]。若干の大手娼家では女将は娼婦を雇う際に「顧客が女である場合もある旨」をはっきりことわった上で話を取り決めている。

集団での性交遊戯、乱痴気騒ぎの夜食、特に「二組の男女の交換パーティー」が当時流行したやり方だったのは言うまでもない。二つの寝台、二つの長椅子、二つの化粧室を備え、大きな鏡で飾った部屋がこのためにいくつも準備されていた。娘たちもまた顧客を喜ばせるためにはどんな種類の変装にも応じなければならなかった。というのは、顧客の中には愛する女からいつも肘鉄砲を喰って、代用品でその女をものにした気になりたい者があったからである。何軒かの娼家[57]では変装を計画的に行なっていた。男たちの幻想に応えるため抱え娼婦らは花嫁衣装をまとったり、修道女や、あるいは総裁政府時代〔フランス革命期の一七九六—九九年〕の「奇をてらった洒落女《メルヴェイユーズ》」に身をやつしたりした。服装は室内の服飾と調和させてあることが多かった。

規制があるにもかかわらず、デラックスな娼家のなかには男色家のカップルを嫌がらず受けいれる店がいくつかあった。彼らは「スワッピング」用に準備された部屋で男同志で自由に戯れればよいので、彼らと同伴で入ってきた娘たちを帰らせさえすればよかった。もし一人で来た男性が同性愛の相手を欲しがれば、女将はそれに応じてくれる若い男を顔見知りの中からさがしてあてがうのである。

抱え娼婦は顧客の要求は何でもきく態度でいたが、その内容をここでいちいち詳細に述べるつもりはない。それは本書の目的ではないからである[58]。ここでの狙いは単に抱え娼婦が実際に売春で行っていたことに限って描くことなのである。ところで、十九世紀の最後の十年間に売春でいろいろ技巧をこらした性戯が展開されていたことは間違いない。たしかにサディズム、マゾヒズム、獣姦、その他もろもろの趣向を凝らしたやり方が、性科学者らの研究対象になる前に売春宿で事実、本当に行なわれていたのである[59]。一九七〇年代に社会の全般にわたってエロティックな画像、レコード、読み物、アイデア商品などがたくさん出回ったのが目につくのと同じように、十九世紀末の数十年間に、プチ・ブルジョワや少なくとも中産市民階級の間に以前貴族たちがやっていたような好色趣味をまねた流儀や幻覚趣味、技巧などが広まったことを認めざるを得ない。当時無数にあった道徳矯正のための諸団体が、音頭をとって法律の制定を達成させたにもかかわらずである。

このような傾向が目立ってきたのは、当時の芸術や文学の動向が好色趣味を当世の流行として取り上げたことと当然関わりをもつ。売春婦の風俗は小説や絵画美術の主要なテーマの一つになった。(60) 象徴派やデカダンス派の文学および絵画は女性のまばゆいような魅力と同時に、それへの異常ともいえる恐怖感を含めて表現し、まるで女性の性的魅力が集団ノイローゼを惹き起したかのようであった。倒錯と名付けられることを分類する努力がなされたのはこの時代からである。すなわち、ザッヒェル＝マゾッホが昔から行なわれていた行為に我が名を付している(61)一方、クラフト＝エビングは性行為を種々網羅した図を作製した。(62) 全ヨーロッパで同性愛は裁判で大きな反響をもつ材料となった。リコール、シャルコ、マニャン、バル、およびウエストファルはそれを病理学的現象の一つとみなして詳しく研究した。ヒステリーに関して研究はいろいろと大幅に進歩した。要するに、西欧では「性の科学《スキエンチア・セクスアリス》」なるものが造り出されたのである。(63) したがって、練りに練った好色道楽は、それはブルジョワ家庭で夫が妻に求めようにも求められない、いな、おそらくは、求めるつもりのないものであったが、それがある種の工業や商業の対象になるということに何で驚くことがあろう？　その性産業の繁昌ぶりは、大多数の群小娼家が経験している危機とは対照的であった。

それらの考察に関連して中小都市の娼家の数が比較的安定していたことが明らかになった。これらの都市でも売春風俗は従来と変わってきた。第三共和政当初、オモ博士は、顧客が性行為に対して手のこんだ要求をする態度を次第に見せはじめていたことを強調しているが、そのことはシャトー＝ゴンチエの娼家の年とった娼婦らがよく知っている。昔、娼家の娘たちはフェラチオはやらされなかった。彼女らとは別の女たちが「食事を別にとる」(64)ということでそれをさせられていたらしい。娼家にしばしば出入りする若者たちは、この当時からもはや「自然でないやり方、もっとも一般的には口で」(65)しか快感を得ようとせず、しかも、女の同性愛の光景をしきりに見たがる態度を示している。しばしば小都市の場合に限られるが、このようなことをやる娼家では、なおその上に、モーパッサンがすでに『テリエ館』で描いているようなクラブの役割が十九世紀末の一〇年間に広まったのが見られる。そのようなクラブに人々はパリの流行や好色趣味の手ほどきを受けに来る。パリ仕込みのモデルを真似て洒落た部屋着を軽く羽織った女たちの傍で、工夫をこらした電飾の照明の下、猥褻な写真の載っている雑誌やアルバムをめくりながら、当時出回り始めた蓄音機で女性流行歌手の唄を聴くのである。淫売宿は夫婦の味気ない宵から逃がれる場、気分転換や倦怠の穴埋め場になった。そこでその地方のプチ・ブルジョワが、性感覚や感受性を洗練させてくれる女たちの世界と接して、新しい社交の形が広まっていった。

いままで描いてきた売春風俗の変化はいろいろ矛盾した影響を生み出したようである。二流どころの娼家では娘たちの状況は改善された。が他方、大手娼家の抱え娼婦の生活諸条件は悪化していった。「その娼家が粋であればあるほどそれに反比例して、その店の娘たちの状況は醜悪なものになっている」と、一九〇四年、テュロは書いている。(66)この当時以後、道楽三昧で退屈している客層の好みに合わせた大がかりな娼家の開設には、莫大な資本が必要とされ、また、運営資金も豊富になければならず、女将らは娘たちに従来以上の働きを求めた。このことはパリ市議会や院外委員会ならびにフィオー博士の指導でなされた調査《アンケート》(67)の結果からわかる。一九〇四年にパリの大手娼家の女たちは、正午から朝の三時まで声がかかればすぐにサロンへおりて待機していなければならなかった。女たちが毎日とる客の数も当然増えた。うなぎの寝床のような「寝部屋」も従来と変わらず健康によくない状態のままであった。ところで、娘たちは一九〇四年、四七娼家のうち四五の場合が住み込むことをなお義務づけられていた。

だから十九世紀後半に公認娼家が不振になったといってもそれにはニュアンスの差があったと言わねばなるまい。が、とにかく、売春風俗の変化は、規制主義の売春対策の挫折を証明するものである。このプランは、夫婦以外の性関係を一定の場所に閉じ込め行政当局のきびしい監視下におき、娼家が豪華さを誇示したり、変態趣味の場やあるいはただ単に非合法な男女の情交の場にならぬようにすることを狙っていたのだが、この閉じ込め方式の挫折は大多数の娼家の例からいって誰の眼にも明らかであった。家具付安ホテルの競合および人びとの性に対する感性が洗練されてきたことに影響されて、それら多くの娼家は生き残り対策として、徐々に閉鎖性をなくし、経営の部分的な手直しを迫られていた。つまり、最も零細なものは連れ込み宿に、他のものはメゾン・ド・ランデヴーにという具合に。

監視の失敗もまた同様に明白であり、世紀末が大手娼家の絶頂期であったことはたしかに間違いない。大規模で豪華な娼家のみが繁昌し続けたというのは、これは単に大経営への集中化現象の過程であったというのではなく、むしろ、技巧を凝らした好色趣味を好むものが多くなってきたことに関係している。娼家は、パラン＝デュシャトレや規制主義者があらかじめ考えていたような〔精液の〕はけ口であるどころか、性に関する実験室のようなものになり、そこで性に対する新しい要求がいろいろ工夫され作り出されていった。すでにこのことをよく知っていたのでデ・ゼサント〔ユイスマンス作『さかしま』の主人公〕は、ある若い労働者を豪華な娼家に無償《ただ》で連れて行って好色趣味の手ほどきをしてやろうと考えつき、そのため、以後、その若い男は死ぬまで普通の性生活では満足できない人間にされてしまったのである。(68)

以上明らかにしてきた二重の変化、つまり売春の状況が閉鎖的娼家から自由な娼家へ変化したこと、および娼家が性欲の排泄場から粋な好色趣味の場へ変化したことは、性に対する需要の二重の変化に対応している。すなわち、社会全体の人びとに誘惑という行為が新しい必要物とされるようになったこと、これまでは貴族やブルジョワなど少数の特権的な人びとだけが探求していた性を満足させるやり方が求められだしたことである。さて、公認の閉鎖的な娼家に反対する公娼制廃止論者らの活動《キャンペーン》が生まれ発展するようになるのは、一八七〇―一八八〇年代の終りを待たねばならない。それは、まさに、閉鎖的娼家の没落が大々的に始まり、目につくようになった時期である。娼家に反対する言説は、すでに行動として表現されていたことを遅まきながら反映したものにすぎないように思われる。人びとの感性が変わってきたことや、金で買う性に従来とは異なった性質の要求をするようになったことが、あるズレをもって表現されたものにすぎない。いま述べたこの現象は、かなりの紙数をさいて再度とりあげねばならないのだが、この現象は当時の社会的変化の主たる要素の一つであるといえよう。だが、それに言及する前に、規制主義による売春対策が挫折した別の面を、いろいろな局面から分析することが必要であろう。

二　もぐり売春の伝統的形態の発展と変化

規制主義の公娼制度の創始以来、行政当局は公娼による売春ともぐり売春を区別している。行政当局はもぐり売春を絶滅するまで追及の手をゆるめないと豪語していたが、実のところ、「もぐり」という形容詞は第二帝政期のなかごろ以来、ほとんど全くその意味をなさなくなった。(69) パリでは地方の大きな都会と同様にもぐりの売春婦が公然と客引きをしたり、家具付安ホテルや居酒屋《ビストロ》・キャバレーなど酒を出す店にポスターで広告したりしていた。これからは公娼と私娼という言い方が適当だろう。だが、私娼は逮捕されると必ず公娼として登録される運命が待っていたことは言うまでもない。

もぐり売春とその背後にある売春斡旋組織が表向きに装っているさまざまな姿を一覧表で示すことは、はっきり言ってかなり難しい。さしあたり、当時の世間では売春をどのようにうけとめていたか、定義してみなければなるまい。さて、その場合でも、これを検討していた人びとの見解が必ずしも一致していなかったことに気付かざるを得ない。『リトレ』辞典によると、猥褻行為に身を委せた女をすべて売春婦とみなし、「悪い品性をもったすべての女」の意味だとしている。女性の立場からすると、性関係の奔放さや不身持《ふしだら》ちを売春と明確に区別していない著作家がたくさんいるのである。パラン＝デュシャトレが女性の堕落は次々と段階をおちていくように連鎖するものだとみていたことを念頭におくとよくわかるであろう。一八八八年にロイス博士もなお、身持ちの悪いことと売春を同一視して、民衆の世界での不身持ちが売春といわれているのにすぎないと考えている。(70) さらに、この点からみて、「ドゥミ＝モンド〔社交界に寄生する素姓の知れない女性たちを巡る世界〕」とか「ドゥミ＝モンデーヌ〔社交界の貴婦人もどきの高級娼婦〕」という表現の意味が漠然としていて、その内容が少しずつ変わってきていることに重要な意味があるといえる。これらの言葉は、もとはといえば、[71]夫の死や離婚により、あるいは、他国出身であるとかの条件で、結婚の絆から自由にはなったが、世間からは胡散臭く思われていてまともな既婚婦人とはみなされていない女性たちのことを意味していたのである。要するに、社会的にスキャンダルをおこして、社交界や貞淑な奥方連中から爪弾きされた女たち、また、金次第で言いなりになる高級娼婦、自分の気にいった男には身を委かすが金銭ずくでは誰のものにもならない女たちの社会のことである。[72]かなり急速に、というのは第二帝政の倒壊以来、[73]だが、おそらくはそれ以前からともいえるであろうが、[74]そのため、「ドゥミ＝モンド」は初期のメゾン・ド・ランデヴーに客を提供する「情事の一種」になった。その「ドゥミ＝モンデーヌ」と形容されると有名な超一流の娼婦のことを指すことになったのである。

ある人びとは売春かどうかを判断するのに、金で取り引きするという点を基準にしてみている。だから、その人びとは囲われている女を売春婦の範疇に入れている。ついでながら、そのような見方をすると、ことさら気前のよい愛人に身を委す人妻や、夫の昇進の便宜のためにその上司に身を委す妻も売春婦とみなす立場に立たざるを得ない。

だが、専門家の大部分は四つの基準を設けている。⑴常習的にやっていることとそれとして世間に名を知られていること。[75]⑵金銭を媒介にして性関係を持つこと。売春行為に身を委せている女性にとってそれが商売を意味するようなやり方の場合、つまり、その女性の生活に必要な資力の主な部分を売春で稼ぎ、それが真の職業になっている場合。⑶選択の余地のないこと。つまり性関係の相手を選ぶことができないこと。要求されれば誰にでも身体を与えるのが売春婦である。⑷多くの客をとることによる。快楽感や性的満足感の欠如。

この定義はパリ市会がつくった委員会の報告者E・リシャール、[76]ならびに無料診療所のL・ビュット博士[77]が例として挙げたものだが、この定義による、次に示すような女性たちは売春婦の範疇から除外されることになる。すなわち、ファム・ギャラント（クルティザンヌ〔上流社会出入りの高級娼婦〕）、囲われている女、その女性が働き口を持っている場合は特にそうである。時たま売春する女たちの場合も同様である。給料を増やそうとして日曜売春をする女工たちや、買いつけの商人から支払いを催促され金策のために売春するプチ・ブルジョワの妻らの場合(78)がそれである。
いま述べた定義に自由主義者ならびに新規制主義者らも同意見なのである。というのは、彼らは、実際に病気を感染させる危険のある女たち、つまり、選択の余地なくたくさんの顧客をとる女たちしか売春婦とみなそうとしない態度を示しているからである。このような定義には、たくさんのアンケート調査の際、ごく普通にとられている定義もそうなのであるが、ブルジョワの売春を除外することをあまり問題にしないでおきながら、他方で対照的に民衆の売春の罪悪性をひどく過大に考えたがる傾向が見られる。このことは考慮しておかねばならぬことであろう。

公娼という観念は行政当局へ登録されている売春婦のことに関するものだから、全く議論の生ずる余地はないのだが、「私娼」、あるいは「もぐりの売春婦」という観念は、この言葉に与えられる意味合いによってその内容は著しく異なったものになる。「もぐりの売春婦」というのは、売春の規制方式の目こぼしを受けているというその基準内で、厳密には社会的疎外をうけていないある部類の女たちのことである。だから、私娼のイメージはずい分ぼやけている。それを粗描するにしても、人々が自分の仲間の特徴を説明するのに世間でよくつかうことばのなかからそれを示す、といったやり方では無理である。もぐりの売春婦は「貞淑な人妻たち」の社会の中では見分けがつきにくいし、そこで見つかる例はときをおいてたまにしかない場合が多い。もぐりの売春婦の出身と活動の場は公娼よりももっとさまざまな環境に関係している。だから彼女らを社会の階層秩序《ピラミッド》のなかのどこに位置づけるかということはいっそう困難なことである。私娼はさまざまな種類《カテゴリー》の売春世界の間で絶えず流動しているのでそれだけ分析は厄介であり、分類してみようとしても徒労に終ってしまう。すでに、第二帝政末にカルリエがこの流動性を口をきわめて強調し、流動の状況はその後なおもっとひどくなっているが、それは都市化現象の影響を反映しているだけのことである。『ナナ』の著者の最もはっきりした狙いの一つは、金で肉体を取り引きする世界の環にはまり込んだ娘が、下から上へ、上から下へと社会の中で絶えず翻弄され続ける姿を読者に感じとってもらうことではなかっただろうか？ 要するに、もぐりの売春婦がナナの場合のような恐怖を専門医らに(79)抱かせたのは、一見平凡な人妻や娘としか思えない女たちがあらゆる環境の男たちと接触し、そのために道徳的にも衛生的にも感染の危険を増大させていたからに他ならない。

このことは、マルチノーやコマンジュのような医者たちが、非合法売春を研究するためにパラン＝デュシャトレのやり方からヒントを得て行なったさまざまな試みが、みな必ずしも成功しなかったことを物語っている。

また、もぐり売春をやっている娘たちの数が著しく多いことを、試みに測定した著作家の示した数値が不確実なものであることも納得できる。その数値は提示した者の幻想やいささか神経症的な不安を表現しているにすぎない場合もままある。だが、まあ、次のように判断するのがよいだろう。すなわち、カルリエ[80]は首都の私娼の数を一万四〇〇〇人から一万七〇〇〇人の間だと見積もっているのに対し、マクシム・デュ・カン[81]はパリ・コミューンの直後、一二万人という数字をためらいもなく提示している。彼の後でルクール[82]は総計で三万人という結論を出している。この数は一八七〇年から一八八〇年の一〇年間にごく一般的に挙げられていた数であったが、ギヨとフィオー博士[83]はルクールに反対して自分たちで計算し直している。一八八一年にクエ（第二局長）は市委員会で首都の私娼数を四万人[84]と言明している。一方、医師デプレは、周知のように内務省関係機関の援助でやった結果であるが、結論として二万三〇〇〇人を示している。[85]その数年後、警察の担当機関は総数五万[86]という人数を挙げているが、一方、ラサールは一八九二年[87]パリの売春婦を一〇万人と見積もっている。

リシャールの報告では違った結論に達している。彼は囲われている妻や娘を計算に入れることを斥けた。したがって、若い下着女工やお針子の中でブルジョワの愛人からお手当をもらっている連中がかなりたくさんいたが、それが含まれないので、売春を真に職業としている私娼は一万人から一万一千人と彼は見積っている。[88]

文献から読み取ったその後の見積り数は、一八九〇年から一九〇〇年の間にかなりはっきりと増加しているのが認められる。パリ警視総監レピーヌが二十世紀初頭数年間[89]に総数が六万人から八万人だといっているのだから。最も控え目に計算しているのはテュロのもので、彼は市議会で首都の私娼の数を二万人と報告している。もう一度くりかえして言うが、言葉の定義の仕方によって見積る結果が変わるということは本当である。それだから、レピーヌは一九〇五年に衛生ならびに道徳予防協会でこの問題にまた言及したとき、パリの私娼全体のうち街頭で客引きして公娼と同じような行動をしているのは六〇〇〇人から七〇〇〇人だけだと言明している。それ以外は「時たま売春する女たち」（注文のあまりない時期のお針子、勤め口のない女中、失業中の女工ら）やメゾン・ド・ランデヴーにしばしば出入りしている人妻たち、あるいは愛人から囲われていながら浮気をしている女たちである[90]。同じように、ル・ピルール博士は、一九〇八年にパリには一万二〇〇〇人から一万五〇〇〇人の私娼しかいないと見積っているが、囲われている女は計算に入れていない[91]。

パリで風紀取締り警察の手で逮捕された私娼の年間記録（一三〇頁のグラフ参照）を見たらよいと言われるかもしれないが、もう一度念をおすと、変化の波動幅はかなり小さく、私娼の数の大きさよりも取締りの烈しさの方がはるかによく表われているのである。

いずれにせよ、最も控え目な推定値だけをとりあげているのかもしれないとしても、パリでは、公娼よりも私娼の方がはるかに多数であることは明白に示されている。行方不明者数[92]が多いことについては、すでに頭をひねらされていたことなのだが、それは規制主義方式の挫折をいっそう明白に示す証拠といえるのではないだろうか？

パリ以外のフランスの全地方で実施されたアンケート調査の結果も同様に不正確なものでしかない。デプレ[93]はフランス全体の私娼数を総計で一万八〇六一人と計算している。これは首都の例から推論した数値である。囲いものになっている娘は売春婦とせず、計算には入っていないことを念頭におかねばならない。行政当局の操作で行なった比率による算定、つまり概算でということになるのだが、各都市の私娼の数値を示すと次のようになる。県単位で合計一万二五八五人（内訳はリヨンが五〇〇〇、ボルドーが二〇〇〇、マルセイユが四二〇〇）、郡単位で三〇九六人、小郡の首邑で一九六七人、その他の市町村で五八五人となっている。

このアンケートに答えた行政官らが同一の基準を用いていなかったことは遺憾ながらはっきりしている。そうでなければ次のような信じられないような数字[94]をどう説明したら良いのだろうか。フォワで私娼が一〇五人、トロワで四〇〇人、ブルジュ、ペルピニャン、ブザンソン、オルレアンで一五〇人、ニームで四八五人、エルブフで二〇〇人、コドベックで九〇人、リールでは一〇〇人だけ（当時オモンで四〇人いたというのに）、レンヌで五〇人、アミアンで二五人、ヴェルサイユで一〇人、カムペルで六人、とくにマルセイユの場合、当時ミルール博士が四〇〇〇人あるいは五〇〇〇人と見積っているのに、それが四二〇人だという。

調査対象として取り上げられた各地方の習慣や人びとの気質《マンタリテ》が非常にまちまちであることを、考慮に入れねばならないことは確かである。だからアンケートへの答えは、パリ、ボルドーと並んで、工業都市（リヨン、リモージュ、トロワ、ノルマンジー地方の織物生産諸都市）や、南フランスの主要都市（ニーム、モンペリエ、ベジエ、ペルピニヤン）におけるもぐり売春のひどさが自然に目につくようになっている。一方で港湾都市ではこの現象がそれほど目立たずに公娼の数が非常に多いことが示されているからである（ブレスト、マルセイユ、トゥーロン）。

念のために繰り返すが、アンケートの結果はすべて、たとえ利用できるとしても、もぐり売春の社会的様相を大づかみにのみ知るものと判断すべきである。つまり、実態は把握できないが全般的に見積ってみてずいぶん広がっているとか、最もさかんなところはどこか、などを認識する程度のことである。

さまざまな証拠がみな、第二帝政初めから十九世紀末まで、地方においてもぐりの売春が多くなったことを強調している。一八七九年に得られた結果と、すでに取り上げてきた一九〇二年のアンケートの結果を比較してみると、これまた考えさせられるものがある。数字的にみて有効といえる資料が欠けているにもかかわらず、地方でもパリと同様に、閉鎖的な公認娼家の減少ともぐり売春の増加がぴったり一致し、後述するような、いろいろな新しい売春の仕方が現われてきた現実を認めないのは、臭いものに蓋をすることになるであろう。しかしながら、売春に関して世論の注意を喚起した烈しい言論活動《キャンペーン》が、そのときまで売春に無関心であった傍観者に改めて売春を意識させはじめたので、結果的には金での肉体の取引きが実際以上に増えたと思わせてしまったのかも知れない(95)。

人数の面での不正確さがあるとはいえ、非合法の、金で買う恋のさまざまな構成を説明する必要がまだ残っている。

「非合法の売春は、正式の規則を持たないとはいえ、それでもやはり一つの制度で既成の何らかの秩序のようなものに従って行なわれている」とマルティノ博士は著書で述べている。(96) さまざまな社会層の一つ一つ、および売春行為のさまざまなあり方を通して、マルティノ博士の言うその秩序とそれの決め手になっている売春斡旋業の諸形態を、本書では特にはっきり見極めたいと思っている。

1 高級娼婦たち――ドゥミ＝モンデーヌ、ファム・ギャラント、舞台の女、夜食相伴《スプーズ》の女

高級売春といえば伝統的に、皇帝の祝祭の宴にはつきものとされている上流社会出入りの有名娼婦たちのことがすぐ頭に浮ぶだろうが、それを描いている生彩に富んだ文学作品は数えるときりがない。微に入り細をうがつといった態《てい》の艶笑談に目のない読者にはそれらを奨める(97)ことにして、ここでは、いわゆる売春的行為が行われている社会的範囲での、娼婦的女たちの生態を扱うことだけに限る。そうするにはファム・ギャラント〔小粋な娼婦＝高級娼婦のこと〕たちが共通に持っている特徴を明らかにしてみることからはじめよう。

すでに見てきたように、その世界で華麗な職をものにして出世した公娼がいないわけではないが、(98) ほとんどすべてが私娼である。上流社会の娼婦はその出生やその過去がどうであれ、警察から脅やかされるおそれはほとんど皆無である。たとえそれがあったとしても、その女が思いのままに繰っている男の後楯で、面倒なことはいち早くケリをつけてもらえるだろう。

この女たちはみな自宅で個別に、また、アパルトマンを借りている場合でも、各自都合のよい時間帯を決めてそれぞれ客をとるのである。あるいはそのなかの最も裕福なものは一戸建の邸宅に住んでいる例が往々にしてある。

彼女たちの顧客はもっぱら金持ち連中で、(99) 外国の貴族、金融界や産業界の大ブルジョワ、パリの「ボンヌ・ブルジョワジー」(100) のメンバー、および容色の盛りを過ぎた娼婦たちのお得意客であった地方の金持ちらがそうであった。フ

アム・ギャラントは正真正銘の娼婦《ボンヌ・クルティザンヌ》の身分だが、相手を選り好みし、金ずくでは動かないので、自発的に身を捧げている幻想にとりつかれることもあり、時には、特定の愛人一人だけにしぼってしまう。だが、それは次第にあまりやらなくなって、最もよくある例としては、たくさんの愛人を会員組織で共有し、鑑札もちの街娼たちの一部がやっているように、各自、相手の一人ひとりに昼とか夜とかの時間をそれぞれ割当てて稼ぐのである。ファム・ギャラントは、絶対に街頭の客引き行為はしない。当時の流行語でいうと、「通りがかりの男にちょっと声をかける《ラクロシャージュ》」ことはやらないのである。彼女たちは上流社会の婦人を装って、気に入った相手に身を委せる。あるいは、まるでカフェや夜食レストランの女給や、ブーローニュの森を散歩しているときの「豪奢な売春婦《オリゾンタール》」たちまでがよくやるように「かも《ルゥ》をひっかける《アージュ》」(101)のである。

いうまでもなく、これらのファム・ギャラントには大都会でしかお目にかかれない。もっと具体的にいうと、パリやリヨン(102)および海辺や温泉の湯治場のみである。彼女たちはパリの中心部の粋な界隈にのみ姿を見せ、そこで愛人の金で、高級娼婦としての対面を保つのに必要な、派手な生活を誇示してみせるのである。

たいていの場合、一流の娼婦は「お披露目《デビュー》」をさせられた。それは大娼家のおかみの子飼いの娼婦で、女将はいわば「娘を食いものにする鬼婆」であり、他でもないその娼婦の正真正銘の母親である場合がしばしばあった。実を言うと、この売春斡旋業の形態のもろもろの状況は『遊女たちの栄光と悲惨』の作中人物アジのやっていることと、ゾラのトリコンのそれを対比すれば具体的にわかるように、十九世紀の経過する中で徐々に変わってきたのである。この「お披露目」をさせることは、もともとは、主としてマルシャンド・ア・ラ・トワレット〔中古衣裳や装身具雑貨を販売しながら、高利貸や売春の斡旋も手がけていた女行商人〕がやることで、さらにその界隈の洗濯女たちも関与していた。彼女たちの場合、洗濯のために自分の客から預っている贅沢な衣裳を、街頭で客引きしている連中のなかで、自分が眼をつけた美貌の娘や凄腕の娘（ただ男を誘惑していただけの娘の場合もあった）に貸してやり、その代わりに莫大な賃貸料をまきあげていた。この衣裳・装身具販売の女行商人たちは、そのほか自分の手でお披露目をしてやった娘に、質屋や高利貸および客を斡旋する役割も果していた。

十九世紀の九〇年代に彼女たちはその勢力を失ってしまったようである（ただしこの女行商人たちが全く姿を消したのではなく、むしろ、そういうことではなかったのだが）。おそらく、このころからファム・ギャラントに家を持たせるとか、お披露目をしてやるのに必要な嵩張る費用を、まかなえなくなったためであろう。これと歩調を合わせて、彼女らに代わる出入り商人、とくに室内家具、装飾業者の手が大幅に伸びてきたのである。彼らは家主として（あるいは借家にすぎない場合もあったが）、アパルトマンの室内に派手な装飾を施し家具調度を整え、ものになると見たクルティザンヌ〔高級遊女〕を住まわせ、その女から法外な家賃をまき上げただけでなく、家具調度の費用を分割で支払わせた。支払い終るまでにそれができなくなって女が夜逃げすることもままあった。その場合、室内家具装飾商はすでに逃げた女から一部の代金を受取っているその家具付の家に、新しいクルティザンヌを入居させて、また一から取り立てることができるのである。何人かの出入り商人も同じようなことをやり、娘が借金に足をとられて身動きできなくなると、彼女を身体ごと自分のものにしてしまうのである。

売春斡旋業者に関していうと、その活動範囲は広く拡大されていた。「ロンシャン」の粋な女たちに君臨していたトリコンのようなイメージからすると、その何人かは、娘を単に一人や二人ではなく、一群のファム・ギャラント全員をひとまとめに集め、お披露目させ得る広い顧客網を一手に握っていた。それにはブローカーが手を貸していたが、そのブローカーは中古衣裳や装身具の女行商人である場合がしばしば見られた。その女行商人たちは自分たちが売春斡旋業者に世話した娘がファム・ギャラントとして生活できるように、それまでにかなりの額を投資していたので、このことで莫大な利益が引き出せるのである。十九世紀末頃には、このタイプの大きな売春斡旋業者はついにメゾン・ド・ランデヴーの女将たちと変らなくなる。(103) 要するに、十九世紀の間にブルジョワ階級内部に、ファム・ギャラントたちとの恋を金で買う風潮が広まり閉鎖的娼家での売春がすたれたので、高級娼婦たちをめぐって利潤をあげる機会がどんどん発展していったのと並行して、一流の売春斡旋業は本当の商業的企業としての構造をもち、おそらくは集中化されていった。

このような過程から、ファム・ギャラントたちは、束の間の栄華のときも、破産したときも同様に、「実業家[104]」や商人に利潤をもたらす道具でしかなくなった。実業家や商人は公認娼家の建物の所有者のように、彼女たちをめぐる世界から絶え間なく生み出される利潤の大受益者である。クルティザンヌたちは真の「金喰い虫」であるどころか売春斡旋業者や室内家具装飾業者を肥やす存在であり、彼女たちに寄生して生活している心の恋人や同性愛の相手も同様な存在であったことを忘れてはなるまい。ファム・ギャラントの悲惨な最後は、単に文学の一テーマになるだけではなく、アレクシスによって描かれたリュシ・ペルグラン[105]の最後の瞬間が、この種の女たちのほとんど全部の運命に通ずるものと思われる。多数の例を扱った研究がまだ全くないので、この点については早計な判断は避けた方がよいであろう。

高級娼婦たちの世界は実際には非常に多様性に富み、先に述べたことがそのまま当てはまるとは限らない。その内部は真に坩堝《るつぼ》のようで、貴族やブルジョワ階級の淪落女や民衆出の成金娘が顔を合わせている。その渦に巻きこまれてきた女たちの複雑多岐な境遇やその魅力、つまり、ふつう、ブルジョワの生活では身近かに経験しない別世界の魅力、それがブルジョワの眼を眩惑するのだが、その魅力をピエル・ド・ラノは強調する。「やるせなさそうな貴族の奥方、夫の無理解をかこつブルジョワ女、嫌な眼で見られている旅回りの女芸人、純潔を失った百姓女、そんな女は全くのところ……男をたぶらかせたり脅えさせたりする、永遠に解けない謎である[106]」と。

娼婦の世界の頂上には、言葉の新しい意味での「ドゥミ＝モンド」があり、これには出身階級からはみ出した女、あるいはただ単にどの階級にも当てはめられない女たちが含まれている。つまり、離婚[107]、夫や愛人との別居、あるいは捨てられた、など、何らかの醜聞《スキャンダル》の犠牲になった女や、浮わついている未亡人、金持ちの外国婦人（滞在期限が来れば当局の手で国境へ送還されることもあり得る女[108]）、そのような女たちである。また、エミール・オジエが描いた「貧しい雌ライオン」らもこれに含まれる。彼女らは自分のほしい衣裳や装身具が買えるだろうと思って娼婦の世界に入るのである。その他に、お披露目させられて出世した娘たちも含まれる。その大多数は民衆そのものから出たのではない。[109]そう思わせるのはゾラの誤りのせいであるが、しかし、「庶民的ブルジョワ階級」[110]の出のようである。つまり、かなりの水準の教養を身につけているのに、それにふさわしいと評価される職業に就くことが出来なかった娘たちのことである。この世界には、その生活に必要な資力の主な部分を娼婦的行為でまかなわねばならなくなった、羽振りの悪い女芸術家の姿がよく見られるのである。

以上のような「ドゥミ＝モンデーヌたち」は、世間ではその呼び名が次々と変わるのだが、つまり、ロレット〔高級な浮かれ女〕[111]、第二帝政期にはリヨンヌ〔雌ライオン〕とかココット〔めんどり〕、それからベル・プチト〔かわいい別嬪さん〕、最後に第三共和政期には「グランド・オリゾンタール」〔豪奢な売春婦〕と呼ばれ、ずい分早く文学作品や新聞の連載小説の登場人物になった。ラ・パイヴア、ブランシュ・ダンチニイあるいはアンナ・デリオン[112]の突飛な行動や素晴らしい運命は誰でもすぐ頭に浮ぶ。ゾラは彼女らのこの世界の一部を描くつもりで『ナナ』を書く前にその社会を調査している。フローベールもこの世界をよく知っていたが、自分の手紙の中でそれに長ながと言及しており、この世界のたくさんの女芸術家を描写の対象として取り上げている。[113]

グランド・オリゾンタールはヴィリエールとかエトワールやトロカデロの大通りに面した一戸建の邸宅に住み、あるいはもっと地味にマドレーヌ広場やサン＝ジョルジュ広場のアパルトマンに住んでいる場合もあるが、多くの場合、旦那《パトロン》たちがつけてくれたたくさんの召使いに囲まれ、贅沢を絵に描いたような環境の中で優雅な生活を送り、一日の大半はおしゃれで閑をつぶす。午後五時になるとやっとお出ましである。きらびやかに飾り立て、ブーローニュの森へ姿を現わしたり、競馬を見に行ったり、あるいは話題を豊富にするために展覧会の事前招待に顔を出したりするのである。夜は劇場へ。とくに初演の場合は必ず行く。その後、レストランか女友達の家で過す。これがその女の生活の主な内容である。定期的に自宅に知人たちを一緒に招待する。その顔触れは非常に多彩である。[114]以上のような人物像は主として第二帝政期のココットや第三共和政初期一〇年ほどのグランド・オリゾンタールに当てはまるが、それ以後は比較的に庶民的になったといわれる。

売春の新時代を表わす、より代表的で、より多数でもあった売春婦は、異論なく、スプーズ（夜食レストランで相伴する女）やカフェの女給であった。その身元はたいていの場合、商店の売子や「擬装店舗」で働いている娘たちであった。前者は「オリゾンタール」と区別するため「アジュヌイエ」〔ひざまずいた女の意〕と呼ばれ、室内家具装飾商から快適なアパルトマンを当てがわれていた。彼女たちは夜にならないと外出しない。時には「以前の馴染」を自宅に招き、夕食をとった後、派手な衣裳をまとって寄席演芸場へ行く。そのあと、夜食レストランで、給仕頭や給仕だけでなく店主《パトロン》とまでも共謀の上、[115] 特設個室で金持ちの外国人や「遊蕩三昧」[116] の生活にふけっている青臭い青年と夜更けまで過す。

カフェの女給は、誰とでも寝るような最下層のもぐり売春婦とかろうじて一線を画す程度の、客を選り好みするファム・ギャラントのなかではより低俗な型《タイプ》の娼婦である。ゾラが『サタン』で書いている最初の部分の描写を参照するとよい。街頭の売春婦とは異なって、カフェのボーイの手を借り彼女が求める本命は「寝る客」、つまり「彼女と一夜を共にしてくれる男」[117] であった。彼女が連れて行く先はロッシュシュアール街、シャトーダン街、ブランシュ街、および外側の大通りに囲まれた地区の中にある家具付アパルトマンの一室で、それも彼女がその当夜借りた部屋へである。この界隈ではアパルトマンや建物全体の場合でも、その借り主がそれぞれの内部を家具付の小部屋に分け、それをカフェの女給たちにまた貸しするのである。その部屋に宿泊する二人連れが夜間に飲食物を注文すれば、買いおきのものを提供することもやる。カフェの女給は明け方になると、モンマルトルの丘に住む自分のヒモに逢いに戻り、そしてその日のアブサンの時間〔午後七時〕には、また丘を下ってカフェに赴くのである。

自分のほしいものを買ってくれそうな愛人を「ひっかける」ファム・ギャラントの中に、その身元を隠しているクルティザンヌもみな含めるべきだろう。[118] 船乗りの妻、出征軍人の妻、商用旅行中のセールスマンの妻、あるいはモーパッサンの『トンバル』のように、せっせと夫の墓参りをして悲しみにくれている妻を自称している女たち、マセはこの種の女を「ピエルーズ・ド・ラ・モール」[119]〔死神後家さん〕と呼んだ。そして以上のような女たちは単にまるきり文学上の創作物ではなく、実在していたのである。

2　婚前妻・お妾さん

この女たちは金で買う恋人とかろうじて区別される存在である。というのは、彼女たちが契りをかわした相手との生活は、ブルジョワの結婚様式をそっくりそのまま真似ているからである。この「まがいものの妻」は、大抵の場合「婚前妻《ファム・タタント》」で、ブルジョワ青年、芸術家、学生、勤め人らが正式の結婚に漕ぎつけるにはまだ時間がかかるのでそれまで同棲している場合や、あるいは、財産がろくになくそのために新婚家庭をもてないでいるプチ・ブルジョワの独身男性が「世帯をもって」生活するという夢をみることができるからである。

だが「婚前妻」も多くの場合そうであり、そして時には同時にユイスマンスのマルトのように、初老の男たちのお妾さんであることが多かった。初老の男たちといえば、その妻がすでに色香もあせ、がみがみ小言が多く、不感症かでなければ全く単調な性生活の場合が多いとしても、だからと言って、たとえばアキテーヌ南東部の婚期を逸したブルジョワ独身学生のように、召使いとの情事で紛らせるわけにもいかなかっただろう。[120]

パリでは、お妾さんに[121]なっているのは都心の店で働いている下着女工、婦人服の縫い子、洗濯女、婦人帽子女工かあるいは花売娘にも僅かな例があった。彼女たちは賃金が乏しすぎたための犠牲者である。[122]彼女たちは魅力的でそれにふさわしい身なりをしようと思えば、自分の給料だけでは足らないので、別途収入で補わねばならぬ場合が多かった。職場でのおしゃべり[123]、先輩の実例、競争心や嫉妬心から、若い見習い娘たちはすぐにその気になってブルジョワの愛人を見つけるのである。内心、愛人といつかは正式の結婚ができるようにと願いながらである。

通常お妾さんは、一部屋、あるいは質素なアパルトマンを当てがわれていた。[124]もっとも、ブルジョワの男が女に衣裳や装身具を買ってやったり、外出や娯楽の費用を出すだけで済ますつもりなら別だが。また金持の紳士が、人妻とその夫の生活をみてやっている場合がままあった。「パリでは多くの年とった独身男がこのようにしてまともな家庭の中で生活をともにし」三人で家計を維持していた、と元警視総監官房長ピュイバロは記録している。

重要な工業都市では、地方のブルジョワの妾になった娘たちはマニュファクチュアの若い女工であった。復古王政期以来、リュグルのピン製造の場合がそうであったし(126)、リヨンの絹工業の場合も(127)、リールの織物工業(128)、ヴァランシエンヌ(129)のそれもそうであった。妾の旦那になっているのは、たいていの場合、工場の監督やそれとは別の下っ端の管理職の男だったが、彼らは仕事にかこつけて可愛らしい女工の身体を求めた。この「初夜権《ドロワ・ド・キュイサージュ》」を廃止させようとやがて労働者の会議や労働組合でくりかえし要求されるようになる(130)。こういうやり方は世間では日常茶飯事であって、たとえば、ルーベの布傷の修理(131)や、リモージュの磁器製造(132)の家内工業でそうであった。労働者たちはこれに敵意を抱き、二人の職工長がこんなことをぬけぬけとやっていたと告発し、やがて、一九〇五年にこの都市で革命的な試みの火蓋が切っておとされた。そしてその結果、当時磁器製造の中心都市の街頭で行なわれていた「色魔払い」を頻発させるようになるのである(133)。

これらの男女の結びつき、さらに夫婦まがいの関係が果した重要な役割は、どんなに強調してもきりがないほどである。階級の異なった相手とのこのような性関係は、実に、二重の欲求不満と「癒すことのできない誤解(134)」とを生み出すもとになっている。このことから、若いブルジョワはプロレタリア階級の内情をある程度知ることができた。だがそれは、自分の相手の娘や女たちを媒介にしてのことにすぎない。ブルジョワ青年が性的初体験をもつのは、若くて可愛いらしいが教養のない女工とであり、したがって彼はすぐその女にあきがくるだろう(135)。金で結びついた男女《カップル》が性的充足を十分深め合うことは明らかに無理である。そして、そのような性質の結びつきからいって、若い男は貧しい女を快楽の道具としか見ようとしなくなりがちである。性関係に対するこのようなイメージは、そのために無理に強制するものという姿をみせることになろう。このことは、心から意気投合して結ばれた男女の夫婦生活を、十分和合させることを妨げるだろうし、夫婦生活に興醒めしてくると、新たに官能をそそるやり方のモデルを作り出すようになるだろう。ブルジョワ階級で両親が自分の子どもの若い愛人にいわれのない敵意を抱くのも、ある面では自然といえるかもしれないが、とにかく、このようなことが頭にあるからである。例えば、アルフォンス・ドーデが、青年に対する教訓になると思って自分の本『サフォ』を息子に献ずる気になったのはそのためである。

囲いものになった娘は、社会的な階級の枠をこえたこの男女関係の際、感情面でかなり取り乱さざるを得なかった。なるほど若い囲い女はたいていの場合、その生まれ育った環境のなかに本当の恋人を持ち続けており、それが、かつて彼女の処女を奪った男であることも多かった。にもかかわらず、彼女の性は二つの異なった環境の男たちの間で引き裂かれ、ひどく傷つけられるおそれがあった(136)。ブルジョワの愛人のとりすました態度、それは彼女をぞんざいに扱うことでよくわかるだが、そのことで彼女はブルジョワ階級の男に反感をもたずにはおれなくなる。その嫌な思いは、彼女が後年若い労働者と所帯を持ったとき、夫婦和合の際によみがえることがままあった。

後述するようにある種の人びとの間で独身男の数が増えるにつれて、金で愛人を買うこの行為が広まっていったといえる。第二帝政末期以来、シャトー＝ゴンチエの若者たちは娘を囲う習慣を持った(137)。ルーベやトゥールコワンのブルジョワの若い男たちは、リールで愛人を囲っていた(138)。この地域の地主の息子たちはベジエで囲う愛人を物色している。パリにおけるそのような娘たちの需要は、囲われた娘たちの大半がファム・ギャラントのように、何人もの愛人《おとこ》に身を任せるほどであった(139)。マルセイユでも彼女たちのなかには、紛れもなく、紳士連中との性的交流組織をつくっていたものがかなりいた(140)。

売春のもろもろのやり方が新しい環境に次つぎと広がっていって、はっきりそれと見分けることができにくくなっていく傾向が見られると同時に、売春婦像の特徴もあれこれごちゃ混ぜになってはっきりしなくなり、その一方で、金で買う女たちのさまざまな種類《カテゴリー》を区別する枠もおのずと崩れていった(141)。「貧しいお針子は姿をけしてしまい、私娼と混然一体化してしまった」とカルリエは嘆くとともに、さらに、かつてそれとみなされていたような囲われた娘たちもまた、次第に姿を消しつつあったと付言している。性的な道楽を求める男性がたくさんいたこと、金で買う愛人《いいひと》をどの範囲にするかをはっきり決め難いこと、囲われた娘たちが新しいやり方を始めたこと、これらのことがその時以降、若い娘たちを容易に売春に踏みこませる条件となった。彼女たちを狙って一連の巧妙な網が張られていたのである。だから、いわゆるもぐり売春の研究に取り組む際、本書がやってきたように、十九世紀の性風俗の理解には、少なくともその基礎にある日常生活上のもろもろの行為を念頭に置くことが必須なのである。それを抜きにして、特に性風俗だけをとり上げて研究しさえすれば、もぐり売春の問題を明るみに出すことができるだろうと考えるのは、筋違いだといわれても仕方があるまい。

3　もぐりの売春婦たち

さて、ここでは非合法売春の最も古くからの、そして最も普及している形態をいろいろ述べてみよう。つまり、街頭で客引きをしている家具付安ホテルの娘や擬装店舗とか飲屋によく出入りしている売春婦らのやっていることである。登録している公娼はこれらの女たちのなかから集められており、また、蒸発娘がもぐり込んでいるのもこれらのなかにである。これらの女たちの間でこのような相互浸透が絶えずくりかえされていることは、もぐり売春婦と登録した公娼たちは、社会的にみて似たり寄ったりの環境にあった証拠といえる。しかしながら、売春斡旋の構造は異なっており、それが最も重要なのである。

街頭や家具付安ホテルの娼婦たち、または最も低俗な売春

街娼の本領は路上をぶらつき客をひっかけることである。今世紀初めと同じく第三共和政下ではもはや「道路[142]」ではやらない。娘たちは昔よりも「もっとはげしく移動巡回する[143]」のである。膨張した都市圏内で、公認娼家が姿を消

したことと、街頭の娘たちの活動範囲の広がったこととは関連がある。彼女たちは都心部の陰気な界隈から出て、次に都市周辺部の大通りに姿を現わし、徐々に都市全体に及んでいくのだが、少なくともパリでは彼女たちは、獲物を追い求めてあちこちと、複雑に入り組んだコースで際限なく歩き続けるのである。住んでいる都市周辺部から都心部へ向けて客を漁りにぞろぞろ大勢流れ込んでくる様子は、まさに何物かがどっと流れ出すような有様であった。ブレダ地区からオペラ座界隈へ向って騒々しく下ってくる様子は、ゾラによって(144)描かれているし、また、シャルル＝ルイ・フィリップも(145)『モンパルナスのビュビュ』の中でブランシュの巡回を詳しく描写しているので、誰しもすぐ思い浮かべることだろう。売春婦たちが歩哨のように長い列を作ってじっと立っている姿に立ち向う不安感。ジェルヴェーズの眼からみると、冬の一夜、客を待ち伏せて外環状通りの街灯の下に立っている彼女たちの姿は、まるでやって来る敵からパリを守るため立っている歩哨のように思われたのである。(146)

首都のいかがわしい場所や「男を漁る街娼《ベルジューズ》」のやっていることを、すべて正確に知りたいなら、場所と時間とを結びつけてみるとよく分かる。売春の地理は昼も夜も時間によって刻々と変化し、そのため描写するのはなかなか面倒である。中央市場《レ・アール》(147)やヴェニーズ街では朝の二時ごろから売春風景が始まる。この界隈は当時パリの都心部の最下層の売春婦たちの溜り場であった。彼女らは野菜を売りに来る百姓たちの荷車のまわりをうろつき、一フランないしその半分(148)で身を任せ、さらに「キャベツ、人参、野菜等何でも、現物での取り引きにさえも応じ(149)」、手にした野菜類は近くの横丁の食べもの屋に転売するのである。日の出から正午までの時間帯には、「客引きする街娼《トリマルデューズ》」はほとんど活動しない。が、念のために申し添えておくと、中央市場《レ・アール》へ買い出しに来た食堂の主人とか出納係や奉公人といった連中が、いわばお得意客としてこの界隈にしげしげ足を運んでいるので、中央市場付近は例外である。

「パリで女たちとの取り引きが市をなして賑わいはじめるのは午後一時以降に限られている(150)」。日没までが、ラ＝ヴィレット、メニルモンタン、ベルヴィル、サン＝トウアン、クリシ、東部の場末地区《フォーブル》の娘たちのお出ましの時間である。昼下がりの時間帯の売春婦は大抵の場合所帯持ちであり、このことは、彼女たちが決して自分の家の近くでは商売をしないことの説明になる。昼間の売春地域は夜のそれと異なって、かなり正確に跡づけられる。問題の主な地域は次のようである。(1)ヴィヴィエンヌ街とリシュリュ街を通って株式取引所とパレ＝ロワイヤルを結ぶ街路や路地。(2)セバストポール大通りと、そこからルーヴルおよびパレ＝ロワイヤルに通ずる街路。とくにリヴォリ街のアーケード通り、そこはお上りさん[151]とか外国人、あるいはデパートに妻を連れて来たパリ在住の男《パリジャン》たちを売春婦が狙っているところである。(3)バスティーユ界隈および、それとレピュブリク広場を結ぶいくつかの大通り（ヴォルテール大通り、リシャール＝ルノワール大通り）。(4)それにシャトー・ドーからマドレーヌにかけて、その地域にあった三つの市場（東駅、北駅、サン＝ラザール駅の市場通り）に通ずる大通りやローラースケート場、動産競売場、ならびに競馬場をつけ加えるのが当然必要であろう[152]。

夕方になると売春婦はいたるところに現われる。歩道上をいい加減あきもせずぶらぶら巡回しているたくさんの女たちのたまり場は、どこと正確に位置づけるのは難しい。だが、いくつかの巡回コースと場所は売春婦がわんさと集まっているのでわかる。パリの外環状道路からはじめて次に順次列挙してみよう。(1)人口密集地域の外側だが、城壁の内側の地帯。そこでは、「ピエルーズ」や「兵士相手の娼婦」が少なくとも気候のよいときだけだが、戸外で、二〇スーあるいは半リットル入りブドウ酒一本で客をとっている[153]。ブーローニュやヴァンセンヌの森、とくに、サン＝モールの野営地周辺もそうである。(2)シャンゼリゼー大通り。ここも同じく、第二帝政期以来、夜の客引きの特に格好な場所になった。(3)ポワソニエール街からマドレーヌ街への内側の大通りの線。(4)いくつかの大きな路地。とくにオペラ座近くのそれらは、寒い季節に特に、最も値の張る娼婦たちが幅をきかす溜り場になっていた。とりわけパノラマ通りは彼女たちのメッカであった。ゾラがそこを『ナナ』に登場する主要人物の女たちの売春活動の中心舞台にしたのは故なきではない。エイバン夫人の不当逮捕が契機となったパリ警視庁への抗議運動のなかで、最も重大なキャンペーンの口火が切られるのもそこである。だが、ジュフロワ通り、ヴェルドー通りオペラ座通りなども挙げておくのがよいだろう。(5)昔から夜の売春地帯と目されていた界隈。たとえば、常に外国人客の関心を魅いていたパレ＝

ロワイヤルとか、シャトレ広場の周辺（レイニ街、カンキャンポワ街）、サン＝ドニやサン＝マルタン船着場に近いボンヌ・ヌヴェル地区、ヴォージュ広場とその付近およびセーヌ川の近辺。北がカルチエ・ラタンに接しているいくつかの街路（アルプ街、サン＝ジャック街、サン＝セヴラン街、ガランド街）もそれに含まれる。これらは夜の売春婦の最下層の連中が活動する場であった。(6)最後に、いくつかの大きな公園、すなわち、リュクサンブール庭園、植物園、一八七一年以後はテュイルリー庭園も。警察に逮捕されたもぐり売春婦たちが、これらの界隈にふたたび姿を見せていることから、以上の売春地理の正確さは間違いない。[154]

これらの範囲のそのおのおの内部に、さらにいくつかの目ぼしい場所がある。駅とか乗合馬車の待合所、いくつかの寄席劇場などである。ムーラン・ド・ラ・ギャレット、カジノ・ド・パリ、ジャルダン・ド・パリ、ブイエ、レリゼ＝モンマルトル、とくに、フォリ＝ベルジェールなどがそうである。一番最後の劇場の「一階の回廊立見席、別の呼び方でいうと、『子牛の取引場』は娼婦の常設市場みたいなものであった」。[155]さらに、ダンスホールも挙げられる。とくに市門《バリエール》付近のそれは都心部から少年少女がやってきて、いかがわしい連中と交って遊ぶのだが、そこは、初《うぶ》な連中が大スキャンダルをおこして身を落とす少女売春婦の真の温床となっていた。[156]

パリの状況から見て、売春の場所と民衆の生活空間は一致しないし、ルイ・シュヴァリエがそれについて述べていることは誇張だといえるが、犯罪の多い地域と民衆が住んでいる地域も同様に一致していないことを認めざるを得ない。[157]いやそれ以上に、売春についても、犯罪についても、十九世紀の経過する間に一般の予想とは異なった状況がどんどん増えていったのである。したがって、「民衆の生活空間」の内部に残っていたのは売春の小さないくつかの核といえる部分だけであって、それはブルジョワ階級の生活空間の内部にも同様に存在したのである。[158]

売春の場所と祝祭で賑わう場所はぴったり一致するというほどではないにしても、明らかにつながりを持っている場合が多い。都心部のブルジョワ地区（テュイルリーからシャン・ド・マルスへかけての地区）の方へ祭で賑わう場所が移動したことと、その同じ地域を売春婦が活動の場として占領したことは、明らかに関連している。

パリの都心へ向かって周辺部の丘から売春する娘たちがぞろぞろ下りてくる光景は、一八七一年に、革命の形をとって民衆たちがどっと下りてきた姿を彷彿させるほどであり、それだけに一種の脅威のようなものが感じられた。ヴェルサイユの勢力に抵抗したことで証明されているように、バスティーユは「それによって全く疑いなく革命の舞台がつくられた[159]……焦点」であるが、また、金で買う愛人のメッカでもあった。売春の空間が革命の空間と重なっているからといって、しかしながら、性急にそのことから結論を出すべきではないであろう。都心へ売春婦たちが大挙して殺到するのは、プロレタリアートの隷従精神の表われであって秩序破壊を何らか企らんでのことではない[160]。労働者の猿真似をしているだけのことである。

要するに、パリの「売春の空間」は、J＝P・アロンによって定義された「食べ物の空間」のように、もともと本源的な根をもっている[161]。J・ガイヤール[162]とJ・ルージュリは「民衆の空間」について、それがオスマンのパリの都市改造に抵抗したことを示しているが、その民衆の空間より以上に売春の空間は十分厳密に特色づけられる[163]。だが、都市の広がりや売春婦が娼家に縛られずに自由に活動する状況が増えるにつれて、売春の空間も拡大する傾向をもった。しかもそれは、売春のいろいろなやり方が社会全体に広まっていたのとまさに時を同じくしていた。

私娼は、大きな地方都市では、自明のことだが、あまり分散してはいなかった。リヨンではテト・ドール公園やその付近の街にたむろしていた。マルセイユでは、売春指定区域の外で、ベルゾンス市場通りやメイヤン並木通り沿いもそうである。ブーラングランやコーショワ通りはルーアン出身の売春婦たちのメッカであった[164]。一九〇二年にはルーベとトゥールコワンではまだ売春は規制されていなかった。それで、娘たちはそこに住み、リールへやってきて、エタック街付近のサン＝ソヴール地区で商売するやり方をとった。「彼女たちは夕方ごろ列車でやって来て、翌日朝のうちに別の列車で家に戻る[165]」のである。

客引きのやり方《テクニック》は娘がどの種《カテゴリー》の売春婦であるか、客がどんな外見をしているかによって変わる。「あんた、あたいを金持ちにしてくんない!?」、これが通常、「一見《いちげん》さん」に言葉をかけるやり方である。ある売春婦たちは、お構いなしに紳士の袖をわしづかみして、体にしがみつき、断わられると罵りさえもした。この種の街娼は、レオン・ブロワが言う、首都の戒厳中大騒ぎをやらかして、群衆にバルベー・ドルヴィイに投石させ殺人すれすれまでやった連中と同類である。(166) 辻馬車、車、タクシーでの客引きも、売春斡旋専門の御者や運転手としめし合わせて、広まる傾向にあった。(167) その反対に、窓からの客引きは以前ほどには見られなくなった。(168) これは売春婦が娼家に縛られず自由に商売できるようになってきたことの証明にもなる。だが、窓の中でも、とくによい位置にある窓はそれまでと変わらず、真に暖簾の役割を果していた。マセによると、プロヴァンス街やショセ・ダンタン街のアパルトマンの中には、切り込み壁にはめ込まれた窓の位置がよいので、月に一〇〇〇フランまでもの家賃をとっているものがあった。この界隈では「窓は最低の場合でも日に三〇フランから一〇〇フランの稼ぎを生んだ(169)」のである。窓におかれたリボン、花、鳥籠、あるいはランプなどは客への目印で、夜になったら「娘がこの部屋にきます(170)」の意味である。私娼が商売用にしている家具付安ホテルの部屋には、公娼もよく出入りしていたことも頭に入れておこう。

コマンジュが見積もったところでは(171)、一八九六年に首都の一万の家具付安ホテルあるいはレストランが、売春に関わっていたという。都心部であれ、あるいは全く反対の場末地区であれ、主として、それらしいと思われるものだけである。(172) 客を連れ込む家具付安ホテルにその娼婦自身も住んでいるという場合はめったにない。普通は、商売に利用する家具付安ホテルはそのときだけで、夜明けになるとパリの周辺地帯にある安宿の自分の部屋に戻るのである。娘たちのなかには、自分の住んでいる家具付安ホテルの家主や、常連の宿泊者などを顧客にしていたものがあるのも事実である。このての宿で部屋代は普通二フランか三フランである。但し、家主の態度次第で、二五サンチームにも二〇フランにもなることがあった。(173) 宿の家主と娘たちの間には一種の暗黙の了解があって、警察の手入れがある時には予め娘たちに知らせてやるのである。(174) この種の宿では、言うまでもなく、好色趣味の手のこんだやり方は決して使わない。(175) とった客の数が重要なのである。

売春のこの型は地方でずいぶん広まっていた。リヨン(176)では、これがずっと以前からごく普通のやり方であった。この都市では、どちらかと言うと、上客と思われる男にこれを奨めている。マルセイユでは、一八七六年[177]の中央警察署長の報告によると、やり手ばばあたちがもぐり売春婦四人から九人をグループにして家具付安ホテルに住まわせ、一人ずつから部屋代を少なくとも三フランとっている。娘たちはこの他に衣裳や化粧代および食費に一日一〇フラン近くを支出し、さらに自分のヒモにおよそ一〇フラン貢がねばならず、生きるためには一晩に合計して、平均二三フランを稼がねばならなかったのである。

擬装店舗の急増

すでに十九世紀初、パレ＝ロワイヤルの下着・洋装店のマダムたちによってそこは売春の温床になっていた。このやり方はその後大々的に発展する。[178]一八七〇から一八八〇年の間、売春斡旋を専門にしていたのは主として手袋店、紳士用品店、煙草店であった。十九世紀末になると、それらの店だけに留まらなかった。手袋店は警察からとくに眼をつけられ、ヴィルメートル[179]は「時代遅れ」と書いてはいるが、その後にわたり手袋店はこの道の玄人であった。パリの都心部では、版画や写真の店、ブドウ酒やシャンパンの店、[180]香水店、本屋、とくにブティク・ア・シュルプリーズ〔若者のパーティ用貸席店〕で、奥の広間や中二階および地下室の一部といったところに別室を設け、そこで売子が客をとっている場合がたくさんあった。ヴィルメートルによると、このような店が首都で三〇〇以上あり、一九〇四年には、売春業のこの形態が著しく増えていたことが、院外委員会で報告されている。この時期に「健康マッサージ」研究所だとか、公衆浴場のほとんどが、その名目で、同じように売春斡旋業をやっていた。[181]そのなかには、本当のメゾン・ド・ランデヴーになっていたものがいくつかあった。[182]いわゆる口利きをしている店ですら、みな、売春用に店を改造してみる気になっていたほどである。この現象は地方でも見られたが、その増え具合はそれぞれの都市によって非常にまちまちであった。擬装店舗はリヨンでは稀であったが、ボルドーでは非常にたくさんあった。[183]

次に、小売商と売春をつなぐ紐《ひも》をとりあげるなら、パリの都心の街まちやシャンゼリゼ一帯にしげしげ姿を見せている女小売行商人や、とくに、無数の小店《ブティク》のマダムたち（レスビアンであることが多い[184]）が読み耽っていた文学を頭に思い浮べてみるとよくわかるだろう（つまり、その場合、十九世紀末の、メロドラマティックでポスト・ロマン主義の大衆文学が十八番《おはこ》にしているテーマが問題なのであるが）。ジョルジュ・ベリはちびっこの物乞いたちの弁護をとくに熱心にやっていたが、一八九二年国会でこの問題を持ち出すのである。その同じ年、トゥールーズ[185]では、行政当局の手でラ・ファイエット大通りの花の売店《キオスク》八つのうち、四つが閉鎖された。それらの店は売春婦に客を世話する紛れもない口利き屋で売春仲介者《ひも》によって経営され、一二〜一三歳の少女たちを「花を届ける」名目で客の家に送り込んでいた。

さて、また、擬装店舗のことに戻るが、いましがた述べたような店では、それぞれ、二〜三人の娘たちが寝起きし、食事も女将から与えられていたが、給料は全く支給されていない。それどころか、娘たちはそれぞれ客からもらった金を女将と分けるのである。マルティノ[186]によると、二流の店では、通常二人の娘が客をとり、共同の利益を分け合っていた。はじめ、下着類製造販売店や服飾店など、これらの店の顧客は主として金持ちの老紳士連中で、店にとっては前からの馴染みの客であり、若い女工たちがお愛想のつもりで仕事中に、奥の仕事場《アトリエ》に招じ入れていたのだが、客が贈物を与えてある程度な馴れ馴れしい振舞いに及んでも、彼女たちは拒まなかったのである。それからは、一流のカフェや夜食レストランで、ドア・マンや給仕、そのほか外国人客用の通訳までもが客引きの役割を果し、その辺の事情をよく呑み込んでいる「お誂え向き」の紳士が、顧客になっていた[187]。

顧客が買い物の代金を払いに行くと、係が何がしかの額を追加すれば、別種の買い物のできることをはっきりわかるように言ってくれるのである。件の店にはそれぞれ数人の決まった娘が出入りすることにしてあり、その世界では「入替《ルモント》」と呼ばれていた。彼女たちは万事を心得ているやり手女によって段取りよく手配され、交代する。このやり手女は同時に自宅でも売春の仲介をしていることがしばしばあった。リキュールや美術品[188]の販売を扱っているような様子をみせたり、あるいは慈善事業の貴婦人みたい[189]な振りさえする場合も見られたが、そのような外見でもってアパルトマンに入れてもらい、そこで顔を合わせる娘やアトリエの出口で娘たちを待ちうけ、いつでも若い娘たちを誘惑しようと手ぐすねを引いているのである。夜食レストランのスプーズやカフェの女給として勧誘され売春していた娘たちは、ブルジョワ階級の男たちの趣味に早くなじみやすいこれらの店の売り子であったとわれわれは見ている。

さて、次は、今までに判明している売春のなかで最も程度の悪いもの、つまり、マルセイユの町にたくさんある便所のなかでのそれについて触れることにする。その便所はそれぞれ一人の女が管理し、その女に、一、二人の娘が、雇われ、便所の掃除の他に、客の要求に応ずることも仕事のうちとされていた。一九一一年四月三日、警察がケ・デュ・ポール〔波止場〕に設置されている便所の一つを、監視し張り込みをかけていた。そこはコルシカ出身で六六歳の寡婦が縄張りにしていたが、そこで働いている二人の女が男と一緒に便所に入り、一人は一〇分後、もう一人は少し遅れて一五分後に出てきたのを警官が確認している。これら売春婦のうち、最初の方は四一歳の主婦でオード県出身の元婦人服縫子であった。彼女は二年前からその便所番の女将のために客をとっていた。二番目の女はリヨン出身の四六歳の未亡人で、近くのある家具付安ホテルに住み、「私は一〇年前から便所の中で無報酬の女中としてやとわれています。男のどんな要求にも応じ、よろしくやっています。客から一フランもらい、女将とそれを分けています」[190]とはっきり申し立てをしている。

市長は、四〇歳未満の女性を雇うことを便所番の女に禁じた[191]上で、一九〇二年にこれら便所のいくつかを閉鎖させることにした。この強圧的措置は挫折した。破毀院〔フランス最高裁判所〕が市長の布告を違法と判断したからである[192]。だが、一九一一年にマルセイユで取り組まれたもぐり売春撲滅闘争の一環として、これら便所のいくつかは当局から「遊蕩の場所」と正式に公表され、その上で、一時的な閉鎖の措置がとられた。

キャバレーでの売春業の電撃的発展

一八八〇年七月十七日の法律によって、一八五一年十二月二十九日の法令が効力を失い、一八八二年には、一八五二年に採用された種々の法的措置が廃止された。それによって、すでに触れたことだが、アルコール飲料の小売りが自由化され、この種のキャバレー、居酒屋等酒を出す店が夥だしく増える契機をつくった。そして同時にこの業界ではなり振り構わぬ競争がはじまり、多くの酒を出す店が、商品のより容易な売り上げのため、客寄せ対策としてもぐり売春婦を雇うことに踏み切ったのである。このような事情から、首都のさまざまな地区、とくにレ・アールの界隈で飲み屋がみるみる増えていった。これらの店では、単なる窓なし個室だけでなく、売春待合室用の部屋をもっていた。但し、その店が一階に位置しているとか家具付安ホテルがすぐ傍にある場合は別だが。ところで、もぐり売春婦がよく出入りしているこれらの飲み屋と、同じく下町で営業している居酒屋風の公認娼家を一緒くたにしてはならないことに留意してほしい。

これら飲み屋では、それぞれ二人の娘、それもほんの少女のような娘が働いており、大抵は店主の手助けもしている。顧客をあきさせないため、娘たちは平均三ヵ月しか同じ店にはいない。この場合、彼女らは店主《パトロン》から食事は給されているが給料はなしで、しかも、一日三フランから五フラン見当で下宿代をとられている。これに関して、トゥーロンでは、取り締まりが強化されるようになる一九〇二年まで、カフェの売春女給は各店一〇人という場合が多かったが、彼女らは食事代は不要で、下宿代を一フランだけ払えばよかったことが確かめられている。一九〇一年にポイヤックのあるカフェの女給であったマリー・Rという女は、客を一人とる毎に一フランか二フラン店主に払っている。そうすると、八日間でおよそ六〇フランが彼女の手許に残ることになった。

パリでは売春婦のヒモは飲み屋を根城にしている。彼はその店に食事付で下宿し、そこでトランプの賭け事をし、店主の上得意客の一人になる。夜が来て、女が最後の客を送り出すとヒモは自分の部屋で女と寝るのである。その場合、ヒモは店主に「夜の保証金」を支払う。

ある飲み屋で客をとっている私娼らは、その店に住まないで、店主の許可を得てその店にしばしば出入りし、その際自分のヒモの客を連れて来て店の繁昌を助けるというような場合もある。

これら飲み屋の客筋はおおかたのところ労働者とか兵士といった連中で、彼らは売春宿の女どもの許へしげしげ通うよりは、女給だと思っている飲み屋の娘たちを、一種誘惑するような気分で関係を持つことの方を好んだ。そこでは娘たちは客からあまりぼろうとせず、通常一フランか二フランで寝てくれるのでそれだけいっそうよかったのである。

この売春形態の拡大は、パリよりもいくつかの地方の方がもっとはっきりしている。それは容易に理解できるのであって、このやり方が幅広い民衆を対象にして、彼らはひまなとき、そして、常日頃からよく出入りしている馴染の店のそのなかでのことだからである。これについてはノール県の場合、実態が非常によく明らかになっている。北部の連中の社交で民衆的キャバレーが重要な役割を果していたことはよく知られている。(198) 一八八〇年以後、ビールを出す飲み屋が急激に増えている。そこでも店主らは業界での競争に耐えるため、近隣の田舎出の娘たちを当てにせざるを得ない有様であった。(199) ずい分早くから、ビール工場主の主だった連中、つまり、酒類飲料小売をしめつけている当の本人らのことであるが、彼らはこのシステムが利益に合致していることを見抜き、組織的にもぐり売春の発展を奨励し、かくて、彼ら自身が金で買う恋愛の大利得者になったのである。

リール〔北部のノール県〕ではいく人かの公娼がその登録を取り消してもらうため飲み屋の店主から店舗の所有権を譲ってもらうことまでして、彼らと共謀の上で、前からの商売（売春）をやっていた。(200) 一八八一年、すでにルーベの警察の知るところでは、この都市の七四のキャバレーが「大なり小なり、大っぴらに、連れ込み娼家(201)」の役割を果していた、と報告している。このほか、モン＝タ＝ルーのベルギー人の小部落から三十キロ離れた地点に「公然と売春している女たち、二、三、四人によって運営されているキャバレーが四〇軒ほどあった(202)」ことも報告されている。中央警察署長は、市長に飲み屋の店主らが、女給を雇うことを禁止する布告に署名することを要求している。一八八六年に『マタン』紙はヴァランシエンヌの市内でこの種の売春が発展することに反対してキャンペーンを開始した。(203)

一九〇四年にアンリ・アイエムによって全国監獄協会の後援の下で行なわれた調査《アンケート》から、このような現象がたくさんあったことがわかっている。すなわち、グルノーブルでは怪しげなカフェが五〜六〇店あり、もぐり売春婦二〇〇人中、一五〇人がそれらに属していた。このような店は港町にも、たとえば、シェルブールやマルセイユにもたくさんあった。シェルブールの市当局は厄介なこの問題を意識して、アルコール類と売春の関係を規制することをあきらめてしまったほどで[204]、すべての飲み屋の店主に公娼を一名住み込ませる権利を与えた。その住み込み娼婦は日々の店の使用料を店主に払うのだが、それは四フランから一二フランの間でさまざまであり、最も一般的には八フランから一〇フランであった。ブレストでは、いかがわしいカフェは五〇店ぐらいで、リヨンでは無数にあった[205]。エティエンヌ博士によると、ナンシーではキャバレーの女給の一〇〇人ほどが売春していたという[206]。サン＝マロでは、一九一二年には、飲み屋の一六人の店主が未成年の女給を雇い売春をそそのかした廉《かど》で起訴されるようになる[207]。地方の小さな町村でも、この現象が目に入ってくるし、ベルジュレは、アルボワの小さな市街地でそれをやっている店の、保健衛生状態の劣悪さからくる惨状をあばきたてている[208]。

とはいうものの、キャバレーや飲み屋など酒を出す店と金で買う恋との、切っても切れない関係が最もはっきり見られたのはベジエである――またしてもこの都市である――。ベジエはまさに売春の巣窟であった。そこで売春の新しいあり方が創出されていたのが見られる。その複雑さについて、中央警察署長の一九〇〇年七月二日の知事宛の報告書が口をきわめて強調している。この当時、この都市では、性的な遊びの場所と見られていた家具付貸家の他に[209]、「二五軒のカフェが各々女将と他の二人によって運営され、その二人の女は売春婦で定期的に検診を受けていた。三〇軒のカフェは女将とその協同者の女と二人で営まれ、その共同者の方は同様に検診を受けている。他の二〇軒のカフェは一名ないし二名の女で運営され、彼女らも売春しているのだが検診には応じていない。このことは、行政当局が検診を強制する術をもたなかったということのようである[210]」。

一八八〇年以後になると、風紀取締り警察の取締まりはますます困難となり、お手上げの有様であった。というのは、キャバレーの経営者は法的に庇護された状態にあり、その上、彼らは選挙の際、なくてはならぬ第一級の運動員の役割を果していたからである。むろん、キャバレーの売春斡旋業が急速に伸展したのは、金で女を買う習慣になじんでいた庶民的客層の新しい感覚に、もぐり売春の中でそれがいちばんぴったりくるやり方であったからのことである。とはいうものの、苦情[211]をたくさんつきつけられた市長たちのほとんどは、ル・アーヴルの市長にならってカフェの経営者が家族以外に店内で女給を雇うことを禁じた。だがこの規制の適用はうまくかわされ、目的を達することはできなかったようである。たとえば[212]、ラ・ロシェルでは、若干の飲み屋の店主らは自分の店の女給を、もちろん形式上にすぎないのだが、当局へ届け出る際には自分の協同経営者ということにして、当局のこの措置をうまくかわしていた。この他、店の奥に別室を設けて女給を住み込ませていた店主たちもあった。それにしても、酒を出す店での売春業の拡大に対する当局の緊急対応策は、今世紀初めごろにはこのような状況だったと考えざるを得ない。

地方での売春

もぐり売春の伝統的な形態をいろいろ見てきたが、流動的で固定しない売春の見取図を作製するには、最下層の売春に関する考察がまだ残されている。それは、いましがた述べたばかりの、他のもろもろの売春形態が十九世紀後半に一大発展したのと比べ、同様な展開を見せたようには思われない。しかしながら、この層の売春も他のそれと同様に、売春への要求の質が進化したことが関係して、根深い変化をいろいろ蒙った。

「兵隊相手の娼婦」の神話と現実　「ピエルーズ」や、あるいは「兵隊相手の娼婦」のイメージは過去のどの記録にもありきたりの型で示されている[213]。つまり、痩せこけて、醜く、「不潔でみすぼらしい身なり、だらしなくもつれた髪」、彼女たちはみな三五〜四〇歳を超えていたと、世間では言われている。いつも連隊についてやって来るのだが、自分の恋人に捨てられると、そこらのあばら屋を住居にせざるを得ない状態に追い込まれ、時にはそれがバラックのこともあった。彼女たちは、話にならないような端金《はしたがね》で、つまり、二、四あるいは六スーで[214]客をとり、時には軍用パンの切れ端と引きかえでそうすることもあった。そここの薮の繁み、森、あるいは工事場の倉庫、廃れた城砦などがその場所となった。「ピエルーズ」のほとんどは、そのものずばりで言うと、「手淫の女郎」のことにほかならないと、世間でいわれている。その女たちと本当に寝るのは御免蒙りたいほどいやらしいので、客はその女たちの手を借りてことを済ませるだけでよしとしていたからということである。

「ピエルーズ」といえば、レオン・ブロワの『泥』の作中人物を思い出さざるを得ない。それは肺病病みのやつれた哀れな娘で、コンリ野営場の兵士らは「墓石の娘」という仇名で呼んでいた。その娘は「五〇サンチームで一二人もの哀願する男たち(215)」を慰めていたのであり、とうとう最後には、ポン゠ラベやコンカルノの野暮な田舎の若者たちを大勢相手にして、あまりにも手荒らに「おつとめ《フゾォニュ》」をさせられ、疲労困憊のすえ死んでしまうといった具合なのである(216)。

だが、文学作品のなかでありありと描かれている人物像は、たいていの場合、想像かでっち上げの産物だと言わざるを得ない。事実に立脚する当代の社会学者らが、当局から目こぼしされている売春婦らのこのような実態を把握することはとても無理な相談であった。ところが、歴史家についていえば、幸いにも、全く例外であった。行政当局はトゥールに隣接している農村地域の各自治体に、一八九六年以後、警察の監視機構をつくらせようとしていたので(217)、それに関連する文書類を組織立てて綿密に検討していくと、「兵隊相手の娼婦(218)」の実態がもっとよく分かる。要するに、次に述べるように、「兵隊相手の娼婦」は、当時世間で言われていたイメージとはかなり違うものだったのである。

そのいきさつは、一八九六年、軍および県の行政当局はトゥールの駐屯部隊内部で性病率が増大したことからはじまる。不安にかられた当局は最初、ドムマルタン゠レ゠トゥル、ル・ボワ゠ル゠コムト（ドムジェルマンの自治体）、ジュスティス、マドレーヌ、ならびにいわゆるバラックマン（エクルーヴの自治体）に宿営している兵士たちが関係している農村売春について、アンケート調査を実施することに決定した。その調査結果から、トゥールの八〇名の公娼の他に、一二名の「女給娼婦」と、両親の許で生活している八名の若い娘が、駐屯部隊の多くの兵士と性関係を持っていたことが判明した。村長らは知事から督促をうけ、トゥールの警察の援助と陸軍省の助成金で売春規制体制を整備したので、この時点から以後、飲み屋の女給らの客商売は止んだ。というのは、「一般市民または軍人の顧客らとダンスをなし、あるいは顧客の膝上にいることを目撃されるなどの場合、件の娘あるいは婦人は例外なく直ちに娼婦として登録されるべし」という法的措置がとられたからである。新規に女給を雇う際には「品行証明書」が必要とされた。店主でそれを励行しようとしない者はその店舗に立入り禁止措置がとられた(219)。名の売れている娼婦たちは、これ以後、衛生検診を強制されたので、これらの町村を立ち去った。「親許で生活していた八名の娘たち」のうち、二名はナンシーへ行き、六名は説得されて人並みの生活に戻った。そこで、いわゆる「兵隊相手の娼婦」の出番が回ってきたのである。

これら三つの自治体で、一九〇三年の四月から一九〇九年六月三十日までの期間に、初回から数回までの逮捕歴をもつ一五三名の売春婦に関する書類を参照すると(220)、「兵隊相手の娼婦」は、若い女で、近隣の農村出身者であったと判断される。当局に目をつけられていた娘たちの半数は確かに二一歳以下であり、その初回の逮捕年齢は四分の三以上(七七%)が二五歳以下であった。この総数のうち、一二名のみ(七・八%)が既婚者で、一名が寡婦、二名は離婚歴をもっていた。逮捕された娘が、その後も引き続き売春をやめるつもりがなければ公娼として登録された。それはもぐりの売春をやめることを意味する。この点から見ると、逮捕された一五三名のうち、一一名のみ(七・二%)があらためて兵営の周辺で売春しようとしていたにすぎないことが判明する。だからトゥールの駐屯部隊の「兵隊相手の娼婦」はその道の新米であって、彼女たちの宿営地周辺でのもぐり売春は一時的なもので、再び正常な生活に戻るにせよ、公然と公娼になる決心で都会へ行って生活するにせよ、常習ではなかったのである。

再度念をおしておきたいのだが、逮捕された娘の大部分は農村の出身であり、しばしば遠方からやってくる娼家の女たちとはちがって、大多数はムルト＝エ・モーゼルやその隣接諸県の出身者である。駐屯地がたくさんあることが兵士相手の売春を生み、それが周辺地域の若い娘たちの素行を悪くさせた要因だと、証言者らがみなしていたことは明白である。一九〇〇年に、ドムマルタンでちょっとしたスキャンダルがおこった。この村の非常に多くの娘たちが性的交遊関係を持っていることが露顕したのだが、両親たちはそのことを全く気づいていなかったのである。警察署長は、「この件については、この小さな村にとっての全く不幸な問題が関係している」(221)との判断を下している。

娘たちの何人かはトロワ、ナンシー、パリあるいは遠方の諸県の出身であった。彼女たちは大体において、徴兵でたまたまトゥールの駐屯部隊に編入された恋人の後を追ってやって来たのである。この地での日々の暮しのために恋人以外の兵士を客にとった。何人かの娘たちは、鉄道建設や城砦の工事に従事している労働者と内縁関係にあった。

大都会のもぐり売春婦たちとは異なって、これら農村地域の「兵隊相手の娼婦」は、金銭取引きの恋に身を委ねるようになる前に、何らかの職業を持っていたと申告したものはほんの僅かである。せいぜいのところ、八名が飲み屋の元女給、一名が女中、一名が日雇い、五名が元女工であったことが記録されているだけである。この他に、晩春から初夏にかけての晴天に恵まれる季節に、近郊の駐屯部隊の兵士らの馴染みの女たちからさそわれて、トゥールにやってきた公娼が何人かあり、また、将校たちとしばしばいっしょに生活しにやってきたカフェ゠コンセール〔二三六頁参照〕の歌手が四名いたのも本当である。

トゥール地方の「兵隊相手の娼婦」たちは、近所の農家の小部屋を借りたり、あるいは、ブドウ園の中に建てられている小屋やバラックの掘建小屋、時には厩舎や廃屋を住家にしていた。女たちのいく人かは酒保や草地に留めてある大型幌馬車(222)のなかで一人の労働者と一緒に生活していた。二人の娘がしめし合わせて村の中心部に一軒の住居を見つけている場合もあった。この場合、娘たちは兵士や近隣の若い男たちの間で共有されていたのである。その一方で、一八九六年以後は、飲み屋はずい分きびしく監視されていたので、売春婦を置くことはできなくなっていた。

客引きは、兵営のその入口でやることは滅多になかった。娘たちの一部は、射撃台(4)、まぐさ置場(2)、火薬庫(3)、気球置場(3)、土木学校(1)、共同洗濯場(4)、屠殺場(2)、軍隊の浴場(1)などで、それぞればらばらに持ち場をきめて、誘いをかけることにしていた。別の娘たちは、夕暮れ、マルヌ川からライン川への運河の岸(8)やバリーヌの丘(1)で兵士たちの帰りを待った。

飲み屋のもぐり売春が規制をうけるまで繁昌を見せていたので、それが先鞭となって、一八九六年の規制以後は、それまでよりももっといろいろな場所での売春が広まっていった。娘たちは、戸外で、草地や運河の堤防で、[223] また、バラックや掘建小屋で、あるいは、自宅で客をとる場合もいくらかはあった。

部隊が駐屯している村々のなかで逮捕されたもぐり売春婦の罹病率は、恐ろしいほど高かった。娘たちは三ヵ月毎に行政当局の命令で検診をうけたが、その三〇％から五〇％は性病に冒されていた。最後に、売春婦たちの活動状況は年間を通してみると、変動のあることを指摘しておきたい。つまり、晴天に恵まれることの多い季節に、予備役の兵士が到着すると、その商売は息を吹きかえし急上昇する。近隣の都市の公娼までが引き寄せられるほどであった。監視の眼を張っている警察に対し、管区軍兵士たちは臆面もなく、売春婦を自身の配偶者だと言い立てるので十分効果を上げられないままであった。

田舎の「うろつき娼婦」 田舎では、「縁日や市の日にうろつく女たち」がいたるところにいる。旅回りの女芸人の一部がこの種の女であるが、彼女たちは草地や森の片隅で百姓相手に売春する。一九〇三年に、大型幌馬車で生活している芸人たちのグループが、シャラント＝アンフェリウールでこの種の売春をやっている。「女どもが通りすがりの男たちを恋人よろしく迎えている間」に、この一団の顔役連中が、これはまさしく女衒であるが、「自分たちの棲家である巡業用幌馬車へ獲物の客を駆り立てていく」のであった。[224] ヴィニュロン博士によると、この型の売春は東部でも行なわれ、とくに、旅芸人の興行で賑わう際に見られた。射的場や、ある奇術師の店では、「通常、若い娘が一人いて、いろいろ、とにかく直接客に誘いをかけ、夜の約束をとりつける」[225] のである。

一九〇〇年に、エローの衛生審議会のメンバーが、それ以後村々に、都会と同様売春がじわじわ蔓延したことを嘆いている。このお歴々は、守護聖人の祭日に娘たちをかり集めている飲み屋の店主に非難の眼を向けている。[226] カスティヨン＝シュル＝ドルドーニュでは一九〇三年に三つのレストランとカフェ一店が、このような際にはすぐさま売春の店に鞍替えした。次の縁日に備えて「ヒモ連中は女を必要なだけ集めるために旅先回りをする」[227] のである。

フィニステールでは船乗りの妻たちが、夫の航海期間が干し草の取り入れや小麦の収穫期に当っていると、しばしば付近の田舎へ出向いて身体の商売に身を入れた[228]。医師ベルジュレは彼なりに次のように書いている。「アルボアでは、一人ずつてんでに、それでいて自由奔放に、売春している娘たちにお目にかからないような年はない[229]」と。マランヌ郡の郡長によると、この地方の牡蠣売り女たちは、その賃金の補いに同じようなことをやっていたという[230]。一軒ずつ離れてはいるが、街道が交差している地点にある旅籠屋には、仲買業者や馬方、とくに、運河ならびに鉄道建設工事に従事している新米の人夫たちが足を向けた。これらの旅籠屋もたいていの場合、もぐり売春の巣窟であった。フロンティニャンでは、ラ・ペイラドの小部落の運河の土手の上にある一軒の飲み屋が、同じように近隣の売春婦たちの連れ込み娼家になっていた[231]。一九〇三年に、ボルムから五、六キロ離れたところにあった旅籠屋も同じく、イタリア人の労務者がしげしげ出入りしていた[232]。

田舎のいくつかの地域が、売春が非常に烈しく行われている舞台であることさえもあった。ヴァール県の田舎は、一九〇三年に県の調査対象とされ、綿密な調査が行なわれた。そこでは「人口五〇〇〇人以下の二八町村の中に売春をやっている店とみなされた[233]」カフェが当時五五軒あった。それらの店舗の二六はカフェの経営者によって営まれ、一般客の出入りする店内に付属したいくつかの小部屋で女給が売春させられていた。二二店は素行の悪い女たちによって運営され、店の女中か近所の娘が使われていた。彼女たちは、数日間か、あるいは、数時間に限ってそこへやって来ては、女将があてがう男の思いのままになるのである。これらのカフェのなかの八店は売春婦のグループ組織で運営されていた。知事も不安がって、「売春婦はジプシーのように群になって移動する傾向がある[234]」と注意している。彼女たちは、「祭日や縁日ならびに労働者の給料日に合わせて、町から村へ、村から町へと顧客の必要に応じて[235]」流れていくのである。売春を、公認娼家のように、一定の場所に閉じこめて規制しようとする人びとの願いは挫折し、こうして、古風な売春のやり方が再び息を吹き返すに至った。

とはいうものの、金で買う色恋は、結論からいうと田舎ではあまり広がらなかった。ただし、南仏の、地中海岸に面した地方や、兵営を近くに持つアキテーヌ地方、および鉱山地帯などは例外といえる。そして、前述の種々の例はみな、国民全体を表わしているものではないと考えざるを得ない。以上のように、小村や小部落で、売春が何らかの核になるものから自然発生的に広がったのは単なる例外にすぎない[236]。ラルディエ博士は、農村環境での売春をとくに熱心に研究している専門家であるが、農村での売春の広がりの弱さを何とか説明しようと苦労している。つまり、彼によると、百姓は自分の仲間うちの女を買ったりはしないだろう[237]。このような環境では、下女たちには売春の機会は全くない。売春したいと思う娘は都会へ脱出する。百姓は縁日とか結婚式の祝宴の後とかでなければ、売春婦のところへ足を向けることは全くできない相談であった。それ以外には、自分の名前を知られずにお楽しみというわけにはいかなかったはずである。さらにラルディエ博士は続けて、「例の田吾作連中は、通常、性の欲望がそれほど強くなりはしなかったことに目を向けてもらいたい[238]」と述べている。彼の考えからすると、「畑で働く娘たちはいつも辛い労働をしているので、肉体的欲望が昂ずることはほとんどなかったのである[239]」。だが、このような言い草は、農民層をブルジョワ的視点でみてしまうことになり、また、農作業に従事する人びとの身持ちのよさをほめ上げようとする意図が見え見えである。したがって、本音を言えば都会の売春婦を買った農村の人びとの数を測定することは科学的にはほとんど価値をもたないし、つまるところ、不可能だと認めざるを得なくなるのである[240]。

鉱山地帯での売春の拡がりと抑制——ブリエ地方の実例　鉱山の経営者が労働力の生産性を高めるために、労働者を選別し、現場で教育し、社宅を与え、作業中も休みの間も同様に監督するといった企業戦略を展開していることが、これまで、はなばなしく描かれてきた[241]。しかし、この戦略は、絶えず労働者補充の募集を続けねばならないとか、企業主の思惑にそわない問題を生み出した。それを矢つぎ早に解決することが企業主の課題となっていた。そうしたわけで、鉱山会社が田園都市を建設するのと並行して、いわば、それと対照的に道徳的退廃や罹病率の高さにかてて加えて、暴力沙汰の目立つ人口密集地域が次つぎ出現していった。企業主の計画した衛生的で良俗に富んだ都市づくりと対照的に、どこの馬の骨ともわからぬ連中が出たり入ったりの乱脈な生活、つまり、アルコール中毒と売春の巣窟が出来上ってしまった。それを描写すれば逆に鉱山会社の戦略が頷けるのである。

ブリエ鉱山は、このような、企業主側の目論んだ整然とした田園都市と、退廃の密集地域並存という二元性《デュアリテ》を、最も極端に示している例である。無秩序な状態はドイツやルクセンブルクに近いほどひどくなっている。そこでは国境の売春がさかんになっていく。国の周辺部で当局の目が届き難いことからくる一種の無法地帯であるが、いずれは行政当局の注意を引くことにはなる。

一九〇八年に、[242]この地方のもぐり売春には三つのやり方があった。その一つは、カフェや食堂の女中三二五名と売春宿の経営者の内縁の妻二〇〇名（四〇〇名中）が、事実上、もぐり売春をやっていたことである。外国人のための職業紹介所から斡旋されてきたルクセンブルク女、ベルギー女、ドイツ女、イタリア女たちがそれである。ナンシーから来た女たちはまれである。第二のやり方は、男性労働者を下宿させている人妻八〇〇名のうち、その多くが当の下宿人を相手に身体を売っていたことである。三番目は、両親たちのうち、自分の娘に売春させていたいくつかの例である。

このたくさんの女性たちの顧客は鉱山へ出稼ぎに来ているイタリア人独身男性たちであった。実情を見ると、一九一一年にこの鉱山に来ていた一万八八一人の労働者のうち、田園都市に家族同伴で住みついていたのは三五〇〇人だけであった。彼らの住居にはおよそ四〇〇〇人の労働者が下宿していた。これら以外の者の場合は、会社が建てた独身寮に入ることを嫌がり、多くの場合個人経営の食堂につめ込まれていた。そのような食堂は、当時、鉱山全体でおよそ二二〇店あった。これらの店の建物は非常に粗末なもので、「老朽化した板をささえにして、タールを塗ったダンボール紙を被せ、その全体を鰯の罐詰めの空罐の底を用いて補強してあった[243]」。大抵の場合、店の経営者自体がイタリア人であった。

国境のすぐそばで、ジュプおよびオメクール管区内のモントワ丘陵沿いにこれらのいかがわしいオンボロ食堂が四〇軒あまり並び、警官たちの言によると、土曜の夜、無礼講の乱痴気騒ぎが大っぴらに繰り広げられていたという。

たくさんのダンスホール[244]が、労働者の社宅地域の、ひっそりとして節度のあるたたずまいとは対照的であった。さらにプロの「ダンサー」の女たちがやってきて先のどんちゃん騒ぎに拍車をかけ、こうして地方での売春女性の数が膨れ上がるのである。

独身のイタリア人男性は、多くの場合、グループを組んでいた。例を挙げると、一軒のあばら家を借りるのに一〇人ほどが仲間になり、その家で共に食事をするのだが「その食事をまかなうのは一人の女性であり、彼女は料理と家事のほかに、誰でもが容易に想像しうる仕事にも関係した[245]」。これらの事実を語っているのは鉱山の技師であるが、彼が強調していることは、おおかたの期待を裏切って以下のようなことである。「この異様な共同生活は一応安定しており、女を自由に交換するやり方と比べても遜色なく、とくに悶着を生ずるというようなことはなかった。……仲間同士の間では、共通の恩恵を分かち合うこの方式を尊重し、誰かが自分に都合のいいように、銘々の好みを尊重しようなどと言い出せば、仲間から排除することを相互でとり決めていた。だから、日曜日には仲間同士が打ちつれ腕を組んで散歩している光景によく出会う。先頭で仲間の一人がアコーデオンを奏し、真中にその家の女中兼愛人たる女性をはさんで、といった具合にである[246]」。

警官や教師らによると、この鉱山での性病発生率はもの凄かったという。警察署長は独身労働者の三八%は淋病や梅毒に冒されていたと見積っている。どの家族もみな梅毒をうつされ、病人はたいていは治療を受けないままでいた。スピルマン教授は、その経験から、ある若い女中の例を挙げているが、その少女はまだ初潮をみていなかったのに、女将から五〜六週の間に「五〇人以上の客[247]」をとることを強制され、彼女が性病の診療所にやって来た時には、その局部の病巣は見るもむごたらしい状態だったという。

この地域の世論、企業主ならびに行政当局は、これら、女遊びとアルコール中毒と暴力の町、しかも、その生活は一切監視の目から逃れているといったこの鉱山町の発展を目の当たりにして、無関心でいるわけにはいかなくなった。とりあえず、まず手をつけたのは、野放しで町いっぱいに溢れているこの売春を、特定の場所をきめて監視の目がゆき届くようにすることであった。一九〇八年以来、スピルマン教授は、鉱山内に公認娼家を一〜二軒開設すべきことを要求していた。[248] だが、これは失敗した。オメクールで開設された淫売宿は客の入りが悪く伸びなやんだ。このことは、鉱山技師の書いたものによると、「イタリア人労働者の気質が情熱的で、女たちがいささかナイーヴすぎることが問題で、彼らは手軽にすますます女遊びを嫌がり、駆け引きや冒険を伴う情事を好んだ[249]」からだという。

同じ年に、『エスト・レピュブリカン』紙は「放蕩・流血・酒について」と題した記事で、所信のキャンペーンを開始した。それは外国人嫌いの感情が露わにみられはするものの、ひどく破廉恥だと思われた事実をいろいろすっぱ抜いている。ラブーレイが発起人となり婦女売買をやめさせるための組織ができ、彼が代表者として政府に警告を発した。一九一〇年になると、政府は「鉱山地域の衛生状態に関する調査」を命じ、一九一二年八月、知事が内務大臣の命をうけて「ブリエ鉱山住民の衛生の諸条件」を研究する委員会を結成させた。

そこで、鉄鋼業委員会の手をかりて、この地方をまとめて、売春婦の保健診療機関が組織されることに決まった。お役所仕事の予想をこえて、行政当局はどんどんことを運び、「三ヵ月で鉱山の売春婦に関して、より有効な監視体制をうちたてることができた[250]」と一九一三年にブリエの郡長の報告書は語っている。四町村だけは例外で、これ以後警察の風紀係がいたるところで、つねに、監視の眼を光らせていた。これに加えて、ダンスホールもきびしい監視をうけるようになり、「ダンサー女」はこれ以後、店におけなくなった。

ブリエ鉱山でとられた措置は、第一次大戦前夜に、衛生の名目で、売春の世界に行なわれた抑制の強化の典型をしめしている。[251]

4　ヒモの多様性

世間の通俗的版画に描かれたヒモの生態はたいていの場合、売春でボロ儲けしている人物、それもその人物だけが甘い汁を吸っているように仕立て上げられているきらいがある。ところで、売春が、さまざまな形態をとっているその仲介業者に利益をもたらしていたことは、いままですでに考察してきた。売春の仲介がプロレタリア階級のなかからのみ集められていると見るのはまるで見当違いもいいところである。たしかに、「アルフォンス」のように自分の女「マルミット」の稼ぎのおおかたをまき上げているような男だけがメロドラマの主人公なのではない。彼をめぐって作られた噂が、ブルジョワ連中に、金で買う色恋で真に儲けている者が自分たちの内部にいるのだということを意識させないままにしてしまい、ブルジョワの世論を盲目にしてしまいはしなかったかどうか、考慮してみる余地がある。その場合、ヒモは売春と犯罪との関係を具体的な姿で示しているものだから、それだけに、いっそう生け贄《にえ》の山羊の役を演じやすいといえる。たぶん無頼漢とは、ブルジョワ階級が労働で鍛えた体力をもつ階級の物理的力に恐怖感を募らせ、揚句の果につくり出した人物像であったといえよう。だが、念のためにつけ加えておくと、この時期にはプロレタリア階級の暴力的行動は現実には目に見えて緩和されていたのである。「ルンペンプロレタリアート」に対するマルクス主義者の敵意や無為徒食と不道徳に対する社会主義者の憎悪が、おそらくは、ヒモ＝無頼漢という神話を世間で通用し続けさせるのに一役買っていたといえよう。あるいは、少なくとも、彼らが現実社会で幅をきかせていると誇張しすぎ、そのために、真のヒモたる売春企業の存在を世間の目からくらますことにも役立ったといえよう。この点については、売春に関する立法措置は承認されなくても、ヒモに関してはそのことは適用されていないのを見れば明らかになる。この手のヒモ連中だけが家具付安ホテルの経営者とこみで、法律によって裁かれたが、その同じ法律が真のヒモたる売春斡旋業者を見逃しているのが実態である。このように、一八八五年五月二七日法の規定を強化した一九〇三年四月四日法が可決されたあと、一九〇四年―一九〇六年の三年間に、セーヌ県だけで一一五四人のヒモが裁判所に起訴された。そのうちの五七三名が有罪判決をうけている。(252)

さて、次は、われわれがヒモの姿をあらまし描写する番なのだが、その前に、「心の恋人《アマン・ド・クール》」および「貢がれている男《ストゥニュ》」とでも称したらよいのか、その種の男たちと真のヒモを区別しておく方がよいであろう。「心の恋人」や「貢がれている男」はただ単に娘の、優しさとか愛情とかの欲求を満たすための対象である。娘は男を贈物ぜめにするかもしれないが、何から何まで彼の言いなりにはならないだろうし、男に保護してもらいたいなどとはちっとも思いはしないのである。十九世紀前半期、娼家の娘たちはそんな風に、誰よりも好きな「心の恋人」らしきものを持っていた。このような習慣はその後は廃れていったことはすでに述べた[253]。ビヤホールの女たちの「心の恋人」は、学生、芸術家、若いブルジョワであることが多かった。重ねて言うが、男に囲われている娘が、自分の出身階級の若い男に愛情をふり向けていることもしばしばあった[254]。そんな男は正確に言うとヒモとは言わない。

ロイスが「貢がれている男[255]」とみなしている人物が、ヒモの機能をすべて備えていないにしても、本当のヒモにより近い。つまり、ファム・ギャラントやスプーズ、あるいはカフェの女給の稼ぎで生活している男（あるいは女[256]）で、この場合、女は自分の客商売に男の手を借りたりはせず、また、男の方もその女に乱暴な態度で言うことをきかすというようなことはしない。とにかく、ロイス博士[257]によると、若いジャーナリスト、弁護士、医師、あるいは文士たちの中に、そんな風にして月に六〇〇～八〇〇フランまで、その愛人《メートレス》からもらっているものがかなりいたという。

ヒモは、特定の女か、あるいは何人かの女の稼ぎで生活し、その女たちをいつも監視していて、あまり乱暴な扱いをする顧客にはいつでも手を出せるように構えている、そんな男である。警察の風紀係の手入れがある時には、ヒモは「マルミット」に予告してやる。一斉検挙の際には、自分の腕に女を抱えたり[258]、あるいは、警官の立入りを遅らせながら、女が逃げられるように時間を稼いでやる。女に出入りすべき宿屋や飲み屋を教えるのもヒモである。必要な場合には、女が客から法外な金をふんだくったり、強請《ゆす》ったりするのに手を貸す。

要するに、ヒモは、女のガイドであり、たいていの場合、自分がその女を仕込み、女の処女を奪った当の本人であったので、それだけにいっそう女はヒモの言うことを素直にきいたのである。とにかく、おそらくは何にもまして、ヒモは内縁関係で生活を共にしている女の真の愛人《アマン》なのである。客商売での売春婦の不感症は、内縁の夫との間で経験する快楽感で埋め合わされる[259]。男が、女の稼ぎの大部分をまき上げたり、自分の日々の「お手当《プレ》て」を女にしつこく要求したり、女が口応えをするとかあるいはただ単に稼ぎがあまりにも少なすぎる場合、大抵は、女を折檻《せっかん》するとか、女が別れたがってもそうさせなかったり、というようなことはみな言わずもがなである。代議士ポール・ムーニエが院外委員会へ提出した報告書のなかにこのことに関して興味をひく部分がある。そこには、街頭で客引きする女たちのいわゆる労働組合の名で、「魚」(260)〔ヒモのこと〕に対してなすべき義務があれもこれもみな並べられている。娘とヒモの関係が性的倒錯の性質をおびていることは強調されるべきことであるにしても、従来、あまりにも誇張されすぎたきらいがある。だが、ここで、なぜ誇張されているのかを考えてみなければならないし、ブルジョワ階級とは全く違ったやり方で気持を表現する連中の世界での夫婦の行為を、一概に変態だときめつけてはなるまい。

われわれが手にした証言は書かれたものだけだが、つまり、『ガゼット・デ・トリビュノ』紙が掲載している売春婦たちの告白や、収監、あるいは、病院や施療院に収容されていた娘たちが書いた手紙(261)のいく通か、それと、愛情をとり交わした手紙のなかのいくつかを、大切に手中にとっておいた当時の男たちが述べていることも含めて、娘たちがそれぞれ、男に深い愛情を寄せていたことがわかる。また相手《ヒモ》の方も、「マルミット」が収監されている際、優しい心遣いを女にみせており、それは、矯正されて出所したらまたうまく絞り取ってやろうと思っていたばかりではなかった。シャルル・ルイ・フィリップは、モンパルナスのビュビュという男の、その女、ベルトに向けた愛が、粗野で、心底惚れていながら身体で稼がせるという両面をもっていたことを、非常にうまく描いている。それは単に一文学作品ではないかといわれればそれまでだが。

刺青《いれずみ》、これこそ何にもまさる証拠《しるし》で、売春婦がヒモに注いだ熱い心情をわれわれに伝えてくれる。たしかに、これらの刺青のいくらかは専門の職人の腕によるものである。それらは見本の図柄の中から選ばれており、恋仇《ライバル》を羨ましがったり、あるいは、張り合おうとしてその気になったものである。だが、彼女たちの刺青の大部分は、愛人自身の手でやってもらい、彼自身もぶきっちょな刺青していたがそれは純情《ナイーブ》さを感じさせる図柄であった。娘たちはこの愛のしるしにひどく愛着を示し、離別したあとでもなお、「消し取る《デタトウアージュ》」気になることはまずなかったと言ってよい。

素人細工で売春婦がヒモにしてもらう刺青は簡単《シンプル》なものであるが、それだけではないことをまず念頭においてほしい。顔につけぼくろをしている女は、たいてい、もっと大事な刺青をどこかにやっているものである。腕か二の腕に、愛人の名前や頭文字を刺青し、その後に「永遠に」〔pour la vie〕とか、P・L・Vの文字を続けて彫ったり、時には「私の愛しい……」と始めるものなどがいちばんたくさんみられる刺青である。この愛情を示すしるしに続けて、何か金言めいた言葉とか、ハートの形、あるいは、意中の男の似顔絵がほられていることもままあった。短剣の上で二つの手が十字に交差しているのは、死ぬまで心変わりしないという意味である。専門職人がやった刺青はずっと手の込んだもので、鳩とか愛のキューピット、花びんなどが多かった。時には、愛人の職業や所属軍隊の場所を表わしているものもあった。(たとえば星は旧「植民地軍兵士」を意味するなど。)やがて、刺青が、遠くで軍務に服している愛人への貞節の誓いを意味する場合もでてきた。小鳥が一羽だけというのは、愛しい人と長い間、離ればなれになっていることを意味している。

愛人との破局は、二つに裂けたハート型の間に矢を突き差してあるので、それとすぐわかる。売春婦が新しい愛人を持った時には、前の愛人との別離を示す矢のほかに、最初の刺青の下や、あるいは、別の腕に次の刺青をして、新しい意中の男を示すのである。もし別れたことでひどく悲しんでいる場合は、矢を突き差して破れたハートの型に続けて、復讐とか、傷心の痛手を酔でまぎらせる辛い気持を何かの形で示す。(つまり、捨てられた娘は、お墓とかブドウ酒の瓶を刺青してもらう)。忘れようにも忘れられない愛人の死は、すでに刺青してあるハート型の上に十字架を加えるとか、もっと簡単に、ハート型の上に花びらを散らすとかで、その思いを表わす。

ルブロンやリュカといった医師たち(262)が模写したサン＝ラザールの売春婦たちの刺青は、資料になり得るもののなかで最も心を動かされる種類のものであることは間違いない。それは娘たちがヒモや心の恋人に抱いていた気持や愛情の深さを、あますところなく伝えている。こんなことがヒモと女の性的倒錯関係の証拠とみなされていいものだろうか? これらの刺青は性的倒錯とはほとんど無縁である。猥せつな表現は滅多にないのである。切っても切れない関係で男にすがっている女たちが、相手に対して抱いていた恋情の激しさや飾り気のなさが、たとえば「青い花」のような素朴で子どもっぽいしるしのなかに表われ、絶対に消えないように刻印されている。他人に売られた肉体の上に、女が贖罪する思いで刻印してもらったこの刺青は、無償の愛の贈り物と貞節のあかしであり、何にもまして、十九世紀末の売春婦がおかれていた状況を明らかにする。

ヒモはさまざまな顔をもっている。証言されているほぼ全体からヒモの姿が徐々に変化している様子がうかがえる。年々、ヒモはパリ市門の外の怪しげな酒場にたむろする腕っぷしの強そうな男という姿《イメージ》[263]を失い、それと並行して、だんだん、小柄な伊達者か、「仕事着《ブルーズ》の揉み手男」[264]、チンピラ、ペテン師野郎、抜け目がなくずるい、[265]といった人物として描かれることの方が多くなった。ヒモの生活手段の稼ぎ手であるもぐり売春婦ともども、パリっ子のヒモは派手な身なりをしなくなった。つまり、黒絹のチョッキに鳥打帽子、目もあやなチェック柄の、裾のだぶだぶしたズボン、といった出で立ちは見られなくなり、これ以後はごく普通の服装で一般の人びとと見分けがつかなくなった。せいぜい、都心のカフェでよく見かけるヒモだけが、派手な色のネクタイに女から送られた指環を光らせ、黄色の手袋をはめ、相変わらずの姿を見せていた。[266]ヒモの姿は変わって来たといっても、お馴染の仇名はなくならないでいた。われわれの知っているものでは、女たらし、闘牛、モンルージュの親分、グルネルの無法者、などがある。

当時の社会学者たちは、ヒモの実態を研究する上で、いくつかの種類《カテゴリー》に分けてみたり、実態に基づいて、まるで昆虫の生態研究でもやっているみたいにヒモを分類したりしている。

●公認娼家のヒモ。念を押すが、このヒモは心の恋人に変身して姿を消しつつあった。だが、一九〇二年頃の、ヴェルサイユの色街ではまだ残っていた。この当時でもなお、都会の売春宿に自分の愛人を置いているような連中がいたのである。[267]

●小心なヒモ。ヒモであることを恥じて他人に知られないようにしている。勤勉な労働者がままそうであるが、手すきの時には女の手助けをし、彼女が年をとったらたいてい結婚して夫婦になる。[268]

●結婚しているヒモ。一八五二年七月九日法の可決以来、追っ払われないように、「マルミット」と結婚したり、あるいは、全く最初から計算づくで結婚し、うまくやったとほくそえんでいる男《ヒモ》。

●パリ市門の外にあるもぐりの酒場などにたむろしている浮浪者であるヒモ。彼らは女を見張るだけでなく、通りがかりの者を身ぐるみ剝ぐことも日常茶飯事の連中。この種のヒモは、グルネル、ラ・ヴィレット、ベルヴィル、メニルモンタン、そのほかに、都心部では、レ・アールやモベール広場のまわりのあちこちにいる。それに、マルセイユのごろつき、「ろくでなし《ネルヴィ》」と呼ばれている連中がつけ加えられる。彼らは、警察によると、一八七五年にマルセイユで千人以上いたという[269]。リールの警察署長はその立場から、一九〇三年、知事宛の文書で次のように述べている。エタック街で、誰かがひったくりに遭わない夜はないと。被害者は己が評判を気にして訴えたがらないのが普通である。だから、警察には、「ひどく殴られて、抵抗したものだから、路上にころがされたまま[270]」の人びとの御難しか判っていない。

●首都の都心のカフェのヒモ。それに加えて、ドゥミ＝モンデーヌたちの「売り込み屋《ランスウール》」。前者は、婦人用美容師、縁日の闘技士[271]、カフェ＝コンセールの歌手[272]、あるいは、文士とか自称している。売り込み屋、例えばプラドとかプランツィニィのような自分の女を殺した手合を[273]、コマンジュ博士[274]は「赤ら顔で、油で髪をテカテカにし、ピッカピカの指輪をはめて他人の目をくらませる素性のはっきりしない山師」という具合に描いている。

●同性愛《ホモセクシュアル》の若者たちのヒモも見落せないがこれは本書では取り上げない。

世間がどのように言おうとも[275]、第一次世界大戦前、ヒモの同業組合が本当にあったという痕跡は見当らない[276]。せいぜい、長い間の馴染をもとにかなり大きな範囲でのつながりのあることがわかっている程度である。午後、閑をもてあましながら、玉突きだとかトランプで同じテーブルになったとか、ただ単に、路上を退屈しのぎにブラブラしたりしながら顔を合わせて、だんだんそのつながりは大きくなっていった[277]。古株が若手を教育するのである。つまり、現場で実際のやり口を見習わせ、十五歳ぐらいから、手はじめに「見張り[278]」の役をやらせる。だが、マルセイユでは、何人かの娘が一緒に同じ路上で客引きをする際、ヒモ連中はしめし合わせて「娘たちが網を張っている範囲の両端に人目を引く様な態度で散らばっている[279]」。警察が娘の一人を逮捕しようとすると、ヒモ連中は結束して、自分たちの「マルミット」が逃げやすいようにしてやる。この都市では、二人で組みになって一人の売春婦を稼がせているヒモもいた[280]。

一八八九年セーヌ＝アンフェリウール県で実施された調査《アンケート》は別として、ヒモのグループの特徴——つまり、その全体像を代表しているようなもの——を描き出せるほど豊富な分析資料をわれわれは手にしていない。カルリエ[281]は、第二帝政末期に売春斡旋業の被疑者たちの体系的な研究を試みた。六年間に首都で逮捕されたヒモあるいはそれらしき者六九五名中、三七一名（五三％）がパリ出身者で、三二四名（四七％）が地方の出身か外国人であった。だから、当時、パリ出身者の割合は公娼および私娼の場合よりもずっと多かった。この当時、ヒモは前科者がずい分たくさんいた。事実、彼らのうち三三〇人（これは四七・四％に相当する）が、すでに五七五件の有罪判決をうけた前歴があり、そのなかの二七五件（人数にして九五名）は、殴打および傷害、あるいは、警官への公務執行妨害、二六二件（九一名）は単なる盗みか背任行為、三八件（三一名）が銃器不法所持、夜間路上強奪とか強盗である。パリ出身のヒモ連中はこの年代のころ、大犯罪の巣窟たる暗黒街の一員であった。彼らを植民地へ強制的に移送させよという意見が当時たくさん出されていたのはこのためである。一八九六年にはコマンジュ[282]が、過去二〇年間に一〇〇人以上のヒモが死刑または終身懲役を宣告されていると強調するようになる。

ルーアンでは一八八九年に四七名が妻や愛人の「売春の稼ぎだけで生活していた[283]」が、そのくせに彼らはみな何か職業を持っているような言い方をしている。一七名が職人か手工業労働者と名乗り、八名が日雇い、七名がセールスマンないしは行商、六名が唄い手、巡業の歌手または楽師、そして各々二名ずつが、商人、カフェ給仕、商店員、船員と称している。これらヒモのうちの九名はすでに盗み、殴打および傷害で一八回にわたって刑の宣告をうけていた。

一般的に言うと、正真正銘のヒモは若いのが普通である。一八歳のはいるが五〇歳を超えるのは一人もいなかった、とカルリエは結論している。ルーアンのヒモの年齢別分布を見ると、この証言は確かなものである。（二二五頁参照）。パリ警視庁の文書には「ヒモ」とおぼしき連中のもろもろのグループがやった怪しげな挙動を述べたものがいくつか含まれている。残念なことだが、治安警察も新聞や世論と同様に、ヒモ連中の所業と、若者たちがいろいろな形態で非合法グループを作ってやっていることを、一緒くたにしていたようである。だから、一九〇二年には警察が五〇人あまりの少年少女で作っている集団組織のメンバーを、ヒモのやっていることだとみなしてしまった。この集団は、毎月曜日の晩、ダンスホールがはねたあと、チュイルリーからシュレーヌ行の船上で、乱闘さわぎや「桃色遊戯」にふけっていた。事実、彼らは毎週五時頃ピュトーで乗船してきたが、調書では「そうしていくつもの船が乗取られ、売春斡旋者らは女こどもを座席から追い出し、器物を毀し、猥せつな歌を歌い、旅行者たちがとめにかかると殺《ばら》されたいのかと脅迫に及んだ。その場合は、いつも、電灯をこわし男女入り乱れて乱痴気騒ぎを始めたのである(284)」。警察によると、組織的な張り込みや一斉手入れで「およそ三五人のヒモの逮捕に成功した。その大部分は十五歳〜十九歳までの少年であった(285)」。新聞(286)が警察の手入れを要求したのは彼らをヒモとみてのことだったが、実際は、彼らは愚連隊の少年だったのである。

一九〇二年(287)十月二十八日の晩におこった事件はもっとよく事の真相を暴露していると見てよい。この日の夜九時半、すでに警察からそれと目されていた二〇人ほどのヒモが、ボワイエ街とビダッソア街の角で連発式ピストルとナイフで、仲間のいざこざにケリをつけようとした。この決闘騒ぎの中で二名の怪我人が出た。十九歳の鳶職と二十三歳の共同洗濯場の従業員がそれであった。警察はすぐさま二十一歳の「高級家具職人」と十八歳の日雇い労務者を逮捕した。そのほか、メニルモンタン街四番地に根城をもっていた一団のメンバーを午前一時、一網打尽に逮捕した。このとき、前夜の乱闘騒ぎの六人も摑《つか》まえるというおまけがついた。この件には十八歳の鳶職人、十九歳の日雇い労務者、十七歳の板ガラス切り工、二十歳の「高級家具職人」、十七歳の指物工、二十四歳の鋳型工が関係していた。この連中の世界では、累犯者に関する法律が適用されるようになって以来、何らかの職業を持っていることにするのが常で、この最後に挙げた鋳型工以外はみな何らかの職業を表看板に掲げている。

大事なことがまだ残っている。つまり、ヒモとみなされる連中の人数の問題である。この問題の解明は困難で非常に不確実でしかない。ここではパリに関して両極端の算定数をあげておくだけにする。一八九一年、『タン』紙はヒモに関する調査をもとに、その数を五万人と算定した。それとは反対に、パリ警視庁[288]のその筋のベテランによると、当時ヒモは一万人以上はいなかったと見ている。後者の算定は確かに現実に最も近い。その数が次第に変わったことを示す研究は、概観するだけにしても、現在のところ無理だと言わざるを得ない。

5　私娼の人類学的研究の困難

たくさんの資料をもとに、私娼の姿を描いてみるのは公娼の場合よりはるかに難しい。もぐり売春婦の場合は、社会学者の調査からも警官のそれらからも、同じく見落されている場合が非常に多い。正直なところ、公娼と私娼という売春婦としての共通性をもっているもののなかから、これが私娼の特徴だと抽出できる点はほとんどないからである。それを研究するために、警察の風紀担当機関の関係書類も売春宿の女将の帳簿もないし、刑務所への拘留期間の記録もない。唯一の資料として、性病にかかれば誰でも入れる施療院での診療記録と、私娼の逮捕と調査に関する記録書類が残っているだけである。それらに記載されている私娼たちは、逮捕されてから後は私娼ではなくなり、大部分は登録させられて公娼の仲間にされて、その数を厖大なものに膨らませていたのである。

このように私娼がいずれは登録されて公娼になる運命であったり、あるいは、行方不明扱いされる前にすでに登録済みの公娼になっていたりするのであれば、こんな調査の結果を説明してみても始まらないと思われるのではなかろうか。もぐりの売春は公娼になる前の修行期間であるとか「踏むべき第一歩[289]」でしかないことは実際によく言われていることである。「娼婦エリザ」はそれをやらないでいきなり娼家へ入ったがこれは一つの例外である。「ユイスマンスのマルト」のようなさまざまな運命の方がいっそう現実にぴったりする。ただし、公娼と私娼の類似点を確かめてみて、何から何まで同じというのでなければ、両者を区別する特徴を確かめてみなければなるまい。

このことを扱っている重要な医学的文献を見ると、私娼の出身家族は一瞥したところでは公娼と全く同様に普通の家族と変らない。[290] 一八七二年から一八八二年の間に、マルセイユの警察から釈放された一〇〇〇人ほどの私娼の中で一一二名だけが私生児であった。[291] コマンジュは、[292] 彼の立場から病気の私娼の出身家族を研究して、その二三六八名中、一八四名が内縁関係から生まれていることがわかっただけである。だが、孤児および片親だけの娘の数は、平均を上まわっていることが明らかになった。釈放されたマルセイユの私娼たちは、逮捕の際、その二七・一%が両親のない孤児であった。その他、一六・六%は父を、一五・三%は母をなくしていた。七・三%はどんな両親から生まれたかもわからないままであった。[293] コマンジュが研究したパリの私娼の六九二名（二九%）は孤児であった。八一一名（三四%）は父が、四五六名（一九%）は母がいなかった。

私娼の出身を地理的に考察すると、公娼のそれとあまり大きく変わっていないようである。パリでは、コマンジュの研究を再度利用すると、三四%がセーヌ県の出身、六%がセーヌ＝エ＝マルヌあるいはセーヌ＝エ＝オワーズの出身であった。残りについては、パリへやって来ている地理的範囲は同じである。つまり、南仏の諸地方からはほんの少ししか来ておらず、一方、西部ブルターニュおよび北フランスの出身者がかなりたくさんいる。最大の人数を提供しているのは、パリ東部の地区と周辺地帯である。多いものから順番に挙げると、一一区（ヴォルテールおよびリシャール＝ルノワール大通り）、一八区（モンマルトル、クリニャンクール、ラ・グット・ドオール）、二〇区（ベルヴィル、メニルモンタン、シャロンヌ）、一九区（ラ・ヴィレット）および一〇区（タンプル場末街、サン＝ドニとサン＝マルタンの市門のあたり）となっている。

ブレストの私娼の大部分は地元出身者である。マルセイユの下層社会からは、割合からみて公娼よりも私娼になっている方がずっと多い。（二六・二%）。しかし、この都市の私娼の大多数はよそから来たもので、ブーシュ＝デュ＝

もぐりの売春婦とヒモの年齢の若さ——年齢別分布

マルセイユの私娼1,000名
1872-1882年

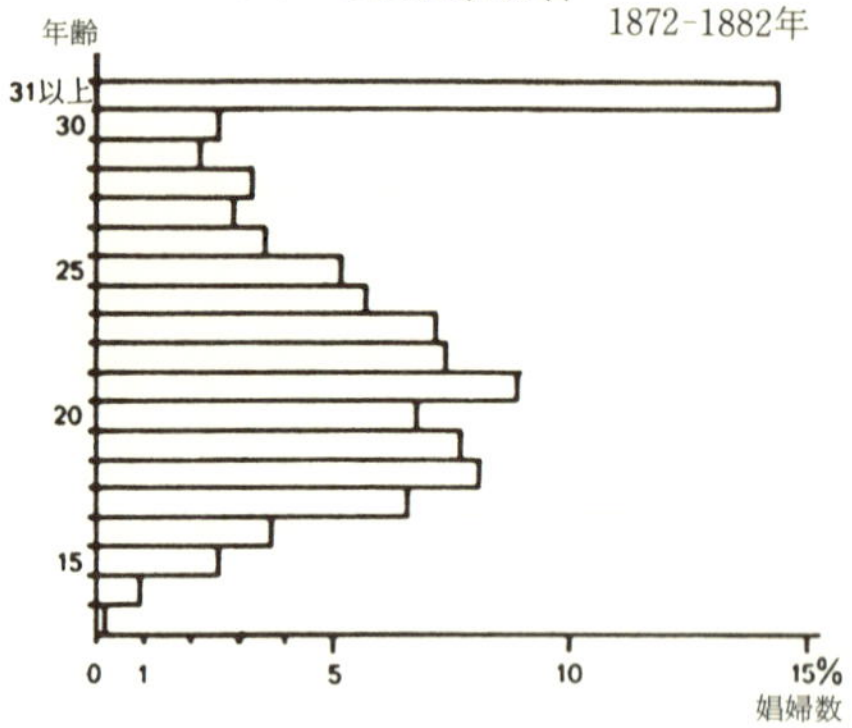

（ミルール博士による）

トゥール地方の兵士用の娼婦
1904-1909年

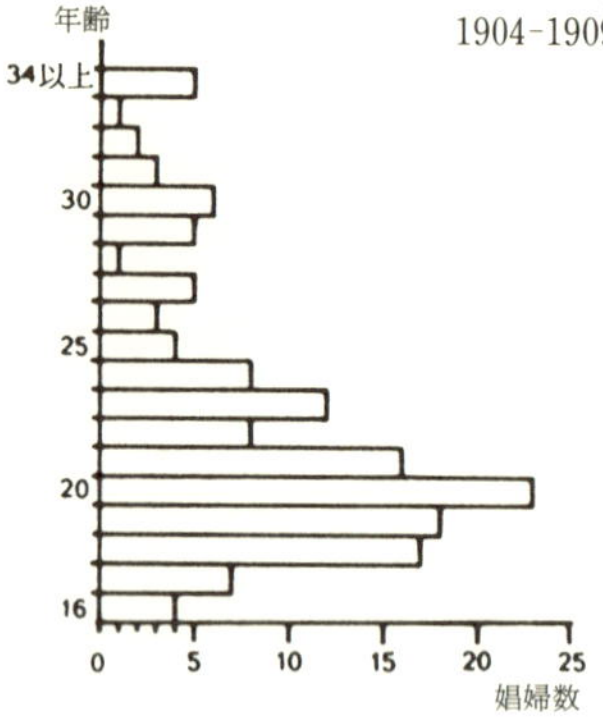

（県保存記録）

ルアーヴルで逮捕された私娼103名
1875年

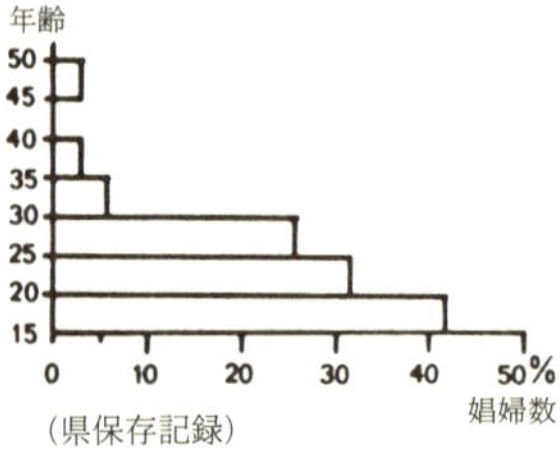

（県保存記録）

ルーアンのヒモ47名
1889年

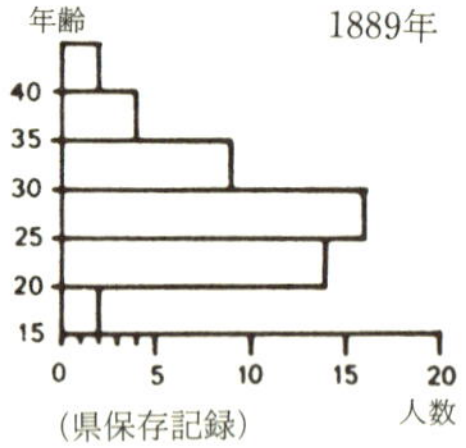

（県保存記録）

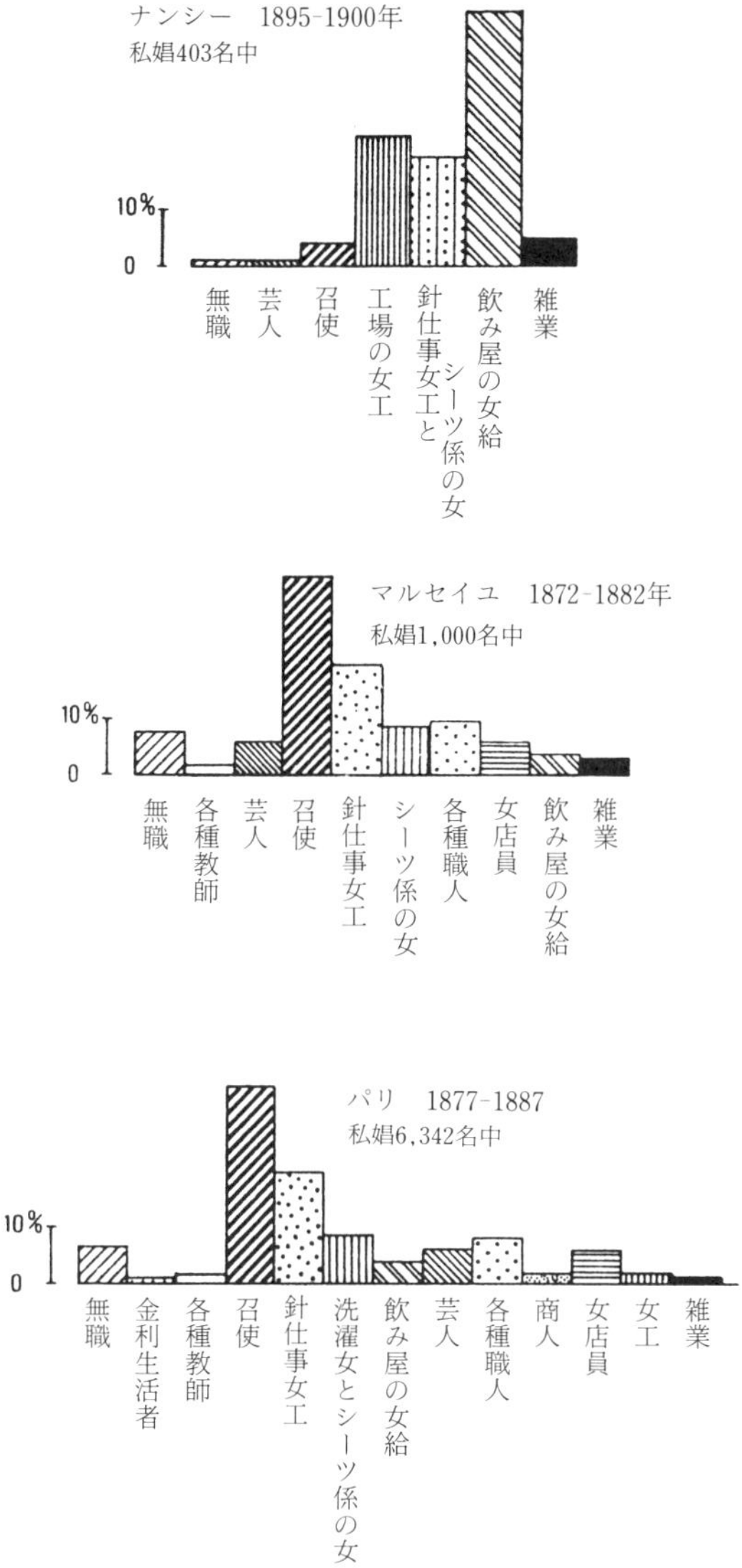

私娼の自称による職業

(ヴィニュロン博士,ミルール博士,コマンジュ博士の著書に依拠)

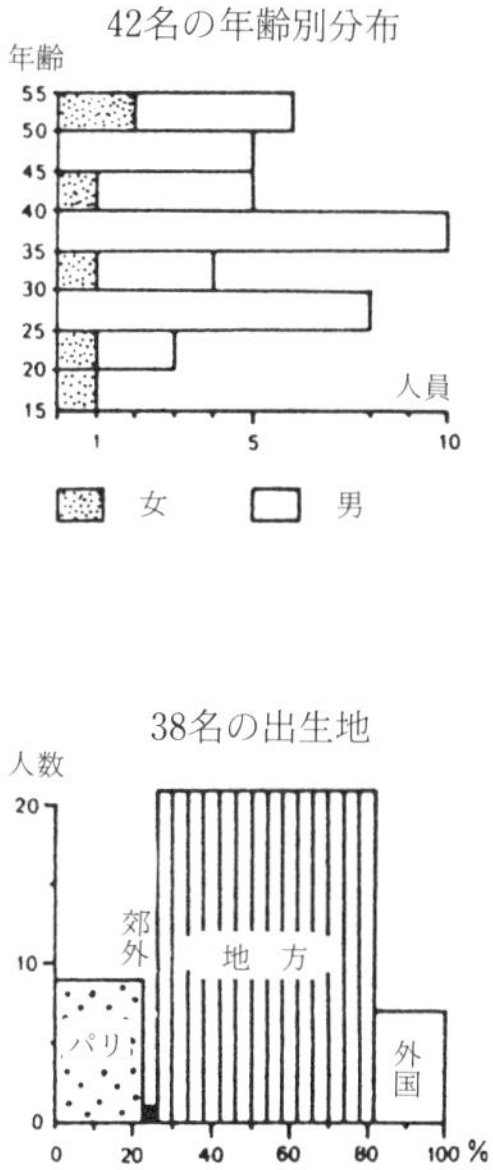

パリの「売春婦斡旋業者」——1902年

(パリ警視庁保存記録)

ルルシヌでマルティノ博士の治療をうけた，
やがてもぐりの売春婦になる娘たちの処女喪失状況
（自己証言によるもの）

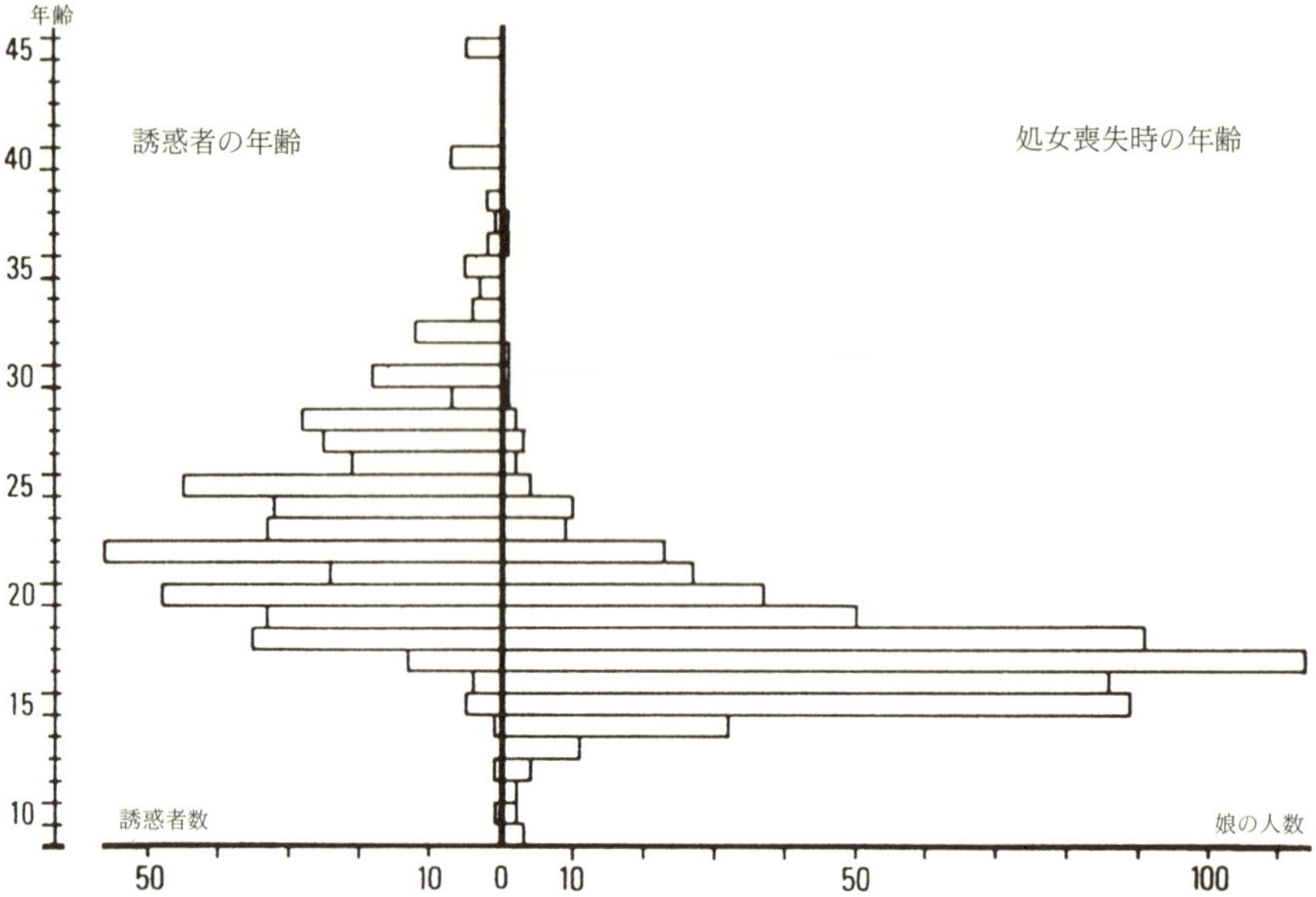

註：娘たちの中には自分を誘惑した男の年齢を示すことができないものがいくらかいた。

パリにおける誘惑されてやがてもぐりの売春婦になる娘たち

（マルティノ博士の著書に依拠）

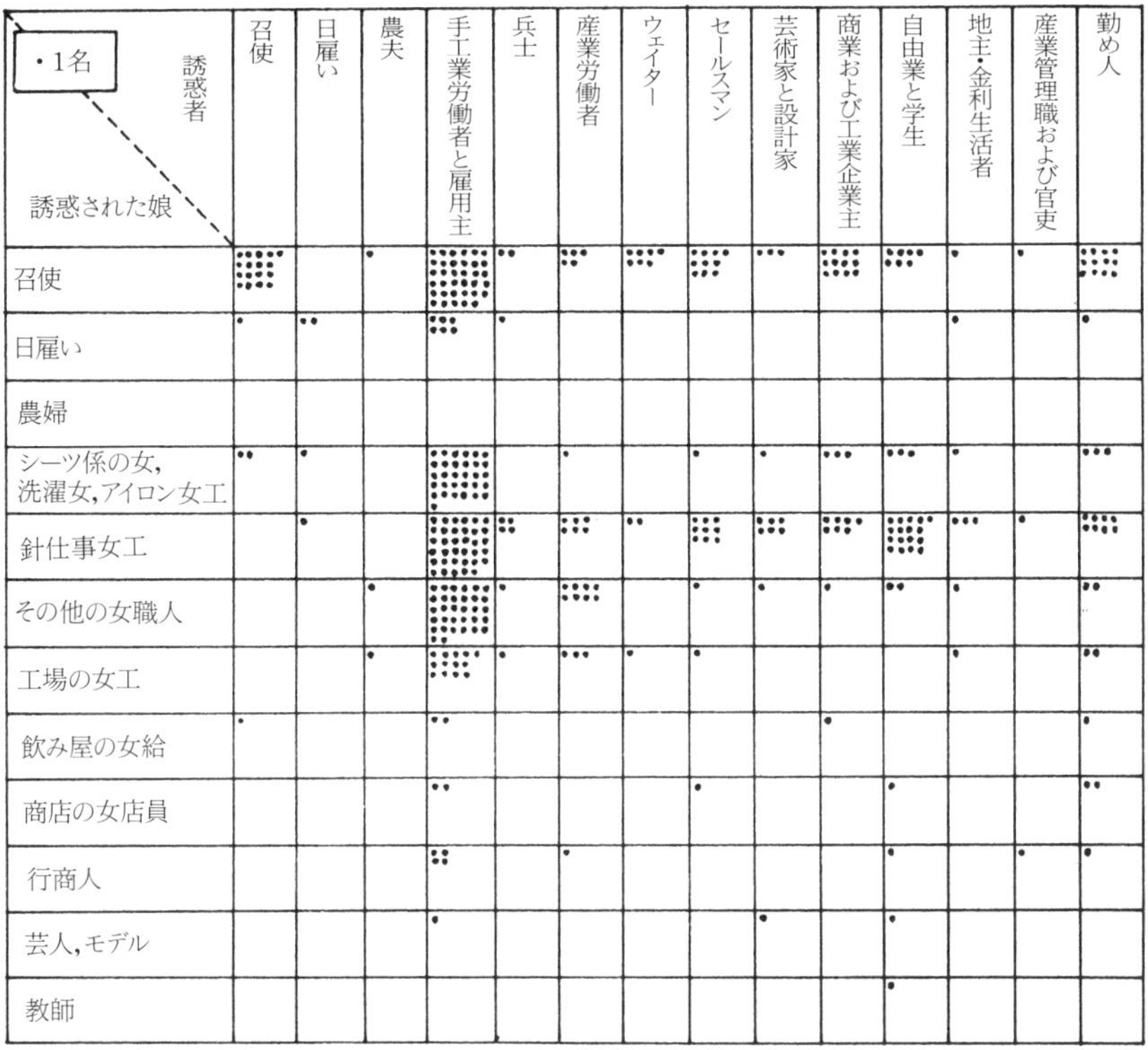

ローヌおよび隣接した諸県の出身者である。このほか、外国女（二二％）の数がかなりある。一八七五年にルアーヴルの警察は三〇〇人の私娼を逮捕したが、二二名は地元出身で、二六名はよそからで、セーヌ＝アンフェリウール県から来ていた。一六人は隣のカルヴァドス県生まれであった。[294]

マルセイユの警察の風紀担当機関から逮捕され、のちに釈放された私娼の年齢別構成を公娼のそれと比べてみると、非常に若い年齢とかなりの年輩者が際立って大きな割合を占めている。これは容易に理解できることで、私娼の中には六十歳過ぎてもなお続けているものがあったのは世間も認めている。一八七五年にルアーヴルで逮捕された三〇〇人の私娼の年齢別分布も同じ結論に達している。（二二四頁の図表参照）。

マルセイユの私娼が当局に申告した職業（二二五頁参照）は、公娼が登録の際申告しているものとさして変りはない。多くはアトリエの女工、奉公女、料理女、掃除婦、売り子、飲み屋の女給だったことがここでもみられる。ミルール博士が作製した私娼約一〇〇〇人のリストによると、五六人の歌手あるいは女優、一二人の語学またはピアノ教師、そのほか五人の女教師がいたことがわかる。フェヴリエ教授の診療を受けたもののなかで、ナンシーの救護院[295]に収容された性病患者二二五人、およびそこで一八九五年から一九〇〇年[296]の期間に治療を受けた四〇三人の娘は、マルセイユの私娼と同じカテゴリーに属している。ナンシーでは工業化が進んでいるとはいえ、工場の女工になっているのはごくわずかしかいなかった。その代わり、カフェの女給が大幅に増え続け、十九世紀末には全体の人数の半分近くを占めた。一八七八年から一八八七年の間、首都で逮捕された病気の私娼六三四二名の職業分布は高級婦人服の縫い子、下着女工、洗濯女、とりわけ奉公女が、とくに目立って大きな部分を占めているのがわかる。

ルルシヌでマルティノ博士が扱った性病患者に関する研究[297]をみると、凌辱された娘が私娼になっていく経緯が詳しくわかる。（二二六〜七頁の図表参照）。この臨床医から提供された資料は、本書の問題を超えた領域に及び、民衆社会における青少年の性行為に関しても若干の光が当てられて、誘惑の網の目を概略的に示した社会学的研究の価値も持つ。このような研究は、結婚や私生児の出生に関する人口学者の学術的研究を補ってくれる。たしかにマルティノ博士の研究はそれほど厳密なものでなく、資料として選択されている例が女性全体を代表してはいないと反論する向きもあるだろう。また、そのほか、処女を奪われた齢を忘れてしまうことはなかろうと思われるのだか、質問された患者のうち、本人自身がまともに答えたつもりでいながら、職業やとくに凌辱された年齢に関して誤った答えをしたものが、たしかにかなりあったにちがいない。そのほか、自分のやったことを正当化しようとして、あるいは、過去を飾ったり、さもしい恋のかけひきを隠したがったりで、嘘をついた者もあったであろう。だが、全体が漠然としてつかみ難い現象を、計量化してみようとしたこの研究は、おそらく他には例がなく、やはり大きな関心を呼ぶものと言える。

ルルシヌで扱った娘たちは早熟で処女喪失の年齢が低かったことを確認しているが、このことは、サン＝ラザールで行なわれた研究結果と一致している。患者のほぼ全体に近い数（七八％）が十五〜二十一歳の間に処女を喪失しており、十六歳以前にそうなった割合が非常に大きい（二一％）ことがわかるだろう。いちばん多かったのは十七〜十八歳である。二十二歳を過ぎても処女であったものは例外といえるほど少ない。

処女を奪った側は、自明のことだが、より高い年齢を示している。十八歳以下は稀である（五・二％）。だから処女喪失は同年齢の男女間でなされているのではない。誘惑者の大部分は十八歳から二十八歳の間である。いちばん多い年齢は二十二歳であった。熟年男性やとりわけ老齢の紳士連中は処女を奪ったグループのなかにはチラホラしか姿を見せていない。三十歳以上は全体の一〇・四％にすぎず、四十歳以上は二・七％どまりであった。

この調査からは処女を奪われた娘たちの職業しか知ることができないのだが、その枠内で三つの型《モデル》を見分けることができる。(a)召使女は非常にさまざまな職業の男たちの腕のなかで処女を奪われている。処女を奪った側の職業的範囲の幅が最も大きく広がっているのはこの種の女たちだからである。召使女、料理女ならびに部屋係のメイドは、雇い主や使い走りの男、職人、買いつけ店の店主および店員など、さまざまな顔ぶれの男たちと懇ろになる機会が多かった。だから処女を奪った男がいろいろな職業にまたがっているのは納得できる。(b)それに対して、洗濯女、アイロン女工、下着女工らの多くは同種の職業の男、つまり、職人連中の誘惑に身を任せている（六六％）。ほかに、針仕事女工を除いて、近代的工業および手工業で働いている娘たちの場合も、多少明確さを欠く面があるものの、同様の事情であった。(c)針仕事女工〔本書八四頁表7参照〕と、とくに高級婦人服の縫い子に関しては、ほかの娘たちの場合とは異なった、独特の振舞いが調査結果から示されている。彼女たちは、奉公人のような男の誘惑に易々とのるようなことは全くなかった。その代わり、それ以外のすべての部類《カテゴリー》の男たちがその凌辱者としてリストに載っている。自由業の男性や学生（一七％）が人数的にかなり重要な割合を示している。

処女凌辱者に関する調査結果を分析すると、環境の点でかなり異なった階層の男たちが、夫婦生活外で、性的欲求を満たすためにどんな行動をとっていたかが明らかになってくる。兵士がこのリストにはほとんど姿を見せていないことにまず目がいくだろう。パリで凌辱された女性に関する調査では、何故兵士がリストに載っていないのか理由をはっきりつかむことができない。職人や手工業労働者は、やがて性病患者としてルルシヌ行きになる女たちの誘惑者として大きな割合を示している。彼らはリストに列挙されているすべての女たちのなかから獲物を物色している。彼らがどんな職業の女でもものにすることができた点は、同じ環境の娘たちの誘惑者が、狭い範囲に限られていたのと対照的である。

男性と女性のこの種の行動の不均衡は、使用人の世界ではなお一層はっきりしている。ただし、この場合、男女の状況は逆転している。男性召使いが誘惑の手を伸ばす範囲はきわめて狭く、その同輩の女性に限られている。彼らによって処女を奪われた二一名の娘のうち、一七名が同職種である。自由業の連中や、社会的に一時的無所属となっている学生たちは、針仕事女工や召使女から大部分選んでいる。彼らがアトリエや工場で働いている娘たちを凌辱することは滅多にない。店員やセールスマンも似たような行動をとっている。この行動の類似はいわば模倣精神の現われともいえるものであって、彼らの社会的位置からくる願望を図らずも示している。商工業の経営者たちは二つの同じ部類の女たちをものにしている。だが、この場合、生娘の召使いを誘惑することの方が断然圧倒的であった。

この短い説明で、婚前、あるいは、夫婦以外の性関係の網の目がいかに多様であったか十分物語られている。常日頃身近に接していることが、しばしば事をおこす決め手になる。職場やアトリエ、あるいは、ブルジョワ家庭風のうちをとけた雰囲気のなかで、いつも身近かに接している男や女たちが懇ろな関係をもったといえる。だが、この身近という点だけで、欲望と誘惑の複雑さを全面的に説明することはできない(298)。

コマンジュが「現代においては、学校の道徳教育の力を誇張することにあまりにも熱心になりすぎているといえよう」と述べているが、彼と共にそのことを認めざるを得ない。一八七八年から一八八七年の間に彼が問診した病気の私娼一万人の中で、一六％だけが字が読めないのだが、これはほぼ平均に一致している。マルセイユでは一八八二年に逮捕歴のある娘たちの四二・三％が字を識らず、これは地方の平均より高い。

風紀取締担当の警官によって逮捕された私娼、および性病患者のうち施療院で介護を受けている娘たちは、そのさまざまな顔ぶれからみて、登録時の公娼と非常によく似ている。それは驚くには当らない。彼女たちが客商売している都市の環境にほんの少しばかりよくなじんでいたといえるだけである。彼女たちは公娼に比べて、ずっと都市出身者らしく見える場合が多かった。そして、たいていの場合、何らかの職業を看板にしており、彼女たちの知的教育程度は、同業の女連中よりもややましであった。

三　売春のさまざまなニューフェイス

さて、本節では十九世紀の最後の約三〇年間のフランスにおける売春の歴史の中で、第一にとり上げるべき重要な現象を見ることにしよう。それは、高級娼婦ではないのだがほぼ全面的に公娼制度の規制からのがれている娘や女たちによって、金目当てではあるが必ずしも私娼とみなしてしまえない売春の方法が広がっていたことである。彼女たちは警察の追求の対象にされていないし、(299)性病にかかっても公娼とみなされることなく、医師たちからそのようなものとして告発されることにもならないであろう。これらの売春婦は本書ですでに前述したような私娼とは違って、日々の生活で、警官に襲われはしないかという不安につきまとわれることもない。彼女たちはしばしば心の恋人との関係を持ち続けているとしても、ヒモのような男にしばられている場合はあまりない。その代わり、彼女たちは新顔の売春企業の犠牲者なのである。この企業はまともな商業的企業の体裁をとりながら配下に女たちのグループをいくつも握り、その組織網の大きさは、二十世紀初期において婦女売買の問題が世間でやかましく言われ出したことの意味を納得させるに足る。要するに、これはこの新顔の売春方法すべてについて定義することになると思われるが、つまり、娘が顧客の誘惑にうまくのってきたという印象を与え、娘はそれまでの売春婦のように客を拒否する自由を持たない一個の動物的存在ではなく、自分の意志で靡いたのだという感じを顧客に与えることが暗々裡に想定されていたのである。

1　ビヤホールの女たち

一八七六年以来、売春の厄介な問題が今日的話題として、いろいろ世間で取沙汰されるようになってから、ほとんど毎年のように世論は、ホステスたちの性病発生率の大きさを根拠に「ホステスつきビヤホール《ブラスリー・ア・ファム》」(300)の閉鎖要求をキャンペーンしている。これらの店舗は第二帝政の下、一八六七年万国博覧会の際誕生したものである。当時から、ビヤホールのボーイがホステスにとって代わられだしたのである。(301)一八八〇年七月一七日法が契機となって、これら店舗およびホステスの数がかなりはっきり目立って増え出し、パリ警視総監レオン・ブルジョワによって一八八八年二月二四日付条例がそれの抑制を図るまで増加する一方であった。

「ホステスつきビヤホール」はパリの都心部につくられ、左岸のカルチエ・ラタンがいちばん多く、最も繁昌していた。一般的にいうと、これら店舗は金持ちの匿名株主連中によって経営されている。「ホステスつきビヤホール」は公認娼家とは違って何といっても男性による売春業でもっているのである。

これら店舗の看板は生彩に富んだ絵のようであったり、そうでなければ扇情的なものであった。最も有名な店の名は、カイド〔親分〕、ヌーヌー〔ぬいぐるみの熊〕、デルニエール・カルトウシュ〔最後のとっておき〕、キュピドン〔女たらしの美少年〕、オダリスク〔ハレムの女〕、あるいは、ランフェール[303]〔地獄〕などである。謝肉祭《カーニバル》の際、経営主らはてんでに自店のよりぬきの女たちを物見高い野次馬に見せようとして、素晴らしい山車行列を繰り出すのである。

店の客へのサーヴィスは「ヴェルスーズ」〔注ぎ係のホステス〕がやった。それはピチピチした可愛いらしい娘たちで、ミニスカートをはいて、お芝居の衣裳でもつけているような光景がしばしば見られた。そんな具合に、ホステスは、田舎娘、アンダルシア娘、イタリア娘、スコットランド娘に変装していた[304]。「ヴェルスーズ」は客に飲み物を注ぐとそのテーブルにすわり、その連れとして一緒に飲み、客にどんどん飲ませるように努める。もし、客が望めば隣りの連れ込み宿に同伴することになる。その宿の経営者はビヤホールの支配人と話を通じているのである。もっと稀には、ビヤホールが手を広げてやっている例もあるが、店の個室の一つ、あるいは、店の奥にあるホールで「ヴェルスーズ」が客をとる場合がある。そのホールは豪華に飾られることが多く、ヴィーナスの洞穴に仕立て上げられている場合もあった[305]。

セーヌ右岸のビヤホールのいくつかを除いて、女たちは食事付で雇われていたが、その代わりに「賄料」をとられた。けれどもそれはほんのわずかの額でしかなかった。というのは、左岸の店の場合、一日当り五〇サンチームから一フランだったからである。それと同時に、女たちにそれぞれ委されたテーブルの使用料も負担の一つであったし、その額は委されたテーブルの位置によって差がつけられていた。この他に、経営者はホステスの器量《カリテ》の良し悪しと客をとった数に応じて、彼女らから賦課金《タックス》を徴収したし、さらに、いろいろな理由をつけて、金を徴収し、とくに器物

表10　首都の「ホステスつきビヤホール」数の増加[302]

	ビヤホール数	ヴェルスーズ数
1872	40	125
1879	130	582
1882	181	881
1888	203	1100
1893	202	1170

を毀したりした場合、罰金を加えることもできた。それはそれとして、ホステスは衣裳代と、客のために使ったマッチ代を支払わねばならなかった[306]。マルティノ博士の言うところでは、いくつかの店では、ボーイへチップなどを渡すことさえも義務づけられていたという[307]。それらの負担をかかえていたにもかかわらず、マセによると、ビヤホールでの娘一人当りの儲けは日によって差はあるが、一日五フランから二〇フランの間であったという[308]。衣裳や装飾を定期的に変えることが、頻繁な「女の入れ替え《ルモント》」を免れる材料となった[309]。このような具合だから、「ビヤホールの女たち」は他の部類《カテゴリー》の売春婦らとは異なり、店を転々と変わることはまずなかった。だから、常連の固定客をつくることにも成功した。一流の「ヴェルスーズたち」はさらにこのほか経営者が提供してくれる隣接のアパルトマンに住み、より容易にその種の商売がやれるように配慮されていた。娘たちの日課は公認娼家の娘たちほど辛いものではなかった。「ヴェルスーズ」の就業時間帯は午後三時から夜中までで、それ以外の時間の店は、昼間営業《マチネ》のためにのみ雇われ、ヒモのついていない娘たちいく人かだけで営業していた。

「ホステスつきビヤホール」の主たる客筋は若者たちであった。つまり、リセの生徒、学生、芸術家、若い勤め人または洋品店員らで、彼らは親身に相手をしてくれる店の雰囲気のなかでくつろぎを覚え、自分自身をとり戻すのである。カルチエ・ラタンのビヤホールは若い知識人たちの溜り場であった。いろいろな学校の学生や生徒たちがお互いに仲間意識を持てる場は、制限選挙王政時代〔一八一五―四八年の復古王政期と七月王政期を指す〕には劇場であったが、ビヤホールが出現して以来、その場はもはや劇場ではなくなり、ビヤホールがその役割を担った。「ホステスつきビヤホール」へ行くと、むろん、そこに来ている連中の仲間だという気にすぐなれたし、また、地方出の若者がパリ社会に溶け込むことをも容易にした。「ヴェルスーズ」への学生たちの執心ぶりは彼らが仕組んだ「悪のり」にまでも表われている。つまり、一八八三年四月、ある道徳推進協会のメンバーがビヤホールを閉鎖させることを狙って開いた集会で、五〇〇人の参加者たちがその最中、これらの店がみんなの役に立っていることを世間に声明すべきだと、わめき立てたことが証拠としてあげられる。[310] 娘たちが美しくて若いことや、同じ店に固定していたことが、まんざらでもない気持で彼女たちとの関係をとり結ぶ気にさせたのだと言うべきである。ヒモなどとの悶着を懸念したりせずに、誰もがホステスの「心の恋人」になりたい思いをほのぼのと胸に抱くことができたのである。

ユイスマンスはこの偽装された売春やそれに載せられている若者たちの、世間知らずの甘さに対して嘲笑を浴びせている。[311] 老いを重ねつつあったバレスはそれとは反対に、自分の青春であった「ホステスつきビヤホール」を回想して、「大学入学資格をもった素寒貧たち《プロレタリア・デ・バシュリエ》」[312]に娘たちと惚れたはれたの仲をホステスつきビヤホールがとりもってくれたものだが、お針子の貧しい尻軽娘が少なくなってからはもうそれも望み薄になってしまったと、郷愁をこめて語っている。ラカドが「おためごかし」[313]を決めこんでレオンティーヌを自分の愛人にしているが、それはそんな娘たちの一人からであった。謹厳実直なレーメルスパシェすらもそんな娘の一人とパリの最初の夜を過した経験を持っていて、ステュレルにそこへの案内を買って出ている。[314]『デラシネ』の著者は次のように書いている。「そのころ、この界隈の生活を支配していたものが二つあり、それは競馬とホステスつきビヤホールであった」[315]と。さらに続けて「煙草の煙がもうもう立ちこめた店内に娘や学生が身動きのとれないすし詰めの塊りになり……。この若い男女の塊のうえに、ガス燈、紫煙、酔い、そしてありとあらゆる欲望が渦巻き、赤と黒に交互に変わるどぎついゲームの数取り札がばらまかれていた。さまざまなこんなにもたくさんの若者が、がなり立て、興奮している様は、もはや一人以上の人間の集合体というよりむしろ、ひとつのものになってしまって、まるで、いくつもの手と口をもって、それらを自由自在に、酒と女に伸ばしている一匹の動物さながらであった……。[316] 一八八三年にレ・ゼコール街、ムッシュー＝ル＝プランス街、そして、オデオン座に近いヴォージラール街にいっぱいあったこれら無数のビヤホールの中で、あらゆる色合の自由な愛が混然と一つにとけあっていた[317]」。

「ホステスつきビヤホール」の流行はカフェ＝コンセールと並んで地方の大きな都会に広がっていった。一八八二年以来、リヨンやマルセイユやトゥルーズにもできている。アンリ・アイエムの調査ではカーン、ディジョン、グルノーブル、リール、オルレアン、ルーベ＝トゥールコワンにそれらの店がかなりたくさんあったことが目にとまる。(318) アンティーブの市長は、それに反して、世論が敵意をもっていることに敏感に反応し、それらの店を禁止した。(319) こうした店がたくさん増えたことは当然喫茶店主やボーイの反感を生んだ。一八八五年バイヤール街の彼らはトゥールーズ市長宛に請願書を提出している。(320) その前年、マルセイユの喫茶店のボーイたちはホステスたちを相手どって非難攻撃している。(321)

いくつかの港町、より具体的に言うと、ブレスト、トゥーロン、マルセイユで、ビヤホールの女たちのなかで自身のアパルトマンにアヘン窟を設けたものがいくらかあった。(322) それに不安を感じて、法務大臣は一九一三年売春と麻薬を結びつけているもろもろのつながりに関して調査をはじめる決定をした。ブレストやロリアン、そしてレンヌでアヘン窟によく出入りしていたのは、もっぱら海軍あるいは植民地軍将校連中と、ホステスつきビヤホールの常連であった若者何人かだけであった。(323) マルセイユでは、この種の店舗のなかで店に付属している場所でアヘンを吸飲させていたのがいくつかあった。トゥーロンでは（ここは麻薬の使用がもっとも蔓延していたところだが）、アヘン窟は「全く完璧で、豪華とさえいえるような」(324) 設備を整えていた。

2 「ブーグラン」の娘たちと「歌姫の売買」

今度はより地方に特徴的な現象をとりあげる。カフェ＝コンセール〔飲み物つきで歌やショーをみせるカフェやキャバレー〕が一八七〇年から一八八〇年の一〇年間に地方で大いに流行した。その結果、もはやどんな小都市であっても「ブーグラン」(325)〔低俗なカフェ・コンセール〕が一つや二つないようなところは全くなかった。ペリギューで八店、オヨンナで七店、ドラギニャンとエヴルーで六店、マンドで五店、全体で三八八店あった。同種の店で二流に属する「歌つき飲み《ブゥィ＝ブゥ》

屋《イ》」はその数に含まれていない。一八九五年にロングウイとグランクール[326]の間で営業していた六軒のカフェ＝コンセールはこの種のものである。夏の間、ラングドックやプロヴァンスのいくつかの村では守護聖人の祭日や闘牛の際、アトラクションに歌謡コンサートを催した。「ブーグラン」や「歌つき飲み屋《ブウィ＝ブウィ》」は総数で数千人の女たちを雇っていたが、各店単位でみると、実際には、店の規模によって五人から二〇人の歌姫を集めていた。フランスのカフェ＝コンセールの流行は同じころ外国へも広まり、とくに、オランダとロシア帝国に普及していた。

「ブーグラン」は歌謡ショーを看板にした売春企業である。このことは一九〇六年になってアンドレ・イベルが『マタン』紙上で「歌姫売買」に反対するキャンペーンを始め、世間で激論が戦わされるようになるとそのことが非常によくわかってくるのである。全くのところ、客が希望すればショーの間に女芸人の一人と一緒に酒を飲むことができ、ショーが終わると常連のサロンや個室のどれかで、彼女と「夜食をとる」ことができたのだから。この売春の形態は、ブルジョワ階級の男たちや、地方都市の商店の旦那たちにさえも受けて非常に繁昌した。このほか「歌つき飲み屋《ブウィ＝ブウィ》」では民衆層から顧客を集めている店が沢山あった[327]。「ブーグラン」の店内に漲っていた陽気さと並んで音楽の醸しだす楽しげな雰囲気が大いに魅力を放っていたのだといわねばなるまい。そのほか男性の見栄で、「歌姫たち」との交際は、常連の誰それから女を奪ったと得意顔のできる効用があった。

ビヤホールの経営主とは異なり、カフェ＝コンセールの主人は店でやとっている女たちの売春で、直接自分が儲けているのではない[328]。店主は店で消費される酒類の量を増やし、客が大金を賭けるように仕向けることが本来の職務であり、そうするには、そのカフェを、可愛いくてしかも野暮なことはいわない娘たちで繁昌させる必要があった。それに、次のことを注意しておかねばならない。つまり、もう一度繰返すことになるが、店主自身は単なる支配人にすぎず、「ブーグラン」の本当の所有者はたいていの場合匿名で株式出資している金持ち連中であったということである。イベルは、この型の店舗を三〇以上所有していた北部《ノール》の大きな蒸留酒製造販売人の例を挙げている[329]。

娘たちを集めるための組織網は比較的簡単なものである。経営主らがパリの「歌謡ブローカー」の誰かに照会するのだが、彼らは通常、セバストポール大通り付近か、サン＝ドニとサン＝マルタン市門辺へ向かってのレピュブリック広場の界隈に住んでいる。このブローカーは職業紹介所規則など全く無視し、歌手になりたがっている若い娘がとびつきそうな広告をするだけで事足りるのである。そして、娘たちが応募してくるとオーディションまがいのことをやった上で、法の目を潜って闇から闇へ中継のブローカー、たとえばアヴィニヨンあるいはトゥールーズへ送り込むのである。多くの歌謡ブローカーが、本当の歌手よりも実際には「スプーズ」の方をずっと沢山集めている。

娘たちは一応決められたところへ着くと、型通りの契約書を示されるが、それには箇条書できわめて明瞭に契約内容が書かれてあった。それによると、経営主は応募して来たものに非常に強い命令権を行使することができることになっており、通常、歌手は、店で歌い、住み込みをして、客の要求があれば「夜食を共にし」、朝の二時、時には五時までつき合わねばならないと義務づけられていた。給与の支払いについてはあらかじめ契約書に規定が設けてあることは稀であった。福引の収益や、娘たちがホールでやることになっている客からの花代とでもいうような募金を、その収入にすることで納得するよう特記されている場合が多かった。[330] いやそれ以上に、大部分の契約書は娘たちが下宿代ならびに衣裳代や楽譜の使用に対する図書費のようなものまで支払う義務のあることをあらかじめ規定していた。その義務を一つでも怠った場合には罰金の犠牲者にされることもつけ加えておく。客と一緒に賭け事をする義務を負わされていることもままあった。通常、店主はその気になればいつでも娘を解雇することができ、そうした場合、娘らは私娼の列に加わることを余儀なくされるのである。

すでに一八九〇年から一八九三年のほんの少しの間だが、『歌謡歌手労働組合』が「歌姫の人身売買」に反対して勇ましく起ち上った。一九〇三年にこの労働組合は再建され、加入者数二〇〇〇名を超え、C・G・Tに加盟し労《ブルス》働取引所《デュ・トラヴァイユ》［パリをはじめ大都市に多く設けられた労働組合会館で、事務室やホールの他、求人・求職の紹介・斡旋なども行う労働センター］の支持で闘争を再開した。一九〇五年だけでも労働組合はスキャンダル告発のため五〇〇〇枚のポスターを張らせた。[331] 何度も繰り返し巻き返し、この組合は公開状を市長らに提出した。とくに、一九〇六年にアンドレ・イベルは自分の調査結果をクレマンソーと当時の内務次官アルベール・サロに手渡した。この他に上院議員ベランジェの支持もとりつけた。ベランジェは、一貫して売春企業を目の敵にして攻撃している人物であった。一九〇六年、十二月六日、政府は、上演中の募金や「舞台で歌手がある種のポーズをとること」および「上演中観客と出演者の間でやりとりすること」(332)を禁ずる通達を出した。その通達はほかに、店長たちに店舗内で出演者らに食事付で部屋を与え客と夜食させることを禁じた。その間に、一五〇〇の市町村長らが悪習をなくすための諸法令に署名している。

このキャンペーンの結果は全くがっかり以外の何ものでもなかった。政府通達と並んで各市町村当局がとった措置はかなりいい加減なもので、おおかたは数ヵ月後、元の木阿弥であった。「音楽作詞作曲出版者協会」はそれに参加することを長いことずっと拒否したし、カフェ＝コンセールの経営者らは、まさに選挙運動の第一人者だったので、その店舗に補助金を出していた市町村当局は、彼らに弾圧を加えることも、売春経営が問題なのだと大っぴらに認めることも、しにくい立場にあった。とりわけ、需要がずい分根強くあったものだから、「ブーグラン」の店主がそれに応ずることを阻むのは出来そうもない有様だった。

3 メゾン・ド・ランデヴー

メゾン・ド・ランデヴー〔新型娼家〕は、もちろん、公認娼家あるいは連れ込み娼家と混同してはならないが、慣習的にみると確かに制度のようになっているのであって、その発展、改善、さらに一九〇〇年から一九一〇年の間に公認されたことは、売春風俗の時代による変化、もっと通俗的にいうと、ブルジョワ階級の性風俗の変化の歩みを最もよく現わしているものだといえる。

メゾン・ド・ランデヴー形式の売春経営はたしかに、実をいえば、方法の新しさという点で重要なのではない。ずっと以前から、「貧しい粋な女《リヨンヌ・ボーヴル》」や、欲しいと思う女を自分の手でうまく誘惑できないでいる臆病な紳士連中(333)が、売春斡旋業者の手で相手に引き合わせてもらえることで便宜を得ていた。メゾン・ド・ランデヴーもある見方をすると、本当の「連れ込み娼家《メゾン・ド・パス》」として一九世紀前半における「待合い《メゾン・ア・パルティ》」を継承するものであった。連れ込み娼家は「待合い」の後身で、一八八五年ごろのパリにおける主な例は、デュフォ街、ラヴォワジエ街、シャトー＝ドー街[334]に群がっていた。この日付けと世紀末までの間、公認娼家が減っていったのと並行して、いわゆるメゾン・ド・ランデヴーの急増が目につく。それらについて、パリ警視庁が特別の法的規制をするに至るまで、首都で当時どんな様子であったか、これから述べていこうと思うが、さらにそのあとで、マルセイユの例に即して、二十世紀最初の一〇年間に、それらが地方の大きなあれこれの都市でどんな風にやっていたのかを検討することにしよう[335]。

原則として、パリのメゾン・ド・ランデヴーは住み込みの娼婦は置かなかった。その名称が示すように、明らかに、金持ちの客と女の逢い引きをとりもつようにしているのである。その場合、女は確かに客に売春することは承知しているものの、自分のことを身持ちのよいブルジョワ婦人だと自称しているのである。（つまり、女優とか人妻だとか、夫を亡くしましたとか、夫と別れましたとか）。実際、パリ警視庁の警官の証言を信ずると、メゾン・ド・ランデヴーの女たちは自分のことを良家のブルジョワ婦人でございますとか、外国の王家の血筋を引くものですよ、などとさえ吹聴するのだが、実のところは私娼だった、という場合がしばしばあった。二流の店では女将たちは本当の娼婦を常連として雇っている場合すらあり、その場合には、かなり厳密に時間割当をして[336]、その店で連れの男と一緒に、昼食あるいは夕食までも摂らせるよう義務づけるに至っている。とは言うものの、メゾン・ド・ランデヴーの女たちは自分の嫌いな客はいつでも断れる仕組みになっていた。女と連れの男との出逢いは、露骨に金の話はせずに、あくまで誘惑された風な様子で同伴するのである。つまり、男は自分が女将に指名した女か、あるいは、写真集を見せられてその中から女を選んで、その同意をとりつけるために規定の料金を女将に支払うことになっているのである。大きなメゾン・ド・ランデヴーは決して好色趣味《エロチスム》の聖堂ではない。そこで求められるのは他人の妻なのである。一言でいうと、金で買う姦通のメッカなのである。性的欲望の面での、真の突然変異が問題なのである。つまり、都市のブルジョワ階級のある大きな部分で女性たちの性的風俗が決定的に変わったのである。人妻の浮気が大きな流行になっていなかったら、[337]このようなメゾン・ド・ランデヴーの制度がこれほど大幅に、これほど急速度で発展することはあり得なかっただろう。男性の性衝動《セクシュアリティ》に関してみると、不倫への魅力がいや増すのは、たとえ金で買うにせよ、処女狩りをすることとつながっている。これもまた、とりわけ、この当時の性風俗の特徴のように思われる。[338]前の場合も後の場合も、性的欲望がタブーを犯すことで駆り立てられるからである。

メゾン・ド・ランデヴーは公認娼家とは異なって、通常それが属している建物のなかで一〜二戸分を占めているにすぎない。通行人や訪問者がせんさくしたくなるような特別の標識なども全くつけていない。都心の、金持ちが住んでいる一帯で、デパートに近い場合が多かった。つまり、人妻たちがあまり人目につかず、午後の時間帯にしばしば出入りできるからなのである。

メゾン・ド・ランデヴーは一八八八年には店数はまだかなり少なく、一五店もあっただろうか。それが二十世紀初[339]になると、おそらく二〇〇店ぐらいにはなった。警察の公式発表では一九〇四年に一四〇店、内訳は二流店が八三、一流店が三一であった。[340]テュロは彼なりに同年七六の店数を挙げているにすぎない。[341]その七六店には彼によると三一三人の「寄宿娼婦」が頻繁に出入りしていたという。しかし、明らかにテュロは二流店しか取り上げていない。というのは、これらの店を担当している警官がテュロの挙げた店を家具付安ホテルと見なして監視していたからである。[342]

店の飾り付けや家具調度はたしかに贅沢なものであったが、金ピカに飾り立てはしなかった。すべてが清潔でブルジョワ風の居心地の良さが感じられるようにしてあった。家庭的なくつろぎの場を再現することに関心が払われていて、たいていはサロンや隣接の部屋部屋には高価な家具が据え付けられていた。壁とか暖炉《マントルピース》には絵画彫刻など美術品を配し、公認娼家のけばけばしい装飾に嫌気のさしている殿方連中の気に入るように、各室をそれ相当の家庭の雰囲気に仕立て上げていた。もちろん、パイプ愛好家の好むカフェー《エスタミネ》は問題外であり、逢い引きの舞台になっているサロンは一流の淫売宿でもはるかに及ばないほどであった。女たちはたいてい午後の服装で派手でなく、きちんと品のよい着こなしをしていた。いわばドゥミ＝モンデーヌ風の高級娼婦のところで午後のティー・タイムを過すような心地よさで、「俗悪さは微塵もなく、社交界でのように最高の雰囲気であった[343]」。時には、奥様風の婦人がピアノの前にすわり、女友達の歌に伴奏をつける、といった風のこともあった。場合によっては、いくつかの店で、これは本当にいくつかだけであるが、女たちの裸姿《ヌード》の特別ショーをやったり[344]、あるいは、笞打ちなどのような「性的倒錯趣味」のあれこれを実演する特別ショーをやっているものがあった[345]。しかし、それは本当に稀れで、全体の店を代表するようなものではない。そんなことをやっている店は一流の公認娼家がやっていたことを真似て、そのお株を奪おうとしていたのだと言ってもよかろう。

ランデヴーは午後の時間に準備されていた。一般に、店の営業は午後七時で終りにしていた[346]。数店だけ、本当に数店だけだが、かなり遅くまで、午後十一時とか夜中まで営業しているものがあったが、「店に入れてもらえても女たちは絶対にそこで一夜を過すことはなかった[347]」。

料金が公認娼家よりもはるかに高額であったのは言うまでもない。ただし店の種類によって異っていた。一九〇〇年に警視総監レピーヌがパリのメゾン・ド・ランデヴーのために構想した規制の腹案を見ると、大枠のところ、それは二種類（つまり、四〇フラン以下の店とそうでないもの）に分類されることになっていた。いちばん洗練《シック》された店で、実例を挙げると、エトワール界隈の店や一九〇三年のアルセーヌ・ウッセ旧邸のような店[348]、プロヴァンス街や株の仲買人連中がよく利用したブードロー街の店などがそうであるが、料金はべらぼうな額であった。構えの大きな店での逢い引きは最低基準で一九〇三年に六〇フランから一〇〇フランであった[349]。いちばんよく見られる料金の相場は五〇〇フランで、その中の二五〇フランは「マネージャー」の手に入る。しかしながら、フィオー博士によると、社交界の奥様連中のいくらかは、「一〇〇〇フラン札を数枚払わねば声をかけても駄目[350]」であった。反対に、二流店（いわゆる、一九〇〇年後の「登録娼家[351]」のこと）のなかのいくつかでは、女たちは時に五フランで応じた。彼女たちは長椅子《ソファー》に寝そべり、「ルナック」で賭けたり、三文小説を読みながら客待ちをする。そこは界隈のあれこれの娼家でよくあるお馴染みの陽気な雰囲気で、俗悪趣味から脱していなかった。

このやり方でどのように運営されるのか、それから利益を引き出すのは何者か、それらをはっきり説明しなければならない。店頭には娼家の女将がいる。これは以前の大手売春業者の後身で、その女は一般に、誰でも一目おくような貫禄を示し、正装して訪問客を迎える。メゾン・ド・ランデヴーのこのマダムが、勧誘員や客引きおよびブローカーらの女集めの組織網を一手にして自由に操り、それで逢い引きの組合わせができる仕組みになっている。念のために繰り返すが、そのマダムが店に引っ張ってくる女たちは、おそらく、そしてたいていは登録娼婦であった。だが、かつてカルリエが特徴づけたように、愛人からであれ夫からであれ「男からもらうお金では足らない女たち」[352]と言えるものがその多くを占めていた。あれこれの証言によると、勤め人や小商人の妻である場合が多かったように考えられる[353]。時には夫婦が共謀して売春を商売にしている場合もある。夫がまるで承知の上で、しかも、同意して妻にやらせるのである。ゾラはすでに『ナナ』の中でこの種の夫婦を描いている。フローベールが晩年に、ブルジョワ連中のなかで広がっていたこのような夫婦の売春業を描こうと、いくつかの小説を構想していたことはよく知られている[354]。十九世紀末、こんなやり方がプチ・ブルジョワ連中の間で広められていたようである。

メゾン・ド・ランデヴーは生活に行きづまった寡婦の頼みの綱であり、また持参金のない娘たちにとってもそうであった。その娘たちは決して高望みをしているわけではないのだが、自分の社会的条件にふさわしい縁組みに必要な資力がなく、それを稼ごうとしてやってくるのである。女将はそんな娘には真面目な愛人を、月極めか年契約で世話してやるのである[355]。さて、最後に、メゾン・ド・ランデヴーの呼びもの、つまり、偽の処女性を売りものにしていることを言い落としてはならない。それについては、前に述べたことを再び思い出せばいいだろう。要するに、その店のスタッフは寄せ集めで、ずい分さまざまな人物が集まってやっているのであり、分類してみるとすればヴィルメートル[356]のように、その勤め具合から二つの部類に分けられるかもしれない。つまり、「毎日店に出ているもの」と「日を置いて時どき来るもの」とである。

女たちは、たいていの場合もともと身持ちがよかったのに、非常に巧妙なやり方でこの道に引きずりこまれたのである。勧誘は知り合いを通じて話をもちかける。女友達とか、子供と散歩しているとき、公園でふと出逢った女からの耳寄りな打ち明け話。支払いを催促したがっている買いつけ商店の主人の、無遠慮なそそのかし。ある商店で偶然耳にした話。美容師やマニキュア師が見聞したあれこれの証言、あるいはただ単に掃除婦がした話。堕胎用粉薬を売っている薬草売りが持ち込んだ話など。[357]メゾン・ド・ランデヴーのマダムが配下のやり手女をつかって直接言い寄る手もある。またマダムは、商品の配達と見せかけて情事の相手になるべき男の特徴をちらりと見せておいて、同様に相手の気をひいてみたりするのである。もっとありきたりなやり方の一つは、売春している光景を見せたり、あれこれのしかるべき場所に連れていって普通では考えられないような気持ちにさせ堕落に引き込むといったことが十分可能であった。昔からよく知られているこのやり方は文学作品によく出現する。ルネ・サッカールがある娘のところで夜を過したあげく、すっかり目を眩まされてしまったことは周知のとおりである。彼女はある夜食レストランの個室にいて、そこは窓から客を漁って、大通りをぶらついている娼婦の姿を目で追える位置にあった。彼女がはじめて義理の息子と近親相姦したのはそのときである。同じやり方で、彼女はシドニー・ルーゴンのメゾン・ド・ランデヴーに連れて来られ、部屋に入っている。それから後、若い勤め人に身を委かせ、行方をくらましてしまう。これらの行為を見ると、ブルジョワ階級の女性に売春のモデルを見せて気を引くには、その場所が重要な役割を果しているということが明示されている。[358]かわいいグランジュリ男爵夫人の肉体が征服されたのも同じように魔がさしてのことである。彼女は真向いの窓で客引きしているある娘の行動をじっと見つめていた。客をとっている時間が一人一二分から二〇分であることを見てとった。そこでこの娼婦と競争してみたくてたまらなくなってきたのである。あげくの果てに、この仕掛けにひっかかって、夫人はルイ金貨二枚でブロンドの若い美男子に肉体を売る破目に陥ってしまった。彼に窓から誘いをかけたのは彼女であり、彼の要求をはねつければ一騒動おこりかねなかったのである。

一流のメゾン・ド・ランデヴーでは、女が自分で料金の額を決める。もしあまり高すぎるようなら客が寄りつかないだろうし、そうなれば額を下げねば仕方がないということであろう。むろん、文学や当時の見聞録の類にはメゾン・ド・ランデヴーがその舞台だったと思われる珍妙な挿話[359]や思いがけない鉢合わせ、滑稽な冒険が満載されている。たぶんみなひどく誇張されてはいるのだろうが、とりわけ、ブルジョワ家庭を槍玉に挙げて嘲弄しようという意図めいたものが明白に読みとれる。そのことは当時の演劇にも表われている[360]。

メゾン・ド・ランデヴーに行ってみたいと思っている紳士連中がそこへしげしげ足を運ぶようになるのは、必ずあれこれのひっかかりが機縁となっている。招待状が契機となる場合もある。金持ちとか、愛人を持ちたくてうずうずしている男性の許へ、流行用品や談話のサロン、絵画や宝石のコレクション、各国語会話の講習会、あるいは、マダムXの東洋風の寓居などへ一度お越し下さい式の招待カードが送られてくる[361]。これにさらに、新聞に掲載された広告も挙げていいだろう。お知らせ欄として、小さくあまりはっきりとは書かれていないが、それでも公認娼家やその種のクラブの案内だということがはっきりわかるようになっている。

もと治安警察の責任者であったゴロンが書いているように、客はたいてい既婚男性で、売春宿に出入りするのはご免で、「女とのつきあいで事前にいろいろと時間をとられるのは好まない、といった男、そして、店の玄関であれこれ手間をとられるのも嫌い、月極めとか半月単位、あるいは週とか時間極めで、ちょっと用を足しに行くと言うような具合に[362]」性関係の持てる相手をさがしているそんな男たちである。時にはこの仮初めの関係が延々と続くこともある。本当の「同棲《コラージュ》」関係になり、そのなかのいく組かは正式の結婚によって認められるようになる場合さえもある。金で買う関係から合法的縁組へずるずると横滑りするのは、その行為が即物的なものだけではなくなってきたことを表わしている。

このような客に加えて、そのほか、旅行の途中、パリに立ち寄った外国人の金持ち連中もあり、店によってはそんな連中目当てに社交界張りの歓迎パーティーを特別企画して、女たちの顔見世をするのもいくらかあった。

それらの店舗の人目を引く様子をあれこれみな紹介するのは本書の課題ではない。それに興味をお持ちの読者は、パリのメゾン・ド・ランデヴーに関して豊富な参考文献があるので、それを御覧いただくことにしよう。本書では一例として、それも一八八八年というからほんの流行し始めた頃のものだが、それを紹介するだけに留めたい。それはパリ警視庁第一課主任マセが述べている、未亡人フレティユの店についてである。この夫人は運よくその営業状況をすべて書き留めて保管していたので、警察がその店に踏み込んだとき、沢山の書き付けが押収された。それを調べ得る立場にあったマセが、簡潔だが非常に貴重な報告をものしたのである。(363)

フレティユ未亡人は、まさか自分がそうだとは思ってもみなかっただろうが、なかなかの社会学者で、店の客を社会的地位や懐具合によって分類している。そして、その店でデートした連れの名前も帳面に書き留めていた。男性客の顔触れは「競馬クラブ、陸軍、海軍、役人、財界人、大企業家」である。

この店に客を送り込み、客数を増やすのに貢献した連中の職業リストも、ずい分長ったらしいものだが、それをほぼ全部ここで忠実に挙げておくと、この店の豊富な連絡網や沢山の下部組織がよくわかると思う。すなわち、男性および女性の服飾デザイナー、下着女工、洗濯女、中古衣裳小間物売りの女、音楽・歌謡・ダンスの教師、ピアノ調律師、職業紹介および結婚紹介事務所とか演劇関係や商事関係事務所の責任者ら、写真師、女トランプ占師、歯医者、女性美容師、たこやまめなど足部の治療師、マネキン、脱毛師、産婆、クラブの御者、カフェやレストランおよびホテルのボーイ、などである。要するに、ブルジョワの奥さんはパリの町中《まちなか》で、あっちにもこっちにも仲介人がうじゃうじゃいて、うるさくつきまとわれたり、そそのかされたりしたのである。仲介者連中は金で買う恋の利得から手数料を上前としてはね、稼ぎまくり、本職での収入を増やすことなど眼中になかった。フレティユ未亡人の手紙を読むと、このほか、勧誘の手先は「温泉町」、海水浴場、ボヘミアの森々のなかなど、いたるところにおり、その利得は正確にわかってはいないのだが、ときにあきれるほどあった。ムーニエは二流店の例を引いているが、料金が七フラン以下なのに店のマダムは年に七万フランの利益をあげている。(366)

(364)(365)

だが、いままで述べてきたようなメゾン・ド・ランデヴーのあり方は、一見したところ主にパリだけの現象のように思わされてしまう。人口の密集と資本の集中により巨大都市に発展したパリは空間の広さもものを言い、まさに、匿名で行動できる世界であったといえるからである。なおまた、本書は参考資料として統計的な種類のものをいくつか利用してきたのだが、それは史料としての質に若干問題をはらんでいる。メゾン・ド・ランデヴーの飛躍的発展は、同時代人——警官、官吏、医師、単なる証言者——らによる証言に依拠しているのだが、なにしろ小説家や劇作家たちが、それを好んでとり上げるテーマの一つにしていたような時代なので、誇張されているというようなことはなかっただろうかと不安である。地方の最大級のあれこれの都市では、どの程度に、どんな形で、その展開の歩みは示されたのだろうか？　メゾン・ド・ランデヴーによく出入りしていた女たちは大部分が公娼だったのだろうか、それとも全く反対に、不倫願望にとりつかれていた人妻たちだったのだろうか？　それを直接語っているような基本的史料を手がかりに確認しなければならなかったと思うが、それだけ問題が残るということである。

幸運にも、ブシュ＝デュ＝ローヌの記録文書の中に一九〇九年から一九一三年の間、県当局によって「風俗営業をやっているところ」と公言された住居や建物に関する、かなり厖大な一連の記録がのこっている(367)。この蒐集された記録の山には、四八の関係書類が含まれ、非常に多くの材料を提供してくれる。警察は確実に売春に関係している店だという証拠をつかむためには「手入れ」をするのだが、事前に数週間かけてその店舗を見張り、監視した警官たちの報告書が、そのなかにいろいろ含まれている。これら関係書類を一つ一つつぶさに調べてみると、筆者が先に説明したのと同じようなメゾン・ド・ランデヴーではないかと思われるものが三六店ある(368)。確かに、これらの記録をもとにしただけでは、前述したような、あれこれの資料をもとに総合的に組み立てて見た描写はとてもできないだろう。さらに、マルセイユの実状が国民全体を表わしているとする何らの証拠もない。マルセイユの売春のあれこれの仕組みがどれほど独得なものかは周知の事実である。しかしながら、これらの関係書類を見てみると、われわれが当初考えていたのとは異なって、メゾン・ド・ランデヴーはパリだけに限られた特有の現象でなかったことがわかる。また、これらの書類から、地方の最も大きい部類の都市でメゾン・ド・ランデヴーがとっていた形を具体的に確かめることもできる。

三六のメゾン・ド・ランデヴーが三二人のマダムによって経営され(369)、この都市のあちこちに散らばっている感じで、二五の別々の街路沿いにあった(370)。だからこれら店舗のある場所は、二つの指定区域に公認娼家があるのと非常に異っていた。店のマダムはみな住居を借りており(371)(このことはマダムのうち一七人について警官がはっきりと証明している)、ほかの店の場合もそれを証明するのは簡単である。というのは、県当局の正式な通知は家主に通達されているからである。

もともと、メゾン・ド・ランデヴーは大きな建物全体が店舗になっているのではなく、そのなかの一戸がそれになっているにすぎない。だが、一つの店がいくつかの階に分散して部屋をもち一つにまとまっていないこともあった。このことは三六店舗のうち、一一について明らかになっている。たいていの場合店が含まれている建物は相当な規模の構えであり、だからマルセル・V……とかいうマダムがいたアルブル街九番地の建物には新聞社の社主、金利で生活している女性、ダンスの教師、女性の仕立て屋がそれぞれ借家人として居住していた。そして、調査が行なわれるようになったのは、通常、これらの借家人たちがそれぞれ当局へ密告したことがもとになっていることに注目しよう。それらの密告文の何通かはびっくりするほど具体的に細々と書いてあり、当時世間でかなり広まっていた不安、つまり、性の奔放を目で見、とくに耳で聴いてその実態を知ると、水入らずの家庭にひびが入るのではないかという懸念をもっていたことが、ありありと表われている。証言者の二八歳の刃物師は、自分の家の上の階でしょっ中「ベッドの軋む音」が聞こえるので、そこに住んでいるマダム・S……を告発するのだとのべており、さらに「客数の多いときには、その都度繰り返しベッドが軋むので何人の客をとったかその数がほとんど正確に分かる」とつけ加えている。

マルセイユのメゾン・ド・ランデヴーは建物の一階とか中二階におかれていることは決してない。たいてい三階で、二階の場合もかなりあったが、ときには四階のこともある。五階にあることはまずなかった。女中部屋や玄関の受付から離れており、つまり、建物の中で一番お上品で、もっとも裕福な階にあったということである。その住居内《アパルトマン》は、ふつう間取り三つ以上、六つまでで[372]、たいていは「間取り五つ」であった。部屋が三つ、サロン一つ、玄関ホールあるいは台所という構造で、その住居の位置、規模、構造、配置がみな中産市民《ブルジョワ》家庭の内部と同じで、公認娼家のモデルとは異なっていた。

店のマダムの結婚歴については、二三人のうち六人だけが独身であることがわかっている。そのうち二人は正式な結婚ではないが愛人と、事実上夫婦として生活している。ほかの四人は娼婦の登録を取消したばかりのもと公娼である。メゾン・ド・ランデヴーを経営しているマダムは、寡婦(少なくとも二三人中六人)か、あるいは、既婚だが、夫と別れて独りで生活している女である。調査の内容をみると、亭主が店の関係者であることはまずない。ほぼ一例だけを除いて、住居の借り手はマダムである。警察の追求を逃れやすいように、三二人のマダムのうち、一三人は偽名を使っている。そのうち八人の名前は店の娘たちの源氏名の中から一つを選んでいた。五人は苗字を変えていた。

メゾン・ド・ランデヴーのマダム連中は、公認娼家の女将よりも平均的にほんの少々年齢が高い[373]。生年月日の判明している二二人のうち、七人だけが三五歳未満、一一人が四〇歳を超えている。最年長者は七一歳であった。それとは反対に、出生地は全くあちこちに広く散らばっている。地理的に出生地が判明している一七人うち、三人だけがマルセイユ生まれである。二人はパリ生まれ、二人は外国人(スペイン、イタリア)、一人はアルジェリア出身で、ほかは、いろいろな県で出生している[374]。

メゾン・ド・ランデヴーは二つの例外を除いて、マダム一人だけでやっている。一人のマダムは母親に助けてもらい、もう一人は義理の姉妹と一緒に店をやっている。三二人のうち、一〇人のマダムは店名に都合のいい職業を表看板にしていた。そのマダム連中のうち四人はマッサージ店経営と称し、二人は婦人美容室の経営者だといっている。一人は婦人帽の製造、もう一人は高級婦人服仕立、さらにもう一人は中古衣裳・小間物商をやっていると自称している。最後の一人は、うちの店はレース女工や葉巻煙草女工をかかえていると主張している。だから二十世紀初、マルセイユのメゾン・ド・ランデヴーは偽装店舗の伝統をうけついでいたといえよう。それはとにかくとして、警官が臨検した際、実際に何かを営業していると判断される証拠は何一つ発見されてはいない(375)。

店の人員構成のことが、われわれにとってはまだ重要な問題として残っている。警官たちが精魂をこめて書き上げた細かい明細をみると、かなり複雑だったことが目につく。強引に図式化してみると、四つの型に分類できる。すなわち、

●最初に、未成年の少女たち。これらの店のなかには少女売春を売り物にしているものがいくつかあった。マダムマリー・B……、通称エルヴィルはポリヌ・T……という一一歳の少女に売春させたとあるように、この少女はサン＝ルイ通りで『ラジカル』紙を売っていたとき、ある女友達に誘われてこの道に入った。警官に「その日からあたしは毎日一一時から一二時半までと夕方の五時から七時まで、二フラン半から五フランくれるマダムのところへ行くようになったの」と彼女は言っている。彼女は手とか口で愛撫するだけであった。「たった一つだけ、あたしが全然持ってないもの、それがあたしをとっても苦しめたの」とつけ加えている。マダムのマティルド・S……、通称「アパッチのティティーヌ」は、一四歳と一五歳の少女に売春をさせている。その一人は三ヵ月前から毎日そのマダムの店に通い、客をとって儲けた半分をマダムからもらっていた。その額は、一〇、二〇、あるいは三〇フランにもなっている。その少女にこの店を教えたのは友だちのルイゼットだが、彼女はその少女に、マダムから受取った金額の半分を自分によこせと要求している。ルイゼット自身まだ一五歳にしかなっていないのに彼女はティティーヌの同性愛の情婦であった。この他に彼女はマダムのルイーズ・M……のためにも客を斡旋している。このマダムも同じく自分の店の客に少女を与えているのである。これらの少女のなかには実の母親からそうさせられたものもいる。三五歳のある女はこのようにいつも一三歳の実の娘の身体を売り物にしていたのである。だが、大部分は商店の売り子たちであった。

●しばしばある例(これはたくさんの例の中で確認されているように思えもする)、それは店の女の一部あるいは全部が公娼か、または「もぐりの売春で悪名高い連中」、つまり民衆の界隈でよく知られていたり、高級娼婦で鳴ら

していた女たちである場合である。このことは、メゾン・ド・ランデヴーの女たちのなかで結婚していると自称している連中が、警官から見ると、実は、客の新しい好みにうまく調子を合わせてその振りをしている公娼なのだと見て間違いないものと思われてくる。この点については、アンナ・O……の店、アンナ・N……の店、C……夫妻の店、マダム・I……の店、ローズ・G……の店においてそうであり、最後のローズ・G……はプリヴァ（一八九六—一九〇一）、アジャクシオ（一九〇七—九）、マルセイユ（一九〇九—一二）で公認娼家経営をしていた。

●店のマダム(376)のなかには、失業してもうあと一歩で売春へという状態の女、日雇い女、それに女工たちを使っているものがいく人かいた。その女たちは、誰か売春に手引きするものにでくわさなくても、おそらくは、早晩店にやってきただろうし、そうでなければ、いやいやながらでも街頭で客引きせざるを得なくなっていただろう。

●だが、所帯持ちの女の売春が神話でないことは確かなようである。たとえ、人妻風《かぜ》を吹かせている女の全部が全部、合法的に結婚しているとはいえないにしてもである。一流店のマダムたちのなかには、中小のブルジョワの奥様連中や商店勤めの男たちの妻にも逢い引きの段取りをしてやるのが若干いた。このほか、これらの店舗に行くと、商店の「女店員」やオペラ歌手とか、芝居の端役をやっているとか自称している娘らの顔も見える(377)。

マルセイユのメゾン・ド・ランデヴーのマダム達は自分の店でできたのではない二人連れの一見《いちげん》の客にも、お楽しみの数時間が過せるようにしてやった。何人かのマダムはこの種の営業だけに限っている。リストに延々と続くあとの残りについては、残念ながら警官の態度は非常に慎重ではっきりしたことはわからない。

この種の店の女たちのいろいろ異なった型について、本書は以上のように少々強引な分類をしてみたのだが、マダムはそれらの女たちを一緒に店におき、同時に働かせているのである。公娼と、その真偽はともかく「奥様連中《ファム・マリエー》」が一つ店の中に混っていることがしばしばで、このほかに同伴客も迎え入れているといった具合である。アリマ・B……の店では未成年の少女が午前中働き、成人した娘は午後である。マダム・C……の店では、「奥様方」はサロンで客の相手をし、ほかのものはキッチンでという具合に。ただし、女たちは全部外出着を着用に及んでいる。このことはメゾン・ド・ランデヴーの特色だということを忘れまい。「帽子を被って」おり、決して「無帽のまま」で店に出入りするようなことはしないのである。客の紹介はサロンかキッチンで、しばしばリキュールやシャンパンを飲みながら話をすすめるのである。くどいようだがもう一度念を押すと、そこでの雰囲気は、大手の娼家の、何事も真綿でくるんで音を忍ばせるようなやり方で事を運ぶ方式、しかも人間の獣性剝《む》き出しという世界とは、全くかけ離れているのである。仮りに、店の中で娘たちがゆったりと化粧着《ガウン》をまとうようになったとしても、それは例外的なことである。[378] 公認娼家が流行にもつ影響力は凄いもので、マダムたちはみなそれを無視するわけにはいかないほどだったのである。

二つの例外を除いてメゾン・ド・ランデヴーの三六店は昼間しか営業していない。一つは夜開いており、もう一つは、昼も夜も客を入れた。二店だけは朝のうち営業していた。その理由をわれわれはわかっている。警官[379]がうまずたゆまず見張っていたので[379]一二店の客足の多い時間をわれわれは知ることができたのである。全体としてみると、マルセイユのメゾン・ド・ランデヴーの場合、客足の最も多かった時間帯は夕方の四時から六時の間である。俗世間では「五時から七時」と思いたがっているようだがそれは偏見である。午後三時から四時と、六時から七時の客数もかなり多い。反対に、午後三時前に開いている店と午後七時以後客を受け入れている店はあまりない。

いつもの例で記録文書の中に客の姿はほとんど現われていないのだが、しかし、今回のものは、全面的にそうだとはいえないのである。つまり警官らはみな「ムッシュー」と（「ムッシュー」だけではどんな社会的環境の出身なのか決め手がないのである）記録することにはしている。このことは、マルセイユを通過する旅行客で、上流および中流ブルジョワ連中に加えていく人かの貴族までもが[380]、手工業職人とか小店舗経営とかのプチ・ブルジョワに属する連中と同じくメゾン・ド・ランデヴーによく足を向けたということなのである。しかし、労働者や水夫はいっていないし、一例を除いて、軍人も来ていない。数店は特に一定の客筋を専門にしていたようである。そのほかの店では社会的に見ればいろいろな層のムッシューたちが顔を一緒に並べている。マダム・B……、ジョゼフィーヌ・L……、マルグリート・G……は「マルセイユの上流社会」の男たちを客にしていた。県会議員三名、郡会議員一名、市町村長三名、筆頭助役一名がアンリエット・D……のために当局筋へ手をまわしていたし、ある上院議員はエリーズ・C……のためにそうしている。ジャンヌ・G……の店舗がそのなかにある建物の前で午後の時間帯に張り込みをしていた警官が七人の「ムッシューたち」がそこへ入って行くのを見ている。その連中の中には「レジョン・ドヌール受勲者とおぼしき者」と海軍士官が一人含まれていた。セリーヌ・G……については、「上流の商売人たち」を客にしている。

　客が店で過す時間は連れ込み宿よりもメゾン・ド・ランデヴーの方がずっと長い。これは考えればすぐわかることで、時間の一部はショーを観たり、会話したり、お酒を飲んだりに当てられていたからである。張り込みの警官たちは正確にやろうとみな同様に苦労しながら、三六店舗のうち九店舗について客が店にいた時間の平均を計算するのに懸命であった。その結果、場合にもよるが二五分から一時間半までの幅がある[381]。店の一つでは数名の常連が「昼顔夫人たち」と午後いっぱいを過している。

　一〇店舗の料金を調べてみると、メゾン・ド・ランデヴーに二つの型のあることがわかる。そのうちの六店の料金は三フランから五フランの幅である。ほかの四店では客と女《ダーム》の質によって一〇フランから三〇フランまでの幅で行き来する。だが、どの場合でも、女は料金の半分を懐に入れる。われわれが手にしている資料のいくつかを手がかりにしてみると、女たちが客と寝た回数は公認娼家ほど多くはないと考えられる。平均、日に二回から四回ぐらいである。このことから、これらの店が昼下りの時間帯に受け入れられる客の数はおのずから限定されてくる。警官の計算によると日に四人から二〇人までの間で様ざまであった[382]。

　ヴァンテュール街のアリマ・B……という婦人美容室は、マルセイユの一流メゾン・ド・ランデヴーの特徴を示すよい例であった。この店は五つの間取りになっていて、各部屋は豪華な調度で飾られていた。マダムは「昼前は未成年の少女たちに客をとらせ」、警察が手入れしたとき——これは一九一三年のある日の昼下りのことだが——、店には客待ちの若い娘たちがたむろし、一人はピアノの前にすわっていた。ほかの女たちのなかには十七歳の、すでに結婚している女もいて、客から九フランから一五フランもらっていた。二十五歳と二十八歳の娘たち二人はキャバレーの歌手で、彼女たちは一〇フラン手にしていた。四番目の女は三十歳で半年前からこの店によく姿を見せ、週に四回来ていた。警官はこのほかに三十三歳の女と奥様風の二十四歳の女を摘発している。その二十四歳の方は髪をやってもらいに、誤ってこの店に来てしまったのだと言い張っており、二十二歳の所帯持ちの女は店員として雇ってもらいたくて来ていたのだと断言してはばからない。客が二人サロンにいた。一人は五十三歳の保険業者で、他は五十一歳の医師でマダムは彼らから四〇フランとっていた。

だから、マルセイユの現実の状況が警察の保存記録が語っている通りなら、メゾン・ド・ランデヴーの形をとった売春は、今世紀初め、金で買う恋愛の一つの形態として広まっていたことは確かなように思われる。知事が、このようなメゾン・ド・ランデヴーがますます増大する趨勢をどんな措置をとってでも食い止めようという気になったのは、それに気づくと同時に不安になったからである。これらの店舗にはその当時、公娼と共にもぐり売春婦、亭主持ちの女、密通している男女らがいっしょにいることがしばしばで、良俗を守ろうとする側にとってはそれだけ危険の大きな存在であったと思われる。マダムたちが店の女たちの様ざまな顔ぶれをそれなりに使い分けようとした苦肉の策も、全体からみるともぐり売春や密通が蔓延する危険を防止することにはならなかった。しかしながら、パリとマルセイユの比較から、真の公娼の割合が地方の店ではかなり大きく、パリでは人妻がより重要な割合を占めていたと考えられる。その理由は、パリジェンヌたちは匿名でやることができたからであろう。

*
**

庶民的な人びとの世界《ミリュー》しか考察していないとはいうものの、十九世紀初めから入念に整備された公娼制という規制方式による売春制度は、第三共和政の最初の数十年間以来、全面的に行きづまってしまったことは明らかである。その古風な特徴があまりにはっきりしすぎていたので一八八〇年以後はその弁護者にお目にかからなくなったほどである。たしかに規制方式による公娼制売春の行きづまりは、単に伝統的なもぐり売春が拡大していったことだけによるものではない。これもまた明らかなことだが、社会のあらゆる階層の人びとに、それ以後は金で買う性関係が次第に誘惑行為を通じて行なわれるようになっていったことにもよるのである。

さて、性に関する人々の態度についてこれ以上描写を続けることは打切って、概略的にしかならないにしても、性をめぐる態度のこの激変を説明する為に、当時進行していた経済、社会、心性面の変化について歴史家たちが教えているものとそれを関連づけてみよう。その上で売春についての言説を研究してゆくと、売春についての言説が、性をめぐる様々な行動の変化を反映していると同時にその行動の変化の方向を屈折させたり、また同時にその行動の変化をはばもうとしたりしたその様態を把握できるようになるだろう。

第2章　満たされぬ性と売春の供給

娼婦を一定の場に閉じ込めようとする企てが失敗し、波が広がるような勢いで街々に娼婦の姿がたくさん目につきだし、また、メゾン・ド・ランデヴー、「ホステスつきビヤホール」、カフェ゠コンセールのような酒を出す店や高級店舗でもぐり売春が発展したことは、明らかに売春に対するある要求に変化が起こってきたことを表わしている。制限選挙王政の時代には、まだ受け入れ態勢が整わないうちに、都市は農村からの移住者であふれた。そのなかで都会の暮らしになじめないものがまず、娼婦を求めはじめた。かれらは、たとえわずかにせよ金を払わなければ、もっとも基本的な欲求さえも満たすことができなかったのである。数十年を経ると、都会の様変わりと共にこのような形の性の需要は減少し、代わって、ブルジョワジーの間で新しいタイプの買春が広まっていく。急速に数を増したブルジョワジーは生活が豊かになるにしたがって、貴族階級の好みや社交生活にあこがれて少しずつそれをまねはじめる。ブルジョワたちは従来の型にはまった売春が受け入れられなくなってきたのである。この傾向は、新たにいくつかの社会層がブルジョワ化するのと、勤労階級がブルジョワ階級と変わらない道徳観を持つようになって、ほぼ社会全体に広まっていく。そうした状況の下、エロチスムと同時に心のふれあう情愛をいっそう求めてやまない新しい客層が育ち、かれらの欲求不満《フラストレーション》は、生殖器の単なる挿入事《エピソード》ではとても満足されはしなかったのだ、といえよう。

一　規制主義の最初のモデルの緩慢な崩壊

1　さまよう性《セクシュアリテ》

　ここでは、十九世紀前半に求められていた売春に再び検討を加えるつもりはない。しかし当時の売春形態がくずれていった様子をより確実に把握するには、それがどのような形態であったのかを概観しておくことが是非必要である。パリでの例を見るだけでも十分事足りるであろう。ルイ・シュバリエは都市社会に大量の移住者を受け入れ溶け込ませることがいかに困難であったかを示した(1)。一八六〇年頃までの西ヨーロッパにおいては、都市に流入する人びとの男女の割合には大きな差が見られた。若い娘や女、それも若い女の数がとりわけ少なかったのである(2)。地方出身の労働者のなかには、都会の女性と同棲をしたり(3)、一時的な交わりをもったりするものがかなりの数にのぼり、その結果、私生児や男に捨てられたいわゆる「未婚の母」が著しく増加した。父祖の土地を離れて都会で生活する核家族にとって、いなかの大家族のような伝統的な暮しを続けることはとても無理であったことを、このことから想像できよう(4)。

　性的に満たされぬ都市の男性労働者の数は、地方から出稼ぎ者が大量に押し寄せたことによって無視できぬものとなった。筆者が先頃その性の不満に注目したクルーズ県出身の左官たちと同様(5)、彼らの住まいは、パリ、リヨン、サン゠テチエンヌなどの中心部にある貧民街やセーヌ左岸の窮屈な家具付安ホテルであった。同郷の仲間以外にはつきあいもなく、生活を切りつめて金を貯え、冬か春は決まってふるさとで過ごす、そんな彼らには、すでに都会に根をおろしてよそ者を差別するまでになった都会人たちに溶け込んで暮すのは到底無理であった。二十世紀に入っても状況は同じであることを思わされるが、新参の労働者は、都市のただ中で疎外され、女性を誘う機会を得られずにいた。以上の要因が重なり、大衆的な売春は目立って増加し始めるが、この頃になると、ある人々の間ではセックスイコール売春と言えるほどになり、カップルの男女間のセックスとグループでやる商売のセックスとの境界があいまいになっていた。一八四七年にパリ商工会議所の行なった家具付安ホテルについての調査の結果を見てもそれは明らかである。

とはいうものの、パリの町はまだブルジョワの天下というわけではなかった。労働者階級に恐れを抱く彼らは、労働者が社会から疎外されたままでいると、最後には売春が犯罪につながるとの不安を大げさなほど感じていたのである。「内向的な」(6)この都市では都市計画者らが建物や樹木で囲われたところや、半ば囲われたところ(広場、通り、並木道)をどんどん増やして区割を設け、ブルジョワ階級は街の民衆たちとまじらないようにしていた。民衆との接触を嫌がっていたことは劇場の客席が階級別に仕切られたり、サロンに細かく等級がつけられたりしたことにも示されている。

ブルジョワから見ると売春婦とは、しょせん、社会の裏側で生きる女である。彼女たちはパリの下町の淫売屋や貧民街の暗い路地にひそみ、民衆の他の登場人物と同じく、ときたま、それもほんの一瞬だけ照明のあてられる仮面をつけた顔にすぎなかった。(7)規制主義のプランによる公娼制はすべての売春婦をパリの街頭から締め出すというマンジャン知事の決定を機に、一八三〇年に頂点に達する。この管理方式は、先に示したパリの街の姿と階層間の関係によく合致したものであった。

消費者というより投資家であったブルジョワたちが求める金で買う恋は、当時は白昼堂々やれるものではなかった。その上、ブルジョワの男は売春はあくまで、本質的に民衆レベルの現象(つまりパラン＝デュシャトレが、すでにやっていたゴミや汚物処理の下水溝と同じ感覚で調査を進めようと決心していた精液を排泄する不潔な場)だと思っており、その価値を認める気はさらさらなかった。

2　家族ぐるみの定住と家庭の安らぎ《アンティミテ》

大衆的で低俗な売春を豊富に提供してきた社会的構造は次第に崩れ、第二帝政に入って一〇年が経つと決定的となった。[8]プロレタリアートの移住者の多くが都市に溶け込みはじめるのもその頃である。彼らの定着ぶりはさまざまな面からみられ、それはまず、人口動態の「正常さ《ノルマリテ》」に表われている。一八六〇年以後、地方からの移住者はやや減り、男女の比率の極端な差が縮まる傾向が現われてきた。しかし、若い女はやはり少なく、地区《カルチエ》や通りごとにみると、そのいくつかでは、男女の数の不均衡は相変わらず深刻で、路地裏、袋小路、「街はずれ」やそこにある家具付安ホテルで見られるのは長い間男性の姿がほとんどであった。[9]季節労働者の動きに変化が起こったことはその速さに多少の誇張があったにせよ、異論の余地のないところである。帰郷は間遠になり、都会になじんだ移住者の中には妻を呼び寄せて一緒に暮す者さえ出てきた。一時期に限られていた都会での生活は、少しずつ長期の滞在、さらには定住へと形を変えるのである。[10]

注目すべきは、夫婦、子どもが常に一緒に暮すブルジョワ的な家庭のあり方を、都市に移ったプロレタリアートが徐々に身につけていったことである。都会での女性関係が原因で故郷の妻子が捨てられるといった当初の混乱は収まり、都市社会への適応の時代がやってくる。「労働者は家庭の暖かさ、夫婦そろっての生活、きちんとしたまともな暮しにあこがれている」[11]とJ・ガイヤールも書いているように、地方からの移住者は家族と共に暮すことをきっかけにやっと都会に馴れ親しむようになった。こうした変化は、パリでは一八六〇年代になって急速に進んだが、それはジュール・シモンの『女工』に代表される、実証主義的な民衆文学の影響を受けてはずみがついたためとも考えられる。ピエール・ピエラールもまた、リールの町で労働者がいつとはなしに夫婦一緒に暮しはじめたことと、サン＝フランソワ＝レジ協会の活動が功を奏してこの動きがさらに押し進められたことを確認している。[12] 十九世紀末の労働者論においても、こういった家族化の傾向は大きく取り上げられた。ミシェル・ペローによれば、フランスの労働者家庭の原型は、古くからの農家と、子供を軸にしたブルジョワ家庭とを合わせたものであるとされている。彼女の分析以後、「労働者とは、まず第一に、妻子を養うべき家庭の父親であり、常にこの立場に基づいて賃上げや教育、仕事、技術習得、生活保障などに対する彼らのすべて要求がなされている[13]」との考え方が定着するようになった。

J・ガイヤールは「慢性的な貧困」がオスマニザシオン*の進展に伴なってやや好転したことを示したが、[14] それによって出稼ぎ者の都市への同化が促された。A・ドマール[15]とP・レオン[16]を中心にした綿密で説得力に富む共同研究やイヴ・ルカン[17]の最近の論文、さらに詳しいものでは、F・コダキオーニ[18]のいくつかの研究はいずれも、フランスの主要都市（パリ、リヨン、トゥールーズ、それに、リールとボルドー）の労働者にも十九世紀後半の世界的な好景気の恩恵がおよんだことを証明している。こうした状況においては、社会の周辺に追いやられていた「要注意」のグループでさえ、都市の動きの中に取り込まれてもはや消滅せんばかりであった。また、パリの廃品回収業者や水運搬人[19]などから成る階層についても、同様の変化が見られた。

＊　セーヌ県知事オスマンの都市改造計画。狭い曲がりくねった道路を拡充整備し、繁華街・高級住宅街・貧民街を整然と区画整理し、エトワール広場の凱旋門を中心に広い大通りが放射状に延び、現在のパリのもとを作った。この計画で労働者の多くは住居を追われ、家賃の高騰で苦しんだが、従来のようなバリケード戦は不可能となった。

出稼ぎ者の都市への定着を容易にしたもう一つの原因は、教育の進歩である。教育が行きわたった結果、最も遅れた地方でも、第二帝政の終わり以来、文字の読めないものは都市部ではほとんど無視しても良い数にまで減少した。[20] 都市のプロレタリアートの中心にはびこっていた暴力や犯罪が収まりはじめる一方で、犯罪と売春の結びつきもしだいに崩れていった。この現象は、地方出身の労働者の多くが夫婦そろって暮すことで安定した家庭生活を手に入れるようになったことと、直接かかわり合っている。シャルル、ルイーズ、リシャールのティリー三兄弟は、労働者の起こす騒乱が、前にも触れたとおり十九世紀後半には下火になったことを特に指摘している。[21] また、ミシェル・ペローの調査を見ると、[23] 快楽を求めることを含むあらゆる本能を「完全に満たし得る」工業文明によって、「都市における暴力事件がいかに減少し、特定の地域にのみ限られた特殊なものになっていったか」がよく理解できる。[22] 変化は犯罪の内容にも表われている。知能犯罪が暴力を上まわった。つまり、食料品の盗難より詐欺事件が目立つ傾向となったのである。[24] こうした新しい状況の下で、公娼としての鑑札をもった街娼やもぐりの売春婦に対して、ブルジョワも以前ほど強い危機感を抱かなくなっていった。

このように、一般民衆のモラルが性を含めたあらゆる面で向上し、それと共に、犯罪の数も減っていったことは、本論を進める上で極めて重要で、いくら強調しても足らないほどである。労働者階級はブルジョワたちの眼からみて、勤労者《ラボリユーズ》として、しだいに危険な階級《ダンジエルーズ》と混同されなくなってきた。刑事事件や軽犯罪は、これからはミシェル・フーコーの言う周辺に追いやられた最下層の人々に限られるようになった。[25] 労働者が都市で家庭生活を送り始めたことと、彼らの道徳的な進歩は、ペローの労働者論に明確に指摘されている。[26] その論文では、伝統的な見方がすっかりかえられ、これからはブルジョワが悪の権化にされている。なかでも雇い主《パトロン》たちは、食べて飲んで寝てぜいたく三昧にふけることしか頭にないものとして非難されている。[27] そして、馬鹿騒ぎに明け暮れる遊び人の代表として描かれている。工業文明の拠り所となる価値観を提示するこの労働者論によって、労働と快楽が両立しないことをあらためて認識させたのである。工場や鉱山で働く者が大量生産の要求に少しずつ従うようになるのも、ちょうど同じ頃であった。[28]

ミシェル・ペローの研究成果が発表されて以来、リオン・ミュラールとパトリック・ツィルバーマンは、鉱山労働者の居住地域における風紀の向上とそれを推し進めるためにもろもろの会社が実行した計画との関連について、それまで以上に詳しい考察を試みた。その結果、「一八六〇年から一八八〇年にかけて、どの地区でも、鉱夫の住宅、仕事、生活習慣を大きく変化させようとする動きが起こっていたこと」、[29] そして、その主な目的が彼らに家庭を持たせることにあったという事実を明らかにする。この現象は、労働者の「肉体面でのモラルを高めること」の新たな段階に過ぎないと言えるであろう。実際、十九世紀前半の第一の課題は、製品を作る工員をできるだけ雇い入れることであったが、これによってブルジョワ達は、多くの下層の人々と一緒に働く、きゅうくつな環境を受け入れざるを得なくなった。ところが、一八六〇年頃から二〇年ほどの間に、今度は、その「ごちゃまぜ状態を解消し」、階層ごとに分けようとする試みが広がってゆく。それと共に、目立ち始めるのが、淫売宿を最初から除外した、低所得者用共同住宅の激増と、労働者の風紀を正すための計画的な取り組みであった。

　物の生産には、それに携わる人間の道徳的な質が反映される。そしてモラルを言う場合、肉体と精神のどちらを忘れることもできない。この両方を向上させるための条件と考えられたのが、労働者住宅での過密状態の解消と、労働者のくつろいだ私生活の誕生であった。それを実現させるために「家族の一人一人に部屋を与えて、各自がプライバシーを守れるような環境を作ってやる努力がなされる(30)」それによって、「気がねのいらない性のスペース(31)」が生まれ、「無理のない夫婦生活につながり(32)」それに伴なって「家族としての親密な情愛も増すであろう」という計算であった。言葉を換えると、「確実に愛の成立する密室を設け(33)」、「女遊びをするエネルギー(34)」を失わせて、家の寝室のみが愛の場になるように仕向けるということである。「それこそがキャバレーや小料理屋、その他のいかがわしい場所に対する勝利なのであった(35)。」こうした施策のおかげで、各々が自分の寝室とベッドを持つという原則が行きわたると、プロレタリアに対するブルジョワの固定観念――一部屋に何人もが暮らし、ベッドを共有しているという思い込み――も改められていった。

　このように夫婦中心の水いらずの家庭が作り上げられることによって、独身や内縁の状態は排除の対象となった。そのために、鉱山会社では、「独身者排斥運動(36)」が、(企業をあげて(37))徹底的に推し進められた。たとえば、労働者の家々に下宿したりとめてもらったりしている者に対して、非難の文書を送りつけるといった風であった。こうした術策は、本論にとって極めて重要な意味を持っている。独身者の性を規制するということは、もちろん、彼らを売春婦に委ねる結果となるからである。また、鉱山都市の条例は、内縁関係を禁じ、教会の僧侶がそれを追及することになる。

それと並行して、集合住宅に住む家族が他の家族と顔を合わせるのを防ぐ対策も進められるが、その目的は、出会いの機会をできるだけ少なくし、「廊下や階段のエロチスム」[38]を一掃することであった。ここまでいくつか挙げた試みは、旧い横の人間関係を崩壊させると同時に、例えば大衆的な売春を奨励する男性用の社交の場を消滅させる、同じ一つの動きに帰着した。一方、企業主側も、労働者に対して、時間外にも必ず何らかの仕事を与えるよう心がけた。たとえば一日の勤務を終えた労働者に、遊ぶひまをやらず、庭の手入れをさせる。つまり、キャバレーや売春宿の常連を庭師に変身させようというのであった[39]。こうした作戦を続けることによって、民衆のモラルは目に見えて向上する。そして、工場での生産活動向きにしつけられた新しいタイプの労働者によって、家庭で夫婦が仲良く暮すという基本の型ができあがるのである。

これは、なるほど魅力的な筋書きには違いない。関連法規や重要な事実関係をくわしく検討し、都市の状況および労働者住宅の構造を分析してから進める計画はなかなか説得力がある。その論理は、限られた例を手がかりにした売春行動の研究によって、全体的にどのような見通しが立てられるかを再認識させてくれる。そこで、これらの計画によって、実際どのような結果が得られたのかを見ておく必要があるのだが残念なことに、年代順の統計的研究と言ったものがほとんどないため、思わくどおりにことが運んだか否かを確認することは今のところ不可能である。十九世紀後半における人口の推移は目下調査中であるが[40]、おそらく、今からは、雇う側の作戦と雇われる者が実際に行った動きとのズレがあることを頭に入れておいた方が良いと思われる。たしかに、ノール県での内縁世帯の減少が、M・ジレとその弟子たちによって認められてはいるが、それは十九世紀もまさに終わろうとする頃になってやっと見られる動きにすぎない。現にこの地域では、一八五〇年から一八九〇年にかけて、同棲のカップルと私生児が際立って増加しているのである。G・ジャクメがベルヴィルの町の人口に関して立てた仮説においても、一八六〇年から一九一〇年の間に内縁関係をもっている労働者が著しく減ったという結論には達していない。これではわれわれとしても、先の計画の実効性について慎重にならざるを得ないであろう。ところで、内縁関係という非常にあいまいな形態を明らかにするには、本当のところ、それをいくつかのタイプに分類して、詳しく分析することが不可欠である。特に、次の三つの形をきちんと区別し、そのなりゆきを見届けねばならない。まず一つは、特定の相手と親密につき合っている形（婚約者どうしの間柄とほぼ同じ）。次に、永続的な同居生活。これがノール県での調査対象となったのだが、未届けであることを除けば、普通の結婚生活と何ら変わりはない。三番目は、相手がたびたび変わる不安定な関係で、売春と密接なつながりを持つものである。「性道徳」を言う場合、それを計るバロメーターとなるのはこの最後の形態のみなのである。

しかしいずれにせよ、現在までの研究を見た限りでは、労働者階級の「家庭作り」も道徳的向上も、一応、十九世紀後半には始まったと言えよう(41)。そして、その動きにはずみがついたと思われるのが、「労働者の時代」（一八八〇—一九三六年）(42)とミシェル・ペローが巧みに表現した時期である。この時代の特徴は労働者階級としての自覚が高まったことであった。たとえば仲間うちだけで通じる言葉を使って、限られた人間とつき合い、肉体労働者であることや「Dシステム」〔抜け目なくうまくやる方法〕を使う術を心得ていることを誇り、既存の諸権力に対しては自由な感情で威勢よくぶつかっていく。労働者にこのような自尊心が生まれたのも、雇う側の作戦とはいえ彼ら自身のモラルが向上した結果であった。

これまでに述べたような条件が重なって、昔ながらの売春のしくみは実体を失っていった。繰りかえしになるのでごく図式的に言えば、労働者階級の男たちが性のはけ口としての売春をもはや必要としなくなったことにより、売春は、それまで社会からはっきり疎外されていた彼らにまがりなりにも満足を与えるという、いわば、とっておきの役割を奪われたのである。そして、売春婦は増殖しつつあるが、窮屈な性のモデルに縛られているブルジョワを客として、次第に世間一般とは一線を画し、特殊な存在へと移行する。売春の機能が変わり、売春婦も姿を変える。この大きな動きこそ、都市社会のただ中で発展する資本主義の構造の新たな段階をまさしく反映していたのである。

ところで、言うまでもなく、そうした変化は極めてゆっくりとしか認められず、大都市では、性的に満たされぬ独身の労働者はあい変わらず大量に残っていた。しかし、オスマン計画で整備されたパリと同じく、他の都市でも、そのような労働者の姿を〔公認娼家で〕見かけることはめったになかった。[43] 後になると、新しいタイプの、さらに下層のプロレタリアートの一群が形成される。その大部分が外国人労働者で、言葉の壁にさえぎられ、フランス人と同化することの困難な人たちであった。イタリア、ベルギーの労働者に続いて、中央ヨーロッパのユダヤ人、さらにフランスの各植民地からの大量の流入者を迎え、ブリエ盆地に関してすでに見た例のような、多くはもぐりの売春が続々と出現する。つまり、一般大衆の求める形の売春は引き続き存在しているのである。しかし、一八六〇年以後は、——こうした売春はそれほど増えることがなく、拡大する需要を受けとめることができない。もはやブルジョワが懸念するようなものではなくなったので、関心をもたれなくなったのである。

——それに加えて、強調しておかなければならないのは、労働者階級の売春に対する好みと要求、それに性行動、そのどれもが変化し、一方では、先に言及したような暴力行為の減少や、プロレタリアートの抱く価値観と理想が、ブルジョワのそれと変わらなくなったことである。ブルジョワの男性たちのかなわぬ望みと幻想はプロレタリアートにそのまま受けつがれ、それ以来、今度は労働者さえもが、娼婦に対して、誘惑まがいの気分を求めるようになるのである。

二　売春の新たな需要

1　「夫《ムッシュー》の出費分」

売春の新たな需要が生まれたのは、ブルジョワにさらにいくつかの階層が加わったり、しかも、それらの階層全体がより金持ちになった結果である。A・ドマールの確認したところでは[44]、十九世紀後半に訪れた社会の豊かさの恩恵に浴したのは、ブルジョワのなかでも、特に卸売業者、商工業者、銀行家など、実際に商売に携っている者たちで、その収入増は制限選挙王政下で都市社会を支配する地主や官吏といった階層の場合より、はるかに顕著であった。ブルジョワ諸階層の支配者階層への接近こそ、われわれが話を進めるにあたっての前提となるものである。「都市型中産階級[45]」と呼ばれるこれら中間層が、豊かになった社会からそれぞれどれほど利益を受けたかを、研究者たちは明らかにしている[46]。なかでもA・ドマールは、パリで富の増大が最もはっきりと認められるのは中層と上層のブルジョワジーであるとの見方をあらわし[47]、この中層各グループの上昇現象に注目している[48]。一方、小企業、商店、それに職人層の富裕化はそれほど急速には進まず、また、一般の勤め人や下級官吏では、生活が豊かになったとは言えその程度は中産階級よりずっと小さかった。しかしともあれ、これらの階層も、社会全体が変化するにつれ、一応は生活の向上を見ることができたのである。進歩的な職業に就いている人びとや中間管理職、そして十九世紀末にはエンジニアにも、これと同じ状況があてはまる。エンジニアに関しては、第一次世界大戦前の数十年間の急激な数の増加が、先頃モーリス・レヴィ＝ルボワイエによって、示されたばかりである[49]。こうした諸階層にあっては、消費習慣に変化が見られたが、女を買うことも他の消費行為と同じように考えるべきであろう。ところで、A・ドマールとP・レオンは、裕福になったことが財産の内容にどんな変化をもたらしたかをくわしく調査している。それによると、とりわけ増加の著しいものは、金銭、品物など、不動産以外の資産、つまり、やり取りの容易な財産であった。また、それとは別に、収入の額が、すでにあった貯えを少しずつ上まわり始めたことも、この調査で明らかにされた。

金持ちになったブルジョワジーの男たちが活動力を増すと、激しい変化を伴う期待にあふれた時代が訪れ、危険な遊びに手を染めることもたやすくなった。その頃海外旅行の発展[50]に伴い、パリや港町には外国人観光客があふれ、汽車の旅[51]の普及は、大陸横断や海辺での滞在[52]、それに大がかりな巡礼の再流行などを促した。さらには、パリ万国博覧会に際して、地方からの大量の人びとが流れ込んだ[53]。また、芝居の地方巡業が盛んに行なわれるようになったり、商品を緊密な広告網によって全国に宣伝することも始まった。これらの条件もまた、ブルジョワの売春の需要を増加させる要因となったのである。

その当時の家計簿に注目したのがマルグリット・ペロー[54]で、彼女はそれらを詳しく調べた結果、見出しに重要性を見出した。そこには、「夫の出費分」、「施し」、「旅行」といった項目が並んでいる。妻が家計簿に夫の遊びによる支出を書きとめるとは確かに意外な印象を受けるが、そうした項目が現れたのも、この種の消費行動が急増したことを反映していると言えるだろう。地方のブルジョワジーには、国債の配当の一部を夫の娯楽にあてるという伝統があったのかもしれない。あのヴィクトル・ユゴーが手帳の寄付の欄に、娼婦に払った金額を記したのもそんな背景からではないだろうか。

2　強烈な欲求不満

ブルジョワ階級は急激にふくれ上がり、同時に豊かさを増したが、そこに属する男たちの性の発散はいくつもの要因の妨げに会った。しかし、結婚相手を選ぶ基準を財産だけに置いたことが、それらの要因すべての根本にあるとは決して言うことができない[55]。この点については、セオダー・ゼルディンの研究で、ブルジョワの男女の関係を感情面から考察したもののなかに、的を射た指摘が見られる。それは、女性をロマンティックに理想化することこそが、売春をさらに必要とさせるという内容である。また、彼はブルジョワ階級の娘は、純潔を重んじるあまり、男性を近づけにくくしているとも述べている。[56] かつて、フロイトは、ビクトリア朝時代の男性には、二つの恋愛観が同時に存在し、それらは全く正反対ながら、実は互いに補い合っていたということを明らかにした。すなわち、一人の男性が、一方では女性を理想化して憧れの対象とし、他方ではもっぱら肉体をもてあそぶという訳である。[57] このようにして、「純粋でひたむきな求愛」と「売春宿でのお手柄」とを交互にやってのける様を、ジャン・ボリは、当時の男性の性行動における「心臓の鼓動」に見たてている。この極端な傾向はやがて両方とも挫折に終わり、結局、男性の多くは、とり立てて言うべきものもない平凡な結婚生活に落ち着いたのであった。

ミシュレ以後、ユゴーや、『パスカル博士』のゾラをはじめとする進歩主義的な作家たちによって予言された、母としての女を尊ぶ風潮が、医者たちの後押しを得て大いに高まるに及び、[58] 夫婦間の性を快楽としてとらえることが次第にタブー視されるようになった。再び、セオダー・ゼルディンの言葉を借りれば、[59]「それ以来、性の喜びは妻から得るものではなくなった。妻たちにはもはや、母としての役割しか求められていないのだから。」一方、ノアミ・ショールは、エレーヌ・グランジャンとその娘の生活を通して、母たる者が快楽を思うなどというのは当時ではそれだけで最も恥ずべきこと、いやむしろ想像すらできないことであったと結論したのである。[60] こうした考え方は、十八世紀以来人々の意識ががらりと変化した結果で、これは、ジャン・ボリに限らず、サルトルやフーコーも一様に認めるところである。欲望と快楽は、生殖と結びつけて考えることにより、その刺激的なイメージを失ない、単に種族維持の本能としてかたづけられた。以来、結婚生活における夫婦の交わりは、ほとんど義務の領域と見なされるようになる。[61] 実証主義の影響が広がり、唯物論や自由思想が幅をきかせる時代にあっても、このような夫婦のあり方が根本的に問題にされることはなかったのである。[62] この点に関してジュール・シモンの作品は極めて示唆に富んでいる。快楽の観念より義務の観念を広く行きわたらせることには、進歩主義者と並んで急進派さえもが、カトリック信者に劣らず熱心であった。

もっと一般的に言えば、ブルジョワ階級における夫婦と家庭を特徴づける強い家族愛と平穏な性的服従が社会全体に広がった結果、とうとうエロチスムは、日常とは無縁の領域に追いやられてしまうのである。ロザネットの成功の基となったのは、アルヌー夫人の持つ、まさにこの色っぽさ、そして、彼女の家庭の暖かさであった。この二面性なしには、ブルジョワの若者に対する感情教育を考えることは不可能であろう。たとえ、彼らがフレデリック・モローとは違って、貴族的なエロチスムの古くさい誘惑趣味をうけつけないとしても。

生理学者たち[63]も十九世紀を通じ、妻であり母であることこそが女性の自然な形であるという着想に、科学的な根拠を与えるべく研究を続けた。その考え方は一九〇〇年頃までずっと主流を占めるが、実際は男性のもつ好みや欲望の形態が除々に変わっていき、何らかの変化が目に見えないところで起こりつつあったと考えられる。ルイ・フィオー博士は、高名なガルニエ博士の後を受けて、当時の彼と同じ階層の女たちの性行動を取りあげ、一八八〇年、次のような意見を「実証社会学の命題」として発表する。一部を引用すると「発情期（性交の欲求）は大部分の女性で、二〇日から二五日ごとに訪れる。成熟した健康な男性についてはその期間はずっと短い。おそらくそれは各々の体力、習慣により差があると思われるが、われわれはアレやトルッソー、それに大方の生理学者にならって、三日ないし長くても四日を男性の性の周期と考える」。そして次のように続ける。「生殖における女性の役割が受動的で、しかも、女性の性衝動の起こる期間がごく限られているおかげで、男性は彼女たちによる支配を免がれているのだ」。さらに加えて彼は言う。「思うに女性がやっかいなのは、身持ちが悪いことより媚びる態度を見せることであり、快楽のためでなく打算によって動くからである。だから女たちが男性に多く求めるのも、男性の欲求がどんなものかを知った上で、男を自分の方につなぎとめて浮気心を起こさせないようにするためではなかろうか[64]」。

こうした論理の展開は、女性の性行動に関して当時最も広く支持されていた考え方をまさしく要約したものであった。その頃の産婦人科学の文献[65]、そのなかでも特に、不妊治療の事例をみると、性行為がいかに単調で、その時間がいかに短かかったかをあらためて強く思い知らされる[66]。ネッセルによる数々の発見以前には、淋病と尿道炎の原因が「あまりにも激しい[67]」性交渉にある、とされていただけに、なおさらそのことはよく理解できるのである。たとえば、アルフレッド・フルニエに代表される最高の学者たちでさえ、「異常な性的興奮」やひんぱん過ぎる交わりが重大な結果を招くと考えていたほどであった。これらの知識を得て、性に対して慎重になった女たちは、時として、攻撃的とも言える激しい拒絶を示した。口でのセックスをいやがる妻にかみつかれた夫の例が、フィオーによって多数報告されている。(68)

妻たちがこのような態度にでれば、夫が、召使いにせよ娼婦にせよ、他の女性に満足を求めるようになるのは想像に難くない。男女の欲望の周期に差があることが、科学的な事実とされ、それが売春の存在を正当化し、男性の不貞を一種の「安全弁」(69)とみなす拠り所となっている。しかし、その他にも留意すべき事情がいくつかある。セオダー・ゼルディンの指摘どおり、(70)一夫一婦の状態では、夫が妻と定期的な性生活を営むのは極めてむずかしい。もちろん、妻が求めに応じる義務を果たさない場合もしばしばである。それ以外に、月経、妊娠、それに授乳期間中は性交を減らすかできれば完全に控える、といった制約、その上、特に女性の方が生殖器の病気にかかりやすいという条件もある。(71)これらすべての要因が重なって、男性の欲望のリズムはますます狂わされ、性の不満を招く結果となったのである。最後に、妻に望まぬ妊娠をさせるのを恐れる夫にとって、商売女は、何より性行為を中断する必要のない相手であったのは言うまでもない。

妻たちの態度に関しては、司祭による影響も見逃せないと、ミシュレ以来くり返して言われてきた。告解を受ける聴罪司祭は、良心を正しい方向に導く立場にあることから、女性が安心して夫との性について打ちあけることのできる唯一の人間であった。違反がいかに官能的な刺激をもたらそうとも、司祭から与えられる性についての禁止事項が次々にふえたため、夫婦の喜びは開花を妨げられた。実際、性行為を途中でやめるような夫には、身体を許すことを拒否するようにと教えた司祭も多かったと言われる。また、一部の司祭は、出産後は夫婦合意の上で禁欲するのが最も望ましいとして、夫の欲情をそそるようなことは一切避けるように妻に勧め、聖母マリアとヨゼフの清い関係を手本にせよと教えた。ここで聖職者の言う性とは、もっぱら男の欲情としてとらえられたもので、夫婦互いの楽しみという面は全く無視されていた。要するに彼らは、性の関係を男性が女性を服従させることと見なしていたのであり、[72]この考え方は、売春に対するアウグスティヌス派の思想と完全につながるものであった。司祭の忠告に従って、無信心な夫を是が非でも回心させようと努力した妻も珍しくなかったと言われるが、それがもとで夫婦仲にひびが入ることもなきにしもあらずであった。ところで、売春に救いを求める夫の方は、ゾラの描く、あの「女性を前にすると男はみな同じ[73]」という状況を目のあたりにする機会に恵まれる。すなわち、売春婦のもとに足しげく通って性的な遊びにふけることは、ブルジョワの男たちにとって、彼らの属する階級の肉体的しつけに対する一つの抵抗だったのである[74]。

3　売春ゲットーの急増

プチ・ブルジョワにおける独身男性の増加は、売春の大きな様変わりを象徴する現象の一つであった。金はないが、文化、趣味、行動、野心などの面で中小のブルジョワ層に新たに参入した若者群が、十九世紀初頭のプロレタリアの独身者によって占められていた位置に入れ換わり、売春の需要を支える社会層を形成する。表面的には、都会にしっかりと組み込まれているように見えるこれらの男たちも、こと性の領域に関する限り、まだ周縁的《マルジナル》地位にあったというのが実状である。

——「公務員や民間企業のサラリーマン」の総称で一つにまとめられた者たちが、ブルジョワ階級の新メンバーのなかで第一のグループを形作る。そこには事務所で働く者と小売店、卸問屋、百貨店の店員が含まれており、その数は極めて急速に増加していった。たとえば、パリの中心、サンチエ通りにある、既製服やアクセサリーの卸売店の従業員、それに、デパートで店のメインである最新流行の商品の売場を担当する者たちであった。この他に、小売店の売り子の増加も見落としてはならない。彼らの数が飛躍的に伸びた背景には、少なくとも一八八〇年頃までに起こっ

た商業構造の激変が、小売商の細分化を強力に推し進めたという事情があったのである。(75)

P・レオンがリヨンの町を例に挙げたのに対し、A・ドマールはパリにおける各層の富の所有状況を調査し、その結果をグラフに表わした。そのグラフは、上に向かってとがり、ちょうど、独楽《こま》がひっくり返った形を作っている。これを見ると一目瞭然であるが、ブルジョワに加わった大量のサラリーマンは、富の面から言えば、間違いなく庶民階級のレベルに留まっており、そこから抜け出して中層のブルジョワに仲間入り出来たのは、ほんの一握りのエリートに過ぎなかったのである。ここでまた思い出してもらいたいのは、十九世紀後半における社会全体の豊かさは会社や商店で働く者にも恩恵を与えたが、それは、中層のブルジョワに対するものとは比較にならないほど小さかったということである。(76)

彼らが勤めはじめる理由はほとんどの場合生活のためであるだけに、勤め人の会社への依存は深刻《ドラマティク》であった。(77) モーパッサンやクルトリーヌの作品はもちろんだが、特に、『なしくずしの死』におけるフェルディナンの父親の哀しい最後は、誰の胸にも深い印象を刻むであろう。勤めはじめた者たちはやがて、性に関連した深刻な問題に直面する。若い勤め人の多くが貯えの乏しさゆえに、家庭をもつことはおろか女性と暮らすことさえあきらめねばならないという状態に陥るのである。とにかく、彼らには家の者にまがりなりにもブルジョワらしい暮らしをさせるだけの収入など望むべくもなく、大部分の者にとって、結婚を遅らせることと独身を続けることだけが取り得る道であった。(78) 第二帝政時代以来、パリの独身者と晩婚の数はフランスで常に第一位を占めているが、とくにパリとボルドーの数の動き(79)が、全体を知るうえでの指標となる。

若いブルジョワの勤め人の満たされぬ性とその一時しのぎの解決法は、十九世紀後半のフランス文学にとって尽きることのないテーマの源となった。結婚や同棲で「世帯」をもつには貧しすぎる彼らにも、女を買うぐらいの収入はある。会社に勤める者、店員、そして芸術家が、独身のまま、女性のいない寂しさから逃がれようとして、金で買う愛に頼る様を、フローベールをはじめ、モーパッサン、シャルル＝ルイ・フィリップに至るまで、小説家たちはこぞって、くわしく描いた。このような「独身者の文学」の最も代表的なのが、ユイスマンスである。特に一八五〇年以降の彼の活躍をジャン・ボリはその著作のなかで大きく取り上げている。ユイスマンスの小説を順々に追ってゆくと、プチ・ブルジョワに属する男性の性的不満とその解消策の完璧なリストができあがる。彼の作品の中心にあるのが「男女の世帯」という問題である。それは性病の危険と共に、登場人物の心の底にさまざまな強迫観念を作り出している。(『共棲』の)アンドレは金を払っていろいろな愛の形を経験し尽くしたあげく、不実で不感症の妻と再びよりを戻す。(『ヴァタール姉妹』や『共棲』に登場する)シプリアンは、若い女工を囲うことがうまく行かず、最後には年老いた街の女と暮らすことを決め、レオンは、娼婦に身を落とす寸前であったマルトとの生活を試みたが失敗に終わる。一方『流れのままに』の勤め人フォランタンは、早くから老け込んで性とは縁を切っていたが、最後に、容色の衰えたもぐりの売春婦との不幸な関係に身を委ねた。ユイスマンスの描く人物は、『停泊』のなかにはっきり表われているように、基本的に結婚そのものを、一時的な解決策として、また、安らぎと性を確保する手段としてとらえている。何と深い絶望感に根ざした見方であろう。それはまさしく、都市社会のほぼ全体に広がる、殺ばつとした性の風景を反映したものに他ならない。さらに、彼の作品中の独身男性たちが、もっぱら娼婦ばかりを相手にし、素人の女性をくどくのを尻ごみするのは、結婚によって「背負うことになるいろいろなわずらわしさ」(80)を避けようとする彼らの気持ちが、実際にどれほど強いかを教えてくれるのである。

——なお、このあたりの状況は、同じく性的無産階級とでも言うべきもう一つのグループときわめて似かよっている。そのグループとは、地方出身の大学生およびパリの高等専門学校の学生、すなわち、あの「根なし草《デラシネ》たち」のすべてが含まれる層である。彼らのなかには、ジュール・ヴァレスの作品に見られるような、生活苦にあえぐ無産の若者たちの仲間となって、結局ポール・ジェルボ描いた、中学教師というみじめな職に甘んじる者も出て来たのであった。(81)

こうした境遇の若者は、目に見えて増加の傾向を示していた。ところが、当時まだ、女性は高等教育を受ける機会を与えられていなかったために、彼らが、自分と趣味や教養において釣り合いのとれる女性を見つけることはとうてい無理な話であった。女友達と付き合う機会に恵まれない、このような学生たちの性がどんなものだったか、今日のわれわれには、およそ想像のつきかねることである。

以上のような状況では、やはり、金を払って得る愛に頼るほかはないのであった。一七九九年、アンリ・ベール青年の学友たちは、故郷グルノーブルを遠くはなれたパリに暮らして、安価な売春の世話になっていた[82]。また、アルフォンス・ドーデの小説の主人公ジャンは、サフォと同棲するようになってやっと性の問題を解決する。文学作品のなかには、学生の身でありながら女性を囲ったり、女性に養なわれたりしている若者が、そのほかにも山ほど登場する[83]。そこでは、形式や法律にとらわれない関係がふつうで、学生の性と金で買う愛は、切っても切れない関係にあった。しかし、こうした学生の姿に、実は、いかに深刻な性の飢餓が隠されていることか。なかでも、ポール・アレクシスの小説『ルフェーブルじいさんの女たち』ほど、そのあたりの状況をよく伝える作品はないであろう。この物語には、地方（エクサン・プロヴァンス）の大学に通う学生たちの性に飢える様子が端的に描かれている。満たされぬ性をかかえる若者が集団でうっぷんを晴らしにかかるのだが、それは、彼らの飲み友達で、軍人あがりのルフェーブルじいさんが、マルセイユの港で調達した貨車一両分ほどもの「ピエルーズ」が、町にやって来たことから始まったのであった。

――現実においても、もっと一般的に言えば、ブルジョワが下層、中層、上層のすべてにわたって増加傾向を見せるのと同時に、ブルジョワの青年たちが閉じこもる「性のゲットー」[84]も数を伸ばしていった。確かに、庶民階層の若者なら同じ階層の娘と性的関係をもつことができた。ところがブルジョワ階層の場合、若者は、まず売春婦によって性への入門を果たし、その後も、娼館に通ったり、下女を相手にしたりといったことに頼らざるを得なかった[85]。ところが、この両階層では、娘に持参金をもたせ、しかも純潔のまま、嫁入りさせることが大変重んじられていた。また、少し前まで農村社会でよく見られたように、結婚の日までは許婚者に触れないという習慣が十九世紀いっぱい続き[86]、男がこれを破ろうとしても、娘の方で必ず拒絶したものだった。以上のことも幸いして、娼婦たちは、風紀取締り警察の手があるにもかかわらず、リセの生徒という大きな客層をつかむことができたのである。

一八七二年七月二十七日に徴兵制が施行されると、売春にその複雑な影響が及んだ。[87] たとえば、兵士の駐屯する町や軍港では、その種の需要が大量に増加する。売春などとは縁のない田舎に育った若者たちが大都会にやってきて、故郷の村や家族の目の届かないところで、自分を知る人が誰もいないという解放感をはじめて味わうのである。そうした中で、先輩の兵士や果ては上官から、ひまさえあれば遊びの楽しさばかり吹きこまれたのでは、エネルギーあふれる彼らが誘惑にかられたのも当然であろう。ヴィニュロン博士によれば、[88] 新兵には兵隊仲間に「おごる」義務が課せられていた。また、予備兵が一三日ないし二八日の兵役期間を利用して、妻以外の女性と遊ぶケースも多々あったと言う。[89]

ここまで述べた状況を考え合わせると、労働者たちの狭い社会に限れば、一八八〇年以降、道徳向上の動きは新たに現われた社会現象によってブレーキがかけられたと見ることができよう。実際、技術の革新と経営形態の変化に伴って、労働者が長年身につけてきた技術が必要とされなくなっていく。[90] 労働者を快楽へと駆りたてたのは、彼らの能力を発揮する場を取り上げたことが大きなきっかけであったと思われる。生産者が不満のはけ口を求めて消費に向かうという心の動きは、技術が最大の価値をもつ職業に就く者に、基本的にあてはまるのではないか。もしこの仮定が正しければ、労働者階級の内部で広がった新たな売春行動の数々もそれで説明がつくであろう。

懐は豊かになったが性には恵まれぬブルジョワの急増、次々に生まれる性のゲットーに入り浸る若者たち、そして都市における独身者数の増大、これらの現象が重なって売春に対する新しい需要が生まれる。くり返しになるが、それは都市の片すみに居ついたプロレタリア労働者の求める売春に取って代わるものであった。その中身が今までと異なっていたことは言うまでもない。単に人口動態の変則的状態が原因であった、家具付安ホテルの小さな部屋で客を取るといった従来のイメージだけでは、もはや、売春を語れなくなった。客層の推移は、売春に対する感性したがって行動を変えていったのである。

4　欲情のあり様の変化

その変化の様子は社会階層によってさまざまに異なっていた。とは言え、すべての層にわたって見られる代表的な現象がいくつか存在した。まず、それらの共通項を頭に入れておかねばならない。理解を助けるために、ブルジョワが階級のピラミッド全体に広がる傾向のなかで、彼らの家族関係や性行動がどのような状態であったのかを把握することが必要であろう。

その頃からは、容姿が魅力的で、しかも客に気があるかのような素振りを見せる娼婦に人気が集まっていた。要するに、商売ではなく愛情によって結ばれているという気分に浸れることを、客は強く求めたのである。その結果、一人の娼婦とその客との関係は、その場限りでなく、しばらくの間続くこととなった。大衆的な淫売宿の、客を数でこなすやり方では、店に特別のセールスポイントでもない限り客にそっぽを向かれる始末であった。また、部屋の内部はいかにも気分の盛り上がりそうなエロティックな雰囲気を備えていなければ(91)、欲情しなくなり、客は失望して、馬鹿にされた様に思い、そこからすぐに立ち去ることしか考えなくなるだろう(92)。

こうした客の好みは、プロに徹しすぎる様子を嫌って、もぐりの、または、それらしいムードを求める傾向の表われであった。そこで、鑑札もち娼婦さえもが、素人っぽい物腰をまねたり、不馴れな風を装おうとした。こうした流行を反映して、いかにも売春宿といった構えの店が次第に減る一方、目立ち始めたのが、無鑑札と偽る女の増加であり、同時にメゾン・ド・ランデヴーと見まごう店も次々に生まれた。そのうち、売春婦の間では、未成年の娘に見せかけることさえもがはやり出すのである。あちこちで手を変え品を変え行なわれた客の獲得作戦は、まじめなブルジョワの目に、もぐりの売春が激増したように映ったほどであった。

娼婦の客、なかでも遊んで暮らすブルジョワの要望の大半は、娼婦との仲が夫婦の関係にエロチスムをプラスしたような関係になることであった。彼らのうち、結婚している者は娼婦に対して妾の立場を、独身の者は妻に代わる役割を求めた。男に養われていたり、そこまでいかずとも同じ客が何度も訪ねてくる娼婦が増えたのも、また、メゾン・ド・ランデヴーの女たちまでが流行の洗練された美しさを身に付けるようになったのも、こんな事情があったからである。売春施設に通う男たちは、言わば金を出して姦通を楽しみ、さらに、自分より高い階層の女、憧れても手の届かない女を所有している気分に浸っていたのである。(93) もはや、単純に、荒々しい衝動に駆られたり、性のはけ口を求めたりするからではない。男が商売女に金を使うのは、日常ではとても誘うことなどかなわぬような女たちによって、夢を見させてもらうためだったと言えるだろう。

上層、中層のブルジョワならびに下層ブルジョワの一部には、貴族趣味の流行が起こり、さまざまな形をとりながら浸透していった。J＝P・アロンは、なかでも、美食がブルジョワ階級の間に少しずつ入り込む様を示して見せた。(94) 一方、J・ガイヤールは、百貨店が上流階級向きの高級衣料品を、なぜブルジョワにも手の届く値段で売るようになったのかを明らかにした。(95) 美食より一足遅れて、色事に関しても貴族風の好みがはやり始める。衣、食、性の三つの分野で同じような傾向が見られたのは、最初に述べたように、売春が一流のカフェや夜食レストラン、それに高級品店を通して発展したことと大いに関係があった。性や快楽を求める動きがそれまでと違った形を呈するのも、社会全体の求めるものが変化してきたことの一つの表われにすぎない。

これらの新たな要求とそれに基づく行動は、階級のわくを越えて、社会の底辺にまで浸透した。その証拠に、商店の売り子たちはビヤホールの娘たちを追いかけるようになり、労働者は低俗な売春宿の娼婦から飲み屋の女給に乗りかえようとするのであった。

兵隊については事情はもっと複雑である。ここで少し詳しく見ておかねばならない。兵士になった男たちは、七年間徹底した軍務に服し、部隊に従って次々任地を変えながら、独り身の状態を強いられる。必然的に、兵舎の近くにはまるで付属施設のように、淫売宿が作られるようになった。将校、といっても多くは兵卒あがり、またはプチ・ブルジョワ出の者であるが、[96]彼ら自身もそのような娼家を好んで利用した。[97]軍人が外の世界に出てゆくことのむずかしさが、軍隊に売春の場を必要とさせたのである。また、十九世紀を通じて、その淫売宿は軍隊内の序列に従って分けられていたが、それは、兵隊の健康を守ると同時に、兵卒と将校両者のエネルギーにはけ口を与え、さらに、大勢の兵士を擁する部隊の駐屯する町に引き起こされる性的危機感をも、解消させようとする配慮によるものであった。

一般市民社会と軍隊の社会との間の関係は相互に性に対する不安感がからみ合っているので、仕末の悪いトラブルの危険を避けるためには、公認娼家はぜひとも必要であった。つまり、軍専用の、または兵士のよく出入りする淫売宿は、公娼制計画に最もよく沿ったものだったのである。というのは、軍隊こそが性に恵まれぬ不満が最も強く表われる環境にあったからである。従って、軍隊の階級分けが公娼制度を最も忠実に映し出し、最後までその存在を支えていたということも、あながち意外ではないであろう。

淫売宿が軍隊と外の社会とをつなぐ接点の一つとなったことは、[98]兵士の間に一般社会に魅力を感じることとならんで敵意をも芽生えさせるきっかけとなった。この両面性をレオン・エニックの小説『アフェール・ド・グラン・セット』は巧みに示している。その中に、仲間の兵士が娼家の主人に殺されたことに逆上した兵士たちが、店を荒らして娼婦を皆殺しにする場面があるが、その部隊を率いる将校に作者が語らせる決定的なせりふがこれである。「子どもより始末が悪いではないか。どうしようもない奴らだ。せっかくのおもちゃをこわしてしまうとは」。普仏戦争が軍隊における売春の必要性を認識させたことは言うまでもない。エニックによって描かれた内容はそれ以後、自然主義文学の主要なテーマとなったのである。

国民皆兵の制度ができたのに続き、兵役期間の短縮が一九〇五年まで実施される。そして民間兵の募集が再び始まった。こうした背景のなかで、兵隊の行動形態にも徐々に変化が表われる。兵士が大量に徴集されて軍隊に加わると、売春もその分だけ盛んになったことはもちろんである。しかし、今度は、軍隊でも、他の社会と同様売春を利用する者の心に変化が始まっていた。兵役期間が縮まったことにより、兵士たちの一般社会への復帰は容易になった。言い換えれば、両方の社会を隔てていた溝が、部分的にせよ埋められたのである。それと共に、兵士の味わってきた、女性とつき合いのない寂しさも和らげられた。つまり、それからは「きのうまでの市民生活の思い出」を胸に、(99)故郷の家族や娘たちとの強いつながりを保ったまま過ごすことができたのである。さらに、兵士を出身地に近い部隊に編入させる方法が採られたことと、休暇が増えたことも兵士の社会復帰を円滑にする助けとなった。真の意味でのエロティックな関係がどんなものかは、第二帝政下の軍人よりこの市民兵士たちの方がはるかによく心得ていた。というのも彼らには、単に性の渇きをいやすだけに留まらない、深い交わりを経験する機会が多かったからである。淫売宿の必要性はそれ以前より減少し、女を買うこともはやそれほど満足を得られるものではなくなった。娼家のなかから軍服姿の上得意がこのようにして少しずつ減っていったことは、中級以下の娼家がすたれる大きな原因の一つだったのである。

さて、二十世紀に入って最初の数年間に起こった兵舎での生活の変化は、兵士の娼婦離れをさらに促進した。すなわち、教育に力が注がれ、特に性の抑制に役立つ知識が与えられるようになった。(100)兵舎の内部には、より暖い雰囲気が生まれるよう、暖炉やら書棚やらが増え、それ以外にも、禁欲を強いられる生活を無理なく送るためのさまざまな配慮がなされた。その頃、将校と言えばおおかたが士官学校卒の貴族階級出身者であった。彼らは部下の兵士を売春宿に行かせたり、一緒について行ったりするのを嫌がった。たとえ、一番良い寝室と最も豪華な応接間を店の女将が用意してくれていたとしても、である。すなわち、まわりの環境の変化に伴って、兵士の生活習慣や行動も様変わりしてゆくのである。そして、第一次世界大戦直前になると、この動きは、全階層を通して行なわれた道徳向上への取り組みによってさらに前進する。

一八六〇年頃から一九一四年にかけては、従って、売春に対しての新しい需要が生まれ発展していった時期である。それは量ではなく質の変化であった。社会的にも心性的にも今までとは違った性質の需要であり、それはブルジョワ的な視点をとればよりよく感知される、より派手な消費的諸行動、それを刺激していくものであった。これからの売春は本質的にはブルジョワ的な婚姻形態の維持と普及につきものの性の抑圧にともなう欲求不満から生まれる。こうした新たな形の需要とそれを刺激した社会・経済構造の変化が、当然のことながら、今度はその需要に応じた供給の発展を決定づけるようになっていく。そうした対応がスムーズに行なわれた理由の一つのは、今まで以上に高い料金を取れる注文に応えることにより、客の相手をする女のみならず店で働く者すべての実入りが相当に増えるということであった。しかし、だからといって、多くの証人が語るほど売春が社会全体で隆盛を見たと言えるだろうか。もぐりの売春業が際立って増加したにせよ、公娼制による売春の衰退を考えると、そう言い切るのはかなり危険なように思われる。様々な性についての現象がどの位広がっているか、ということは現実の事実によって決まるというより、むしろ現象の証言者がどの様に知覚しているか、どの程度思い込みを持っているかによって決まるのだ。

三　需要と供給の一致

われわれはこれまでに、客に対する娼婦の接し方が変わったこと、並びに、客の新しい好みの傾向に合った女が必要とされるようになったことを確認した。ところで、まず最初に理解しておかねばならないのは、それが都市の環境の大きな様変わりなしには起こり得なかったという事実である。その変化のおかげでブルジョワと娼婦が同時に都市の主役にのぼることになった。すなわち、規制主義による公娼制が挫折した原因は、生まれ変わった都市そのものにひそんでいたのである。

1 「外向的になった都市[101]」と白昼街路で艶姿を陳列する娼婦《ファム‐スペクタクル》

オスマニザシオンというあまり適切でない名で呼ばれる都市計画の成果のうちで、おそらく最もはっきりと見えるのが本項のみだしとした現象である。パリに関する最近の研究（C・M・レオナール、J・ガイヤール）や、リール（P・ピエラール）、リヨン[102]、ボルドー（P・ギヨーム）、マルセイユ、トゥールーズなど各都市を対象にした一連の調査を並べて見ると、いくつかの細かい点の違いこそあれ[103]、ブルジョワが急増して中心勢力となったことでは、どの都市も共通しているのがよくわかる。復古王政時代の都市計画による閉鎖的な構造とは違って、広い道が町の中を縦横に貫き、ゆったりと歩道をとった大通りが出現する。各都市の中心部には、銀行、会社の本社、デパートなどの建ち並ぶビジネス街が作られ、それに伴って、しゃれた《ア・ラ・モード》カフェやレストランが次々店を開いた。また、駅の建設と待合場所の増加は、町の表情と住民の動きに変化を与えた。その他、以前と変わったのは通りの雰囲気で、歩道はすっきりと片づけられ、「道徳的に[104]」なる。さらに、ガス灯によって夜の街が明かるくなったことと、少なくともパリでは、警察官が組織されたことは、風紀、治安の上での大きな前進につながった。ゾラは、小説『百貨店ボヌール・デ・ダム』のなかで、都市が、住民とりわけブルジョワにどんどん主導権を握られてゆく様を、緊迫感と共に見事に伝えた。また、物語の本筋からそれたところでは、都市の道路工事が進む様子や商業構造の変化、そして、買物に押し寄せる人びとなどが巧みに描かれている。こうして見ると、一体、オスマニザシオンはこれらの動きを生み出したものであったのか、それともすでに始まっていた止めようのない動きを方向づけたにすぎないのか、判断がむずかしくなるのである。

このような流れのなかで、いよいよ売春婦も暗い場所を出て、日のあたるところに姿を現わす。彼女たちはきれいに化粧した顔がよく客に見えるように明るい光を求めていた。そして、人目をはばかることなく堂々と町を歩きまわった。ピエラールの調査によれば、リールではブルジョワの客から料金を高くとれるのに目をつけて、娼婦が改造なった町の中心に戻って来る。もっともこれはリールに限らず他の都市にも共通した現象であった。[105]

十九世紀後半の都市においては、それ以前には考えられないほど多くの新しいものが登場する。客を引きつけるため、商品の展示、陳列が盛んに行なわれるようになるが、このやり方は売春という商売にもとり入れられ、先ほど見た娼婦の変化にも一役買った。デパートのショーウィンドーはまさしく物を見せびらかすためのものであった。「パリはごちそうが目の前にさし出されている町[106]」となったのである。そして、娼婦も自分の姿を人に見せての売り込みを始める。こういったことはあたかも街全体に売春が広がったかのような印象を与えたが、それが実際に商売女の数が増えたことによるのか、それとも彼女たちの動きが活発になって、人目につきやすくなったためなのかは研究者にも判断がつきにくい。加えて、娼婦のそのような変化は、社会階層間に一種の混じり合いを生じさせる。階級ごとの分離を目ざしてきた行政側はそれまでの取り組みが台無しになるというおそれをもって、風紀取締り警察の側から、戦略を新たに練り直す必要にせまられたのである。

道徳家の立場からは、世の中のこうした流れがぜいたくを助長するものであるだけに危機感はなおさらであった。ブルジョワ相手の娼婦でさえ、見せる女になり果て、大きなカフェテラスやビヤホール、カフェ＝コンセールに人目を引く姿で現われたり、歩道を気取って歩いたりした。トゥールーズ＝ロートレックは、ブルジョワの出入りする公認娼家のサロンを描いたことで知られるが、また、明るい場所に出て客を引き、ブルジョワの男性の夢をかき立てた女たちの姿もいくつか残している。要するに、誘いをかけるには視覚に訴えるのが最も効果的とされたのである。[107] 娼婦たちがこんな風に、堂々と人前に姿を見せ始めたことは、公娼制度の失敗を物語ると同時に、過剰とも言える、さらに厳しい規制を生むきっかけとなった。客引きの形のこうした変化は、国の浮かれたような状態を背景にしたもので、第二帝政が崩壊したとたんにやり玉にあげられる。とは言え、当面はその変化の進行を妨げることはできなかった。

以来、風紀取締り警察の目は、通りを監視することにもっぱら重点がおかれる。通行人の流れが止まらないよう指示したり、交通の妨げとなるものを撤去して通りやすくすることなどが、さしあたり最も重要な対策であった。そして、警察は女が街頭で客を引くことに、絶えず目を光らせるようになったのである。あやしげな女に通りに立たれては、家族で街に出かけてもゆっくり楽しむことができない。娼婦に対する非難のほとんどは、自分の娘や幼い子供と一緒に外を歩けなくなったという紳士たちからのものであったと言う。まさに、そういう女に対する真からの嫌悪感と、接触をもってみたいという隠れた願望とが同時に表われている話である。[108] かつて、ブルジョワの間で問題にされたことは、おもに労働者階級のおこす暴力ざたや犯罪であったが、今度は、街の風紀をいかに高めるかが第一次世界大戦までの最大の懸案となった。それを踏まえて、道徳向上を唱える団体が続々と生まれ、風俗の乱れをくい止めることを目標に活動を開始する。昔ながらの倫理感をもったメンバーの「道徳推進家たち」が、ブルジョワ層をねらった売春の売り込みを深刻な問題としてとらえたのも無理からぬことで、ブルジョワが、売春に接する機会はいよいよ増えていくのである。

2 売春したくなる気持ち

さて、ここでまた、売春を供給する側の変化に話を戻そう。専門の職業を並べた一覧表の中の一職業として売春を考えると、[109] パラン＝デュシャトレや、近いところでは、革命期に関するリシャール・コッブの分析検討によるもの、[110] さらには、レティフ・ドゥ・ラ・ブルトンヌ、[111] またはメルシエが描いたもの[112]と大して異なっているようには見えない。しかし、この見かけの変りなさにだまされてはならない。ブルジョワまたはブルジョワ化した人々の需要の激増に対応した売春の新しい供給は、自分の生活条件を変えられるとみた種類の人々から生まれている。

——召使いたちが、かつてないほど売春婦を生み出す場となり、その数の増え方は都心において著しかった。ある大都市では、使用人はもはや家族の一員ではなくなっていた。ブルジョワ家庭において家族水入らずの形ができ上がると共に、女中は主人一家とは別に、同じ建物の七階*に追いやられるはめになった。こうして、召使いに主人の目が届かなくなった場が一つの大きな不安を生みおとす。そのありさまは、たとえば、ゾラの『日常茶飯《ポ・ブイユ》』に出てくる使用人階段の様子や、そこに登場する「あの汚ならしいアデール」の描写からもよく分かる。ジュール・シモンの『女工』が発表されて以来(113)起こってきた、アパルトマンの七階と女中部屋に対する非難は、ブルジョワの強い不安を如実に示していたことを繰り返しておこう。それらの部屋では、もはや殺人ではなく盗みが、色欲とつながり合っていたのである。一八九六年には、女中部屋についての学問的で詳しい研究がコマンジュ博士によって発表される。(114)また、アブリル・ド・サント＝クロワ夫人は、サヴィオッツというペンネームで、この問題をとり上げて論じた(115)。さらに、一九一二年、モラン博士は、「女中が七階から持っておりるいかがわしい雑誌類や性病の病原菌がアパルトマン中にひろまるのを防ぐ(116)」ためにどのような方法をとるべきかを教えている。

＊　当時ブルジョワの住むアパルトマンの最上階（七階）には、粗末な女中部屋が並んでいた。

ところで、使用人たちのなかにもはっきりとした格づけがあったことをここで頭に入れておこう。容姿で選ばれることの多い付き添い役の女性や小間使いは(117)、絶えず奥様の近くにおり、その旦那様から内輪の話を聞かされて、ときには奥様の細かい日常の様子まで知ることができた。そのため、そういった女中たちは奥様の物腰をまねようと一所懸命になるのである。彼女たちは、欲しいものを手に入れては、また新たな希望をふくらませるのであった。こうして一つのカテゴリーが形成されるが、彼女らはブルジョワと常に接触して暮らしているだけよけいに、今の身分から抜け出したいという願望を強くしたのである。以来、女中が奉公人の男と結婚して出てゆくとき、それは不都合をしでかしたための解雇と見なされるようになった。そういう上級の召使い女に比べて、七階に住む女中は人に見られない時間をいくらか多く持てたために、奥様の目を盗んで旦那様と関係を持つことも容易であった(119)。

当時のブルジョワ男性の性行動には、もちろん、きれいな女中に手を出すことが含まれていた。ロマン主義の文学作品にはそういった状況がひんぱんに扱われている。たとえば、『ジェルミニー・ラセルトゥー』[120]のなかの「手荒で不可解な誘惑」の場面を思い出していただきたい。また、『日常茶飯《ポ・ブィユ》』のトリュブロという人物や、オクターヴ・ミルボーの書いた『あるメイドの日記』に登場するランレール氏についても同じである。モーパッサンはそれを主題にして小説『救われた女』を書いた。国外では、ドゥ・リケールがそのことを詳しくあつかっている他[121]、イプセン(『幽霊』)、トルストイ(『復活』)によって、主人が下女を口説くところが描かれる。召使いの女と雇い主との関係は、その時代の性科学者までもが取りあげたテーマであった。なかでも、クラフト＝エビング[122]は、女中の色気について次のような解釈を示す。男性と女性が服装によってはっきり区別されていた時代には、女中の着けているエプロンを見て、男はおそらく女性の下着を想像し、その女とたやすく親密になれるかのように感じたであろう。娼婦が客引きに街に出るとき、若い女中に似せたかっこうをする者がいたのも、エプロンに対するフェティシズムを利用しようとしたからである、と。

旦那様の愛撫と甘い言葉でいい気分になり、おまけに彼の友人たちの誘いに乗ることもしょっちゅうという、自由な情事に慣れた女中なら、解雇の日が来て、その先金に困ることが目に見えていれば、おそらく売春への誘惑に簡単に負けてしまったことだろう。

――さて、洋品店の売り子、商店の販売嬢、そして酒場の女給、これらの数は大きくふくらみ、同じ頃、商店の寮が倍増する[123]。寮にはきびしい規則が定められるが、それは形ばかりで、実際にはかなり自由な暮らしが許されていた。商店の売り子嬢も、男の店員も、雇い主に素行をとやかく言われずに済むようになったのである。それどころか、大企業の幹部クラスの者たちは、女子の従業員を脅して関係を迫るありさまだったが、それはかつてある種の工場の職工長たちが得意としたやり方であった。『百貨店ボヌール・デ・ダム』はまさにこうした状況をテーマにしていたのである。「労働者階級にずっと留まったままの女店員、それは生まれのせいばかりではなく、給料が安くて暮らし向きがいっこうによくならないことにもよるのだ。しかしそれでも、彼女たちは階級の境目にいて、別の世界、つまり金持ちとそれを取りまくもの、に日々接することができたのである[124]」。メイドと比べて、これら売り子たちのほうが、より「脱出の状況」にあったのである[125]。特にその職種では雇用不安が大きかっただけになおさらである。

店に来る女の客のように美しくなろうと努力している多くの売り子たちにとって、結婚は将来を左右する重大な出来事であった。出世してまともな階層に移れるか、それとも、良い家の奥様になる望みを永久に断たれるか、ひとえに相手の男次第である。店の棚のかげでつつましく行われる結婚は、従って、ほとんど見られなくなる。もっとも、その理由としては、店の主人側が店員どうしの恋愛によい顔をしないこともあった。百貨店などが従業員の結婚を積極的に認めるのは[126]、やっと一九〇〇年になってからだったのである[127]。結婚とは全く反対に、金持ちの妾になって、そのあと娼婦への道をたどることも、売り子嬢たちの野心をかなえる手段の一つであった。友だちの大部分に情人がいる場合はなおさら、そういう道に心が動かされた。そのようにでもしなければ、これら「貴婦人きどり[128]」の娘たちには、きれいな服や靴を身につけること、つまりブルジョワの奥様風のかっこうをすることなど、できるはずはなかったであろう[129]。今や、商店に女の売り子の姿が見えれば、ブルジョワ階級の旦那衆から話がもちかけられるほどであった。したがって、男に囲われる女にとって、婦人ファッション店の店主という肩書きは、しばしば売春業の「看板」の役割を果たした。売り子たちに金で売買する恋が広まっていったので誘惑行為も大いに増えたのである。

――「針仕事女工」、「内職の高級ドレス縫子」、高級服の仕立て女、これらの女たちも、パリを例にとれば、主に町の中心部でこの時代以後、増加を続ける。意外に思われるかもしれないが、オスマニザシオンは下層の人びとを町の活動の中心から排除するどころか、これから取りあげるいくつかの職業分野に恩恵を与えることにさえなった。お針子の仕事は百貨店の発達によって以前より忙しくなる。忘れてならないのは、百貨店は、女性客のぜいたく品を求める気持ちを刺激する一方で、彼女たちに倹約の感覚を起こさせた、ということである。ゾラは作品のなかで、無分別な買物をして教師の夫を破産させるマルティ夫人（とその娘）に、安い買物ができればそれで満足しているブルドレ夫人を対比させて、その両面性をうまく表わしている。百貨店の成功のきっかけを作ったのは新製品の売り場であるが、それはただ、いろいろな材料が並べられていただけのものであった。女性客はそこで布地を買い求めて、行きつけのお針子のところに持っていくという訳である。全く同じように、壁布の売り場は、ブルジョワの売春あっせんに関わっていたことで知られる室内装飾業者の商売を繁盛させる結果になったのである。

それ以外に、小さな工房も、消滅するどころか、パリの中心部に次々と増えていった。買い付けの業者や得意先から遠くなるのを、経営者が何よりもいやがったからである。「伝統産業が順応性をもって変身したこと」がこのような発展につながった。[130]ジャンヌ・ガイヤールによって示された通り、それは副次的な現象などではなく、「そうした産業が社会の今の状態《モデルニテ》を常に頭に置いている」[131]ゆえに起こり得たことなのである。

「昔のパリに見られたような都心への集中の傾向」が、「町の分散に対する住民の反対」[132]となって表われたのであるが、お針子や家内労働者、それに売り子たちが、労働者の一部や階層外の貧しい人びとが郊外に追い出されたあとの建物に、すし詰め状態で住むようになったことは、まさしくその集中性を端的に伝えている。大都市の真中で、男子の学生、店員、サラリーマンの住む一画があり、また別の一画に商店の売り子嬢、針仕事女工がかたまって暮らしている。そしてお祭り気分あふれる商業的な催しが開かれ、ブルジョワの紳士たちを引きつける。都市に深くかかわる売春の構造は、こうしたなかで大きな広がりを見せたが、それは行政側の組み立てた売春制度の枠をはみ出すものであった。

男に金のめんどうを見てもらっていない女工や売り子嬢の場合、その賃金は、活気あふれる町で暮らしてゆくには少なすぎた。この実状はいろいろな方面から世間にもよく知らされた。まず、制限選挙王政以来の種々の社会調査の結果に、それははっきりと表われている。また、ジュール・シモン[133]やブノワ[134]、そしてボヌヴェ[135]といった学者が論文のなかでそのことに言及している。さらに、労働者の会議のたびに、そして売春を扱った小説のなかでも、何度となく繰り返して取り上げられたのである。一般的に言っても、当時の女性が男性の助けなしに都市の社会に溶け込んで生きるのは困難であった。[136]たとえば住むところを見つけるのでさえ、不可能に近かったのである。『社会改革』の中でピコは次のように述べている。「手入れのよい家具付きの部屋は貸してもらえないし、家具の付いていない独立した部屋は高くつく。真面目な娘が仕事を終えてから気晴らしをできるようなところはめったにない。なるほど、独身の女工は、男のように一人でキャバレー通いをするわけにもいかず、それどころか街をぶらぶらすること自体がそもそも危険だったのである。」(137) その上、こうした職種では、一年のうちで、客足がとだえる期間が相当に長く、さらに悪いことに、その長さは時代と共に四ヵ月から六ヵ月半にも及んだ。つまり、これらの商売には景気の動向がそのまま反映されたのである。生産の増加分が輸出にまわされるような産業部門では、その経営基盤の弱さが、好・不況と売春量の変動との間に存在する密接なつながりを物語っている。これに関連して、ジャン・ル・ヤウァンは、パリ第四区の小売業が、一八七〇年から一八八〇年の好景気を経験したあと、次の一〇年間の経済危機によって深刻な影響を受けた様子を報告している。

ところで、パリにおける見習奉公の特別な事情は若い娘が売春に向かうのを容易にした。見習いの娘は自分の家族との接触を禁じられ、そしてもっぱら品物の配達など命じられて、街のなか、遠い距離を一人で歩いて行かねばならなかった。(138) つまり無防備の状態で、男に声をかけられるままになったのである。

針仕事女工たちについては、やはり金持ちの客と関係をもつことによって、上の階層にあがる希望をふくらませる場合が多かった。(139) 身近な男との普通の結婚は、彼女たちにはむずかしかったのである。というのは、男の店員やサラリーマンは、できれば、「親せきから」(140) 許婚者を選ぶか、または、雇い主の娘を妻にすることを望んだ。その辺の事情を説明するよい例が、かつての経営者たちの娘むこにその管理が引き継がれてゆく『古びた工場エルブフ』の場合である。したがって、結婚できる見込みのほとんどないそうした娘たちは、情人を見つけて養ってもらうか、一時的にせよずっと続けるにせよ、売春の世界に身を投じる以外になかったのである。売春婦の大多数が、近代的工場よりも、小さな作業場から集まってきた娘で占められるようになったのも納得できるであろう。マルトが見習いをしていた作業場や(141)、ヴァタール姉妹の働く職場では、女工たちはそれぞれの情人のことをもっぱら話題にし、自慢し合うのだった。リヨンの労働者に関しては、ボヌヴェの言うところによれば、「二十歳を越した女工が、彼氏とののろけ話の一つもしたことがないと、皆から、どこか身体がおかしいのではないかとうわさされることもあった。[142]」一方、ジュール・シモンは「自分の娘にパトロンを探すよう勧める母親さえいた[143]」と指摘している。このようにして広がった金銭のからむ男女関係が、新たな売春の要請に応えるものとなるのである。

――しかし、新しい形の売春はなにも、ただこの流れに乗ってできあがったものではない。ぜいたく品に囲まれた暮らしに憧れはじめた女たちの側から、それまでと性質の違う売り込み方が考えられ、広がっていったのである。実際、新たな商業構造では、女性の購買意欲を刺激し、開発することが重要な要素であった。そして、まさにこの欲望の開発こそ、オクターヴ・ムレ――あの「商店兼公認娼家[144]」の一つを経営し、多くの面でナナと好対称をなす男――が力を注ぐものだったのである。この点で、ゾラが、ランジェリー売場を、まるで娼婦の一群が男の欲望にせかされて下着を脱ぎすてていった広い納戸のようだと表現したのは、非常に意味深いことである[145]。娼婦が白昼堂々と歩き回るような、開けた都市にあっては、ブルジョワ階級の妻が不義を働くのは、以前よりたやすいことであった。買い物に行くと言えば、確かめようのないアリバイができたし、店では男に会っているのを人に見られてもそれほどあわてることはなかった。駅などは名を知らぬ者同士の出会いの場へと姿を変える。すでに述べたが、ブルジョワ女性を求める声が大きかっただけ、誘惑の力は強いものであった。敬うべき相手の女の高級品志向を、いつでも満たしてやろうと待ちかまえている男も数多かったのである。百貨店の発展は社交界に窃盗癖を生んで広めるきっかけとなった[146]が、同様にブルジョワ出身の売春婦の急増をうながした。なかでも目立つのが、常に下の階層との境にいるプチ・ブルジョワの女である。彼女たちは、低い身分に追いやられる恐怖に絶えずさいなまれながら、生活水準を維持するために、身を売る誘いに負けてしまうのであった。

女子教育全体の進歩と若い娘に対する中等教育の開拓は、オッソンヴィル伯爵によって「宙ぶらりんの女《ノンクラッセ》」と呼ばれる者たちの増加を導いた。「宙ぶらりんの女」とは、「庶民の間に生まれながら、上に昇ろうと努力をしたがうまく行かず、将来の見通しがないまま、自分の捨てた環境とまだ到達できない上の階層の間を揺れ動いている、そんな女、というより娘たち[147]」のことである。このような層に属する、住み込みの家庭教師やピアノ教師、小学校教師たちの中には、強い孤独と寂しさに苦しむ者も多かった。女子の中等教育という新しい制度によって、十九世紀の終わりから、プロレタリアの独身男性の一群と対称をなす女子のグループが形成される。しかしその生活条件は男子の場合よりはるかにきびしかった。女工たちと同じように、ブルジョワジーに憧れながらその一族に入りこめるはずもない彼女たちには、やはり男のうしろ楯が必要である。しかも、「宙ぶらりんの女」が自分の条件にかなう配偶者を見つけるのはなかなかむずかしかった。こうした状態を考えると、そのような娘の何人かが一流娼家に抱えられた高級娼婦になっていないとき、メゾン・ド・ランデヴーで彼女たちに出会うことがあっても驚くことがあろうか？

売春に対する新しい需要と供給の広がりはおそらくそれだけの単独の現象ではなく、都市社会の数々のしくみの変化を物語るものであった[148]。ここまでに述べたその推移の様子は、第二帝政期を通じて多くの例によって認められる。新たに手を加えられ、国際色も豊かになった都市と経済的にゆとりのできた住民、これらがその時代の特徴をよく表わしている。第三共和政時代（一八七一―一九一四）に入っても、はじめの十年間に悲観的な見通しや反省の意見が目立ったものの、予想に反して[149]、新しい売春の動きは決して衰えることはなかった。一八八〇年代の経済危機においてさえ、売春は供給ばかりか需要までもが一応の伸びを見せたが[150]、その難局を抜け出した一八九六年から一九一三年には、都市の消費拡大と共に売春は再び活発な動きを示し始める。もちろん、当時は[151]、都市全体の需要増大に基づく急速な経済成長の時代であり、富の増加にもはずみがついていたのである[152]。ブルジョワ社会における売春が黄金期を迎えたことも、これで容易に理解できるであろう。

3　コルセットの放棄へ

ここまでに見たような社会・経済上のさまざまな変化が、もしこれほどの許容性を持っていなかったら、新たな売春行動の増加はもっと目立たないものになっていただろう。ブルジョワの間に芽ばえた数々の性の不満は次第に激しさを増し、ブルジョワの結婚にひび割れを生じさせる。そして十九世紀の最後の数年間には、女漁りはますます公然と行なわれるようになった。一方、ブルジョワの権威を支えていた価値観のいくつかを、労働者階級が採り入れようとしていた。その頃、ブルジョワ女性の性行動は比較的自由になっていったが、これは、現象全体の測定をきわめて困難にする、矛盾した変化であった。

これらの亀裂にはいくつかの明らかな原因があった。つまり、下層と中層のブルジョワの数が増加したことによって、ブルジョワの基本的な型がこわれそうになったこと、そして、性の抑圧に働いていたいくつかの要因は影響力を失っていく。たとえば、一八七〇年代のカトリック教会による巻き返しの失敗以後、宗教の活動はブルジョワ階層においても後退が著しく、デュパンル大司教の司教団もみじめな結果に終わった。[153] さらに、一八四八年の社会不安が引き起こした事態と社会のなりゆきが正反対に展開し、ブルジョワの間に少しずつ懐疑的態度が復活しはじめる。そして、自由思想が拡大して世俗的な理想がもてはやされ、聖職者と保守主義の結びつきが強くなりすぎた結果、教会の支配力は後退を余儀なくされた。ところで性の抑圧に関してはトレント公会議*以来教会が果たしてきた役割は皆の知るところである。[154] 宗教色を排除した女子中等教育の創設と、それに対抗してキリスト教系の中等学校で起こった改善の動きがなおもっと、女性の心性の変化を速めた。

＊　一五四五年から六三年にかけて、イタリアのトレントで開かれたカトリックの宗教会議。プロテスタントによる改革に反対する決議がなされた。

全体として見ると、政治における保守主義は勢いを失い、さらに道徳秩序をかかげた内閣が倒れた後には権威主義も衰退した。その一方で、一七八九年の革命政府の基本方針からはじまる自由思想は発展を続けて、個人の自由に関するあらゆる事柄に対し従来とは違う意識が生まれていた。こうした流れが集まって、風俗の変化に都合の良い環境が作り上げられていったのである。急進主義がフェミニズムに影響を及ぼしたり、共和派が勝利をおさめた直後に離婚が許可されるようになったりしたのは、政治・社会の流れと人びとの生活との密接な関係をよく表わしている。もっと端的な例は、検閲の廃止に続く一八八一年の出版・報道の自由化に伴ない、学問の分野として打ち立てられつつあった「性の科学《スキエンチア・セクスアリス》」の研究成果と性の解放に関する情報を、世間に伝えることができるようになったことである。

さらに、このことに関しては、当時の状況を伝えるもう一つの現象がある。一八七六年から一八七九年にかけて、ということは、共和派の勝利を決定的なものにした王党派対共和派の争いの時期であるが、文学と美術において、売春を取り上げることによる明らさまな性の表現が見られるようになった。実際、性を扱ったいくつかの作品がほぼ時を同じくして発表される。たとえば、『マルト』、『娼婦エリザ』、『ナナ』、『リュシー・ペルグランの最期』、『脂肪の塊』、そしてオッソンヴィル伯爵が雑誌『両世界評論』に載せた放蕩と悪徳を扱ったいくつかの論文、などである。淫売屋や連れ込み宿をあえて世間に描いて見せたことによって、ユイスマンスやエドモン・ド・ゴンクール、ゾラ、それにモーパッサンは、そういう自覚があったかどうかはともかく、政治的な勝利を獲得したのであった。フローベールやバルベ・ドルヴィイが検閲によって巻きこまれたごたごたを考えてみれば、そのことがよくわかるであろう。

売春という金と引き換えの性をありのままに扱った作品によって道徳的秩序の壁にあけられた風穴のまわりには、やはり、多くの亀裂ができた。[155] ここではそれについては触れないが、ただ、次のことだけは言っておこう。フェミニズムの発展が見られると、それに続いて、姦通が広がり、制度として認められた離婚は増加の一途をたどった。そして男女の自由な結びつきに対して法的な権利を要求する動きも生まれた。また、新マルサス主義に基づく産児制限のキャンペーン[156]や女性の性的解放を目ざす宣伝[157]が行なわれるようになり、成人向けの性情報も盛んに流れはじめた。[158] 筆者の考えるところでは、これらはみな、同じ過程にならぶ一連の現象である。そのことに注目してもらいたい。さて、男女両性に関する医の言説、つまり女性のもつ特殊性についての言説は、人口減少についての言説にとって代わられる傾向となった。母性は、女性に義務づけられる宿命とされなくなったのである。[159]「男性の好みが変化し、豊満でどっしりとした、成熟した美しさをもった女とは反対の、やせ型で身が軽く、生き生きとしたタイプの女に人気が集まる」と共に、女性自身の肉体は形も意味も変える。そしていよいよ、一九〇六年になると、ポワレが女性に従来のコルセットを捨てさせる。

性科学の歴史的研究が進展するのを待つまでもなく、都市社会とその住民の心性の変化の、主要な局面をわれわれは見分けることができる。売春の社会的構造とそれにかかわる行動が大きく変わった様子はいくつかの簡単な証言の中に示されているが、その動きの全体を説明するものではないにしても、その動きを推し進めたのは、他ならぬ市民たちの心性の変化であった。社会と人間のこうした変化は、公娼制という売春規制主義者の計画の挫折と、その計画に基づく諸制度の崩壊となって表われる。そして必然的にその変化が売春についての新しい言説を生みだしたのも当然のなりゆきである。これから、その問題を詳しく見てゆくことにしよう。

新版解説　娼婦論の古典

山田登世子

少しでも歴史に関心のある読者でアラン・コルバンの名を知らない者はないだろう。歴史の領野を広げる作品を次々と世に送りだしてきたコルバンは、今や「感性の歴史」の第一人者である。

『娼婦』、『においの歴史』、『人喰いの村』、『浜辺の誕生』、『音の風景』、『レジャーの誕生』、『空と海』、『記録を残さなかった男の歴史』――こうして執筆順にざっとあげてみただけでも、コルバンの仕事が歴史学の風景そのものを刷新し、遥けさと驚きに満ちた世界を見せてくれた、類まれな力業が伝わってくる。

たとえば、「においい」。時とともに移ろってはかなく消えてゆくこの感覚を、文学でなく歴史として叙述し、近代の身体感覚の変容をあざやかに照らしだした新しい歴史は世界各国で翻訳されて長く読みつがれている。コルバンの名を世界に知らしめた記念碑的作品というべきだろう。

そうして「におい」というはかないものをとりあげたこの歴史家は、今度は「浜辺」というこれまた斬新なテーマを歴史の領域にとりあげてわたしたちを驚かせた。コルバンはノルマンディーの生まれである。雨が多くうるみがちな空の広がる北の地の海は、潮の干満の差が大きく、昼間は地であったところが夜には海に変貌する。これは決して「自明な」現象ではなく、歴史家が語りうる現象だとコルバンは言う。

コルバンの感性の歴史学は、彼自身の感性そのものから誕生するのである。初めに語り手の「驚き」と感動がある。だからこそ、浩瀚にして長大な彼の叙述は否応なく読者をひきこんでゆくのだ。

『音の風景』もまた、驚きに満ちた書物である。いったいどのような歴史家が教会の「鐘の音」の歴史を書こうと思いたったであろうか。コルバンの仕事はこうしてわたしたちの五感をまきこんで、読むうちに未聞の風景がたち現われてゆく。

読了した読者は、自分の感性がいかに「歴史的」なものであって、自明なものではないかを驚きとともに見出す。感性の歴史家はわたしたちの五感をゆすぶるのである。

この歴史家の初めての書物、それが『娼婦』であることは幾度も強調されてよいだろう。次々と新しいテーマをとりあげながら、コルバンの仕事は一貫して「身体」から離れることがない。欲望を秘め、欲望に引き裂かれ、性の魅惑と恐怖のあいだを揺れ動く身体……。コルバンの方法論の鍵は、こうした身体の「恐怖と快楽」に在る。においも海も、あるときは恐怖の対象であり、あるときは快楽の源泉として人間を魅了する。身体とそれをとりまく環境は、恐怖と快楽の交錯した関係を織りなしているのだ。

そうした身体のなかでも、「性」ほどその交錯が著しいものはない。快楽の源でありながら、同時に恐怖を秘めた女の肉体。時は十九世紀、ブルジョワジーの世紀である。この世紀こそ、どの時代にもまして性の時代であったことは、フーコーの『性の歴史』に詳しい。貴族の血が「血統」であったのにたいし、「ブルジョワジーの血とは、その性なのである」。こうして十九世紀はかつてなく性を監視し、観察し、性にとりつかれた時代となる。

フーコーの性の政治学に大きな影響をうけたコルバンは、膨大な資料を駆使しつつ十九世紀ブルジョワ社会の性の風景を描きだしてゆく。

ここでコルバンが見出した運命の資料ともいうべきもの、それが、公衆衛生学の祖パラン＝デュシャトレの書物『十九世紀におけるパリの売春』である。後にコルバンはこの書を監修して現代の読者に供していることからも、そのインパクトの大きさがうかがえる。

パラン＝デュシャトレは、「性液の排水溝」の必要を説いて「公娼制度」を推奨した、売春必要悪論の大イデオローグである。排水溝にはおぞましいイメージがともなう。事実、都市化がすすみ、多数の労働者がパリに集中した資本主義の発展期、都市の身体感覚は過敏になっていた。伝染と遺伝の恐怖が広がってゆく。なかでも性病はおそるべき恐怖の的となってたえず人々の想像力を呪縛した。ユイスマンスやモーパッサンの作品には、梅毒の恐怖と、その恐怖にないまじった倒錯的な魅惑とが偏執狂的な力強さで描かれている。

温室の人工楽園のなか、生い茂る蘭の葉表の不気味な虎斑に、デ・ゼッサントは「梅毒」の花を想像してひきつるような恐怖にとらわれる。十九世紀は「遺伝の世紀」、性ある身体はいつなんどき快楽をとおして病いに侵されるかもしれない。しかもその醜い病いは奇妙にも欲望をそそる。街でひろった娼婦もまたデ・ゼッサントにとっては「恐怖と魅惑」の両義性に満ちた悪の花なのだ……。

公衆衛生学がこの十九世紀に誕生したのは偶然ではない。こうした遺伝の恐怖、梅毒の恐怖と闘うイデオロギーとして衛生学は生まれるべくして生まれたのである。パラン＝デュシャトレは医師なのだ。この衛生学の雄は、悪の「封じ込め」の政治学を展開してゆく。そこから「公娼制度」の提唱にゆきつくのは当然の展開であった。こうしてフランスは「売春規制主義の祖国」となったのである。

歴史家は描く対象にたいしてどのような距離をとるべきなのか――あらゆる歴史記述の根本にあるこの大きな問いは、『娼婦』にあってはきわめてアクチュアルな問題だった。というのも、この書が書かれた一九七八年はフェミニズムの全盛期であったからである。「公娼制度」の生成を追ってゆく歴史家にたいして、「売春」是か非かの問いかけが生まれてもおかしくなかったことだろう。

この問いに答えるには、『娼婦』という仕事のルーツをふりかえるのが最良の答えになる。コルバンの博士論文のテーマは、十九世紀のリムーザン地方の労働者である。季節労働者としてパリに出稼ぎにくる彼らを研究するうちに、性欲の処理という問題につきあたったのだ。『娼婦』の副題は「十九・二十世紀における性的悲惨と売春」である。いま仮に「性的悲惨」と訳した言葉は、「性的飢え」でもある。娼婦研究のルーツは貧しい男性労働者なのである。

といって、この感性の歴史家が、売春婦の悲惨さに無感覚であるはずがない。「醜業」という言語表象が端的に表しているように、差別と排除とが娼婦に負わされた運命であった。ユゴーの『レ・ミゼラブル』は貧困に追いつめられて身を売る女たちの悲惨さを生々しく語っている。コゼットの母は売春によって妊娠し、娘の養育費のために売春を重ねて肺結核でみじめに死んでゆく。地方からパリに出稼ぎにきた幾多の女たちが同じ道をたどったことだろう。

とはいえ、彼女たちのなかに「公娼」がどれほどいたかは定かではない。売春を封じ込めようとする排除の政治学は、封じ込められない性愛や買売春にたいしては無力であった。十九世紀の売春地図は複雑だったのである。

時とともにこの複雑さは深まってゆき、規制主義は緩みをきたしてゆく。公娼よりも私娼の方が数を増してゆくのである。ゾラの『ナナ』の一節に、警察の一斉検挙に私娼たちが逃げまどう印象的なシーンがある。私娼の増加とともに、娼家もまたそのイメージをかえ、パリには多種多様な「あいまい宿《メゾン・ド・ランデヴー》」の数が増えてゆく。コルバンの精緻な筆はその複雑な性の狭路をぬうようにたどってゆく。彼のねばり強い叙述はまさに力業というほかない。

こうした変容とともに娼婦のイメージも多様化してゆく。デュマの『椿姫』、バルザックの『娼婦の栄光と悲惨』や『従妹ベット』、ゾラの『ナナ』は、こうして「醜業」とは別の顔をしはじめた娼婦たちを描いた作品である。コルバンはマネの絵を例にひいている。マネの「オランピア」がスキャンダルを巻き起こしたのは、それがたんに娼婦を描いたからではない。それが「無登録の私娼の肉体」の誘惑と恐怖を見せつけたからだ、と。

国家の規制を逃れた娼婦たちは、こうして世間の憤慨をひきおこしつつ、恐怖とともに固有の魅惑をもって快楽都市パリの名物となってゆく。貧民街の育ちから成り上がったナナや椿姫のような高級娼婦《ドゥミ・モンデーヌ》の奔放なイメージが繁殖するようになるのも、第二帝政から世紀末にかけてのことである。

快楽の都パリ。そう、パリこそは世界に冠たるエロスの都であった。資本主義の飛躍期にあたる第二帝政のパリ、その都市のバックグラウンド・ミュージックともいうべきオッフェンバックの軽佻浮薄なオペレッタ「ラ・ヴィ・パリジェンヌ」は冒頭から歌う。

——パリよ、私がお前に望むもの、私が欲しいもの、それはパリの女、

ブルジョワ女でもなく、貴婦人でもない。

こう言えば誰でもおわかりさ。

歌っているのは富豪のブラジル人である。世界の金持ちが「パリの女」を買うためにやって来るのだ。金で買える快楽はロンドンでも他の都市でもなく、ここパリが一級なのである。コルバンは序において、「アングロ・サクソンたちの売春の歴史」は「公娼制度廃止論」の立場から書かれているのにたいし、フランスでは事情がちがうと明記している。

パラン゠デュシャトレのような公娼売春の提唱者をうみだしたフランスは、どの国にもまして性的欲望があからさまな国なのであり、だからこそコルバンのような娼婦論が書かれるべくして書かれる国なのである。性にかんする事実と資料がこれほど際だった国はほかにないだろう。あまり強調されないことだが、「性の理論」も「性の歴史」も、フランスの思想家や歴史家の手になるべくしてなったのである。

事実、娼婦にかんしてコルバンの『娼婦』を超える作品は今後もないことだろう。リュシアン・フェーヴル以来の感性の歴史学の系譜を考えても、性的快楽というテーマから見ても、この書物の占める地位は想像以上に大きい。

二十一世紀、フェミニズムの洗礼をくぐった世界で、公娼制度はとうに廃止され、快楽はさまざまな規制から自由になって、先進国では貧困売春の数は減少した。だが性のにおいはどこまでも身体につきまとってやまない。わたしたちは今も悦楽と不安と孤独に悩むブルジョアジーの末裔であり続けている。身体こそは、今なお謎と恐怖を秘めたわたしたちの最後の他者ではないのだろうか。今も読み継がれるべきこの書物がここに新しい装いを得て世に送られるのをよろこびたい。

（やまだ・とよこ／フランス文学者）

著者紹介

アラン・コルバン（Alain Corbin）

1936年、フランスのオルヌ県に生れる。カーン大学卒業後、歴史学の教授資格取得（1959年）。リモージュのリセで教えた後、トゥール（フランソワ・ラブレー）大学教授として現代史を担当（1972-1986）。1987年よりパリ第一（パンテオン・ソルボンヌ）大学教授として、モーリス・アギュロンの跡を継いで19世紀史の講座を担当。現在、パリ第一大学名誉教授。

本書のほかに『においの歴史』『浜辺の誕生』『時間・欲望・恐怖』『人喰いの村』『感性の歴史』（フェーヴル、デュビィ共著）『音の風景』『記録を残さなかった男の歴史』『レジャーの誕生』『感性の歴史家　アラン・コルバン』『風景と人間』『空と海』『キリスト教の歴史』（編著）『身体の歴史』（全3巻、監修）（いずれも藤原書店刊）がある。

監訳者紹介

杉村和子（すぎむら・かずこ）

1928年大連生まれ。1953年京都大学（旧制）文学部史学科（西洋史学専攻）卒業（その後旧制大学院廃止まで在籍）。大阪市立南高等学校教諭をへて、1979年橘女子大学助教授。京都橘女子大学教授をへて、1994年定年退職し、現在に至る。主な監訳書として、デュビィ／ペロー『女の歴史』（全5巻10分冊・別巻2、藤原書店、共同監訳）などがある。

訳者紹介

内村瑠美子（うちむら・るみこ）

1941年生まれ。大阪産業大学名誉教授。

国領苑子（こくりょう・そのこ）

1947年生まれ。阪南大学元教授。1994年没。

門田眞知子（かどた・まちこ）

鳥取大学教授。

岩本篤子（いわもと・あつこ）

1952年生まれ。大阪市立大学非常勤講師。

娼《しょう》婦《ふ》〈新版〉上

1991年1月25日　初版第1刷発行
1999年9月30日　初版第6刷発行
2010年11月30日　新版第1刷発行©

監訳者　杉村和子
発行者　藤原良雄
発行所　株式会社　藤原書店

〒162-0041　東京都新宿区早稲田鶴巻町523
電話　03（5272）0301
FAX　03（5272）0450
振替　00160－4－17013
info@fujiwara-shoten.co.jp

組版・凸版印刷　印刷・白陽舎　製本・中央精版

落丁本・乱丁本はお取替えいたします
定価はカバーに表示してあります

Printed in Japan
ISBN978-4-89434-768-7

感性の歴史という新領野を拓いた新しい歴史家

アラン・コルバン（1936-　）

「においの歴史」「娼婦の歴史」など、従来の歴史学では考えられなかった対象をみいだして打ち立てられた「感性の歴史学」。そして、一切の記録を残さなかった人間の歴史を書くことはできるのかという、逆説的な歴史記述への挑戦をとおして、既存の歴史学に対して根本的な問題提起をなす、全く新しい歴史家。

「過去の人びとを知るには彼らのまなざしで眺め、彼らの感情を追体験する以外に方法はないのです」と語る一方で、「歴史の対象を探究し発見することは、詩的な手法に属します」と語るコルバンは、徹底した史料批判の精神と飛翔する想像力を矛盾させることなく総合する。

「嗅覚革命」を活写

においの歴史

〈嗅覚と社会的想像力〉

A・コルバン　山田登世子・鹿島茂訳

アナール派を代表して「感性の歴史学」という新領野を拓く。悪臭を嫌悪し、芳香を愛でるという現代人に自明の感受性が、いつ、どこで誕生したのか？　十八世紀西欧の歴史の中の「嗅覚革命」を辿り、公衆衛生学の誕生と悪臭退治の起源を浮き彫る名著。

A５上製　四〇〇頁　**四九〇〇円**
（一九九〇年一二月刊）
◇978-4-938661-16-8

LE MIASME ET LA JONQUILLE
Alain CORBIN

浜辺リゾートの誕生

浜辺の誕生

〈海と人間の系譜学〉

A・コルバン
福井和美訳

長らく恐怖と嫌悪の対象であった浜辺を、近代人がリゾートとして悦楽の場としてゆく過程を抉り出す。海と空と陸の狭間、自然の諸力のせめぎあう場、「浜辺」は人間の歴史に何をもたらしたのか？

A５上製　七六〇頁　**八六〇〇円**
（一九九二年一二月刊）
◇978-4-938661-61-8

LE TERRITOIRE DU VIDE
Alain CORBIN